开国皇帝有话对你说系列

姜若木◎编著

聚焦东汉风云变幻，再现刘秀跌宕人生

鉴光武帝败中取胜的刚柔之术；

悟新时代创业发展的处世真谛。

刚柔人生

刘秀

有话对你说

中国书籍出版社
China Book Press

图书在版编目（CIP）数据

刚柔人生：刘秀有话对你说 / 姜若木 编著. —北京：中国书籍出版社，
2013.4（2021.6重印）
ISBN 978-7-5068-3417-9

Ⅰ.①刚… Ⅱ.①姜… Ⅲ.①汉光武帝（前6~57）—人物研究 Ⅳ.①K827=342

中国版本图书馆CIP数据核字（2013）第065298号

刚柔人生：刘秀有话对你说

姜若木　编著

责任编辑	李国永
责任印制	孙马飞　马　芝
封面设计	高　杨
出版发行	中国书籍出版社
地　　址	北京市丰台区三路居路97号（邮编：100073）
电　　话	（010）52257143（总编室）　　（010）52257153（发行部）
电子邮箱	chinabp@vip.sina.com
经　　销	全国新华书店
印　　刷	北京洲际印刷有限责任公司
开　　本	710毫米×1000毫米　1/16
印　　张	15.75
字　　数	200千字
版　　次	2013年6月第1版　　2021年6月第2次印刷
书　　号	ISBN 978-7-5068-3417-9
定　　价	49.80元

前言

在中国历史上，有着众多具有杰出才能的帝王，他们好像满天的星斗，闪烁着各自的光辉，照耀着历史的进程。

帝王们都喜欢夸耀自己的功绩，然而事实上，能够真正堪称完美的帝王，却少之又少，而在这凤毛麟角的杰出帝王中，汉光武帝刘秀当之无愧。

刘秀流着大汉朝刘氏的血液，却因为汉朝天子的推恩令而过着接近平民的生活。他在西汉末年，王莽篡政之后，在家乡趁势起兵，最终凭借着自己的努力，一步一步走进了帝王的圣殿。

说刘秀接近完美，并不是随口道来。刘秀生于官吏之家，却自幼勤于稼穑，关心生产。家道中落之时，能够凭借自己的力量治家理财，贴补家用。刘秀是历代开国皇帝中少有的高学历皇帝，刘秀曾经在当时国家的最高学府——太学求学。刘秀在乱世之中，从零开始凭借着自己的实力一点点地进行拼搏，最后打下了江山。在自己的奋斗史上，刘秀能够做到治家家治、治国国治；刘秀能够通五经、明文理。在战场上，刘秀能够阵前厮杀、破敌夺旗；在战场外，刘秀能够运筹帷幄、决胜千里。刘秀的一生真正做到了"文能提笔安天下，武能骑马定乾坤"。

更重要的是刘秀有着极其高尚的品德：他能够做到对妻子感情专

前
言

001

一，对子女教育有方，对臣子宽厚仁义，对百姓爱惜民生，甚至对和自己有仇的人都能够做到宽容和礼遇……刘秀的为人，真可谓品德高尚。

刘秀在乱世中崛起，其一生都充满着传奇色彩。

王莽篡汉无道，刘氏子孙皆欲恢复汉室，刘秀和哥哥一起举起义旗，一反往日忠厚形象，令乡邻惊讶；面对围城的数十万王莽大军，他率十三骑突围而出，后又率三千精兵杀回，横扫百倍于己的王莽大军；他扫荡赤眉，平定关东，扫平陇右，收服蜀地，再次奠定大汉一统的江山基业。刘秀的一生，可谓刚强无比……

刘秀能够在乱世中务农治家，在荒年中获得丰收；他待人宽厚，无论是亲人百姓，还是群臣对手，他都能够宽厚待之；天下统一后，他偃武修文，以柔术治理天下，恢复民生，继西汉之后，又出现一代盛世，东汉一朝的光芒甚至超越西汉之上。刘秀一生，可谓宽柔之至。

刘秀的一生，是成功的一生，他刚柔相济，成就了自己，成就了一代盛世。历史长河滚滚波涛，湮灭了诸多的英雄，但是光武帝的身影，却愈加显得高大。对于像刘秀这样的皇帝，其身上有许多值得我们借鉴学习的闪光之处。我们在历史的长河中撷取了关于刘秀的些许事件，拿来和读者一起品鉴，希望读者可以通过对本书的阅读，能够透过历史，倾听刘秀的声音。最重要的是，读者能够从刘秀身上学到做人之道、发展之道、谋事之道……并最终能够指引自己的人生道路，从而让自己走向成功。

目 录

一个人想要走向成功，就要有个人发展规划，没有目标、没有计划的人很难实现梦想。人生规划就是一个人根据社会发展的需要和个人发展的志向，对自己的未来发展道路做出一种预先的策划和设计。我们在确定目标之后，具体如何向着目标一步一步地前进，在前进的途中，遇到具体情况如何去面对，如何去解决，这都是我们需要进行谋划的问题。我们一起来看刘秀是怎样谋划自己的人生的。

刘秀对你说人生谋划

目 录

刚柔人生

刘秀有话对你说

第二章 刘秀对你说个人品质

成功者的成功之路各不相同，但成功者身上具有的一些品质，却闪耀着相同的光芒。他们在自己成功的道路上经历了许多磨难，但是凭借着自己的个人品质一次次渡过难关，最终获得了成功。我们现代人在个人的成功之路上要借鉴前人的经验，重要的一点就是学习前人优秀的个人品质。我们一起来领略一下刘秀的品质魅力。

第三章 刘秀对你说机遇

机遇，就是极好的机会。在人的一生中，机遇不可能一次也不会降临，在人们的生活中间到处存在着机遇，只要你留心它，就会发现它，抓住它。然而当机遇发现你而你并不准备接待它的时候，它就会从你的眼皮底下滑过。能否适时抓住机遇，是一个人成功与否的重要条件。

第四章

谋略源于战争和政治斗争，是中华民族一个古老而永恒的话题。谋者，是要针对眼前问题，进行分析，以得出对策及其解决方案。略者，则是要针对长远问题，进行全局性的分析，以提出对策和方案。可见谋略之事，一直贯穿发展的始终。

刘秀对你说谋略

第五章

人才是发展之本，是最具有竞争性的资源，作为领导，想要获得成功，就一定要看到人才的重要性，要以人才为本，发掘人才，吸纳人才，任用人才。然后，运用自己的才能管理人才、驾驭人才，将其才能充分发挥出来，协助自己走向成功。

刘秀对你说用人

目录

刚柔人生

刘秀有话对你说

第六章

刘秀对你说管理

管理是一门高深的学问，更是一门深刻的艺术。一个优秀的管理者，能够巧妙地运用自己的管理艺术，胸有成竹地举一纲而动全目，游刃有余地进行管理，能够让下属将工作能力充分地发挥出来，使得自己的团队获得最大、最好的发展。

第一章

刘秀对你说 人生谋划

　　一个人想要走向成功，就要有个人发展规划，没有目标、没有计划的人很难实现梦想。人生规划就是一个人根据社会发展的需要和个人发展的志向，对自己的未来发展道路做出一种预先的策划和设计。我们在确定目标之后，具体如何向着目标一步一步地前进，在前进的途中，遇到具体情况如何去面对，如何去解决，这都是我们需要进行谋划的问题。我们一起来看刘秀是怎样谋划自己的人生的。

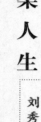

把梦想当做原动力

　　梦想是一个人前进最原始的动力，有了梦想，我们才会有启程的冲动，才会有拼搏的激情，才能在不断的失败、苦痛和悲伤中重新找回自己，继续自己的奋斗之路。正是在不断追寻梦想的过程中，我们不断地成长，不断地强大，并在这个过程中走向成功。这样的道理在刘秀身上体现得淋漓尽致。

　　东汉开国皇帝汉世祖光武帝刘秀，是历史上著名的中兴之主。新朝末年天下大乱，刘秀当时以一介布衣的身份，以"复兴汉室"为己任，与兄刘縯在舂陵起兵。称帝于河北，国号"汉"，史称"东汉"，此后逐渐消灭割据政权，天下得以再次一统。刘秀在位33年，大兴儒学、推崇气节，使后汉成为"风化最美、儒学最盛"的时代，创造了光武中兴的盛世局面，毛主席曾评价说刘秀是中国历史上最有学问、最会打仗、最会用人的皇帝。

　　刘秀的父亲刘钦，时任济阳县县令。刘秀降生前，因为县衙门内的居室比较潮湿，而附近又恰好有一座过去汉武帝外出巡幸时修建的行宫，长期封闭不用，刘钦就命令人去打扫一番，把即将临盆的夫人移到那里去。曾有传说，孩子出生时，有红光照室，当年县界内，有嘉禾生，一茎九穗，也由此被名为秀，字茂。因为排行第三，又字文叔。

　　刘秀是汉高祖刘邦的九世孙，公元前6年出身于陈留郡济阳县。刘秀兄弟姐妹共有6人。大姐刘黄，二姐刘元，妹妹刘伯姬；大哥刘縯，二哥刘仲。在兄弟当中，他排行最小。

史书记载其形象云："身长七尺三寸，美须眉，大口，隆准，日角。"汉代一尺，约相当于今23厘米，七尺三寸，则约相当于今天的168厘米，如果按出土的秦兵马俑普遍身高180~190厘米来看，刘秀身材并不算高，仅是中等偏下的个头。"美须眉，大口"，容易理解，在此不多啰嗦。"隆准，日角"，是古代相术用语。"隆，高也"，"鼻头为准"；"日角谓庭中骨起，状如日"。这就是说，刘秀的须眉很美，嘴巴大大的，鼻头高高的，面庭饱满，隆起的面骨形状如圆圆的太阳。此番描写使人想起刘秀的老祖宗刘邦的尊容来："隆准而龙颜，美须髯，左股有七十二黑子。"显而易见，刘秀和他的老祖宗还是十分相像的。也许这种相貌，就是帝王的标准面相吧！

刘秀少年老成，稳妥持重。少年丧父，家中事物母亲维持，叔父刘良多有帮助。刘秀少年就懂得帮助打理家中生计，很有头脑。青年时期的刘秀曾在当时的首都长安太学求学，所谓"太学"，是古代的一种政治大学。西汉名儒董仲舒在他的对策中，就曾建议朝廷"兴太学"，"以养天下之士"。元朔五年（公元前124年），汉武帝采纳丞相公孙弘的奏议，正式建立太学。后来几经发展，规模逐渐扩大。刘秀求学本来希望可以借此进身，后因仕途无望，回到家中，仍以耕作为业，直到和其兄刘縯起兵抗新。在起兵之前，刘秀给人的印象一直是胸无大志，安于现状的一个人，但是事实上，在刘秀平静的外表下，怀揣着远大的梦想。

提到刘秀的梦想，就一定要提到阴丽华，阴丽华是刘秀最爱的女人。阴丽华7岁时，父亲病故，由母亲和兄长把她抚养成人。由于她长得如同出水芙蓉那样美丽动人，所以在新野一带很有名气。血气方刚的刘秀听说有这么一个如花似玉的美人，自然心里十分向往。希望将来有朝

第一章
刘秀对你说人生谋划

刘秀与阴丽华像

一日，能娶她为妻。

当时刘秀在长安读书，有一天，他出游时遇到负责京师治安的官员——执金吾也在巡游，他见那人的车马派头十分华丽，威风八方，心里羡慕无比。这时，他心里不禁想起了那位令自己心生向往的"窈窕淑女"阴丽华，于是他有感而发，说：

"仕宦当作执金吾，娶妻当得阴丽华。"

如果单看志向，刘秀和他的老祖宗一心想称王的汉高祖刘邦来比，显然不能相提并论。但是，刘秀订立的这两个人生目标，和普通人相比，志向还是很远大的。宋代人宋庠评论说，刘秀在以后的人生中能够当上皇帝，和往年订立的两个志向有很大的关系。他在自己的《怀古》一诗中是这样写的：

郁郁春陵旧帝家，黍离千古此兴嗟。

萧王何事为天子？本爱金吾与丽华。

宋庠的想法是否正确暂且不提，毕竟同一个问题不同人的看法各不相同。但却有一点可以万分肯定，那就是：刘秀确实是一个思维敏捷、颇有梦想和追求的青年才俊。

光阴似箭，刘秀在京城长安已经过了很长一段求学的生活。在这段时间中，他用自己的双眼看清王莽新政的具体情况，也用自己的双耳听到了百姓对新莽政权的种种非议。支持他来到长安求学报效国家的那股热情慢慢消失，他对新朝廷失望透顶。于是毅然决然地返回故乡，给自己的人生重新制定了方向。

当时，正逢"天下连岁灾蝗，寇盗蜂起"，南阳的旱灾情况也很严重，百姓面临着生活上的巨大威胁。这时，很多土豪家的幕僚们趁机在乡间干起了抢劫的营生。有一次，刘秀的哥哥刘縯的宾客在路上抢劫，被官府所通缉。刘秀被连累其中，走投无路的情况下，他只能到新野姐夫邓晨家里去躲风头，后代称之为"避吏新野"。刘秀对新野的地形很熟悉，因为他从小就经常去那。不过，他也不能总躲在姐夫的家中，因此，他就在新野和宛之间来往，做起了倒卖粮食的营生。据史书《东观记》上记载："时南阳旱饥，而上（即刘秀）田独收。"假若这条史料记载的情况属实的话，那么，当时刘秀家里的田地可能大多是水浇地，因此不惧怕干旱，在收成不好的年代还能"独收"。

还有一次，刘秀、刘縯兄弟和邓晨等人同行，前往宛城，同穰人（今河南邓县人）蔡少公设宴款待了他们。"少公颇学图谶，言刘秀当为天子"。听到这句话，赴宴者中有人问道："是国师公刘秀乎？"原来，刚才那些人所说的"国师公刘秀"指的是刘歆。此人是西汉末年著名学者刘向的儿子，他饱读诗书，虽是汉朝的皇族，但却成为了王莽的

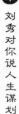

心腹重臣，官拜新莽国师一职，在当时的新政朝廷中总署文化教育层面的大小事宜。由于在民间传言的图谶中，有"刘秀当为天子"这么一句话，所以刘歆在建平元年改名刘秀，就是为了和这句话契合。发问的那人显然是想要投其所好，所以才明知故问。没想到，刘秀却在这时插话，半开玩笑半认真地反问到："何用知非仆邪？"这句话的意思是，你们这些人怎么能确定，那图谶里的刘秀说的不是我？席间所有人一听，全部哈哈大笑，觉得刘秀这个初出茅庐的小孩简直太不知抬举了，还做起当天子的梦来了！唯独邓晨心里高兴无比，他觉得，自己的小舅子胸有大志，将来必定有所成就。

想到这里，他不禁回忆起了一段往事：有一次，刘秀与邓晨乘坐一辆车出游，半路遇上了朝廷的使者，他们没有下车回避，引得使者勃然大怒，对二人口出恶语。这时刘秀谎称自己是江夏卒史，邓晨则假装是侯家丞。使者听到他们这样说，认为这二人谎报了身份，就要把二人拉去就近的亭部做一番验证，打算治他俩的不实之罪。就在这危机时刻，新野宰潘叔恰巧路过，看到这一幕，就向使者求了一番情，使者才饶恕了二人的罪过，总算是逢凶化吉。这件事留给邓晨的印象十分深刻。他深感刘秀是一个幸运星，只要和他在一起，即使遇到天大的坏事，都能安然度过。

刘秀在邓家借住的时候，和邓晨关系甚是亲密。但是邓晨的心里总是想着上次在蔡少公举办的宴会里，刘秀当众所说的那句话，他满心希望的都是有一天这话能成真。可是他再观察刘秀，就像是什么事都未发生过一样，还是每天不紧不乱地打理着自己卖粮食的生意。有一天，邓晨实在忍不住了，就对刘秀说了自己的满腹心思，他说：

"王莽悖暴，盛夏斩人，此天亡之时也。往时会宛，独当应邪？"

这句话的意思是，如今王莽实行新政，鱼肉百姓，使得民不聊生，甚至打破了老祖宗定下的只有秋冬季节才能执行死刑的规矩，在盛夏季节里还是大肆杀人，这样继续下去就该自取灭亡了！我们上次在宛城蔡少公那里赴宴，席间有人谈到一句谶言"刘秀当为天子"，这里的刘秀说的难道不该是你吗？

邓晨原本打算，用这一番慷慨激昂的话语，来把刘秀内心的热情给唤醒。没想到刘秀只是对着他笑了一笑，一句话也没有说。

邓晨其实并不知道，刘秀表面上看起来对什么事都淡然不在乎，其实内心中有着无比远大的志向。这个志向支撑着刘秀走过了以后人生中的许多艰难岁月，最终走上了帝王的宝座。

由此可见，人可以身无分文，但绝不可以没有理想。如果没有理想，人就没有生活的目标，没有生活的目标，也就没有了生活的希望。反之，如果一个人有着远大的理想，就会有强烈的希望，每天都能脚踏实地为这个理想去奋斗，这样的人生才是有意义的，当今社会更加应该如此。

一名工厂中有两个青年工人，青年甲一直梦想，总有一天自己要当上工厂的老板，并一直为此勤奋努力，最终得到老板的赏识，工作起来也有了干劲。青年乙只是把这份工作当成能养家糊口的生计，每天浑浑噩噩、毫无干劲，因此一直没有得到重用，越来越懒惰。这两个人不同的工作态度就是由于理想的不同而决定的。

如果有梦想，并每天为之奋斗，每天醒来时都充满希望，那么这个人的精神不灭，整个人都是充满生机的；如果只是为了维持生存而工作，日夜肩负重担，那么这个人的头脑混沌，整个人都显得死气沉沉的。

如果一个人连基本的梦想都没有，除了挖个坑把自己埋葬，他还有什么事能做。换句话说，如果一个人没有梦想，生活和希望也将不复存在。如果一个人醒来的时候看不见未来的自己，那生与死之间有什么差别？

我们要努力追求梦想，为之不懈努力，只要这样，生命才会绽放，

我们所做的每件事都会更加有意义。这样，你就会发现，混沌度日和为自己的梦想持续努力的两种人生将会有多大差别。我们将成为怎样的人，会拥有怎样的成就，本质就在于每个人心中的梦想不同。

德蕾沙修女和居里夫人同是女人，因为她们的梦想不同，所以人生的奋斗点也不同。所以，当她们全身心地投入自己的职业中，并为了自身的追求而不断努力后，最终各自成功，在不同的岗位上取得了不凡的成就。美国第二十八任总统威尔逊曾说过："所有伟人都是逐梦者，然而有些人却任由梦想凋谢。你必须仔细呵护自己的梦想，保护它安然度过狂风暴雨，最后梦想之花终能绽放在阳光下。"

梦想不能只停留在脑海中，而是要脚踏实地去实践，不然它就只是一个"空想"了。有位牧师曾说过这样一句话："世界上最富裕的地方不是某个油田或者钻石矿，而是墓园。因为墓园中埋藏的是未曾制造完成的发明、未曾实现的理想或梦想、未曾化为行动的希望与渴望。"

如果你已经订立梦想，就脚踏实地为之奋斗吧，美好的明天在等待着你。如果你还没有自己的梦想，现在就静下来仔细想一想，给自己制定一个梦想吧，有了梦想，你的生活就会变得更加有意义。

梦想能够激发旺盛的生命能量，在人生的道路上，如果有了梦想，生命就有了风帆，生活就有了导航，但是仅仅只是做梦是不够的，你还要为了梦中的明天不断努力、奋斗，否则，梦想终究只是一个空想而已。

要不断充实自己

一个人，拥有了远大的梦想，就要朝着自己的梦想不断努力，并且灵活运用所学知识。在这期间，要不断地学习，不断地充实自己，强大自己，只有这样，才能为自己的梦想打下坚实的基础，才能让自己离梦想更近，离自己的成功更近。

刘秀有自己的梦想，并肯为自己的梦想努力，它不断地学习与充实自己，使自己的梦想有了起飞的基础。其实在我们今天看来，刘秀虽然不是很专注于学业，但刘秀的学习成绩却是很好的。

《后汉书》、《太平御览》等历史典籍中记载刘秀的学习情况时，说的只是"略通大义""大义略举"，所以，很多人都认为，他是一名成绩不怎么样的学生。

有人甚至以他学习期间参加的活动，断言他是不务正业的人。

事实上，他的生活中，很大一部分时间都用在了学习上，权威史籍其他的记载中可以证明，他在太学的学习期间，成绩其实是很优秀的。

刘秀能够成为历史上最有作为的皇帝之一，其中有一点十分重要，那就是，他不仅学历非常好，而且"学力"也相当令人吃惊：他是个可以学以致用，不读死书的学生。

在我国的文学史上，两汉时期的经学家们，针对今文经学与古文经学两个不同版本存在着长时间的争论，在当时的太学里，老师们主要教授的是今文经学，而民间私学，则主要以古文经学作为教材。

那么，今古文经学之间的差别究竟如何呢？

原来，在秦始皇统一六国之后，为了让全国老百姓统一文化，大兴"焚书坑儒"的酷刑。经过这段众所周知的历史公案后，儒家经典几乎全部毁灭于这场残酷的文化浩劫之中。

西汉初年时期，通行的儒家经典几乎没有了旧典文本，而靠一些民间经师口耳相传，学生将老师所说的话记录下来。他们记录时所用的文字八分书，也就是西汉通行的隶书，当时把这种文字叫做"今文"，因

第一章 刘秀对你说人生谋划

刚柔人生

刘秀有话对你说

此，这些经书也被大家称做"今文经书"。

而秦始皇大肆烧书的时侯，也有一些儒生为了传承文化，甘愿冒着生命危险，藏存了一些儒家经典书籍。到了汉朝，这些书籍陆续被发现，并且由人整理出版。由于这类书所使用书写的文字是先秦时期所通行的小篆字体，所以，这些书被当时的人称做"古文经书"。

虽然这两类经学传播的要义都是儒家经典文献，但其文化内涵和治学手段却相差甚远。

今文经学主要追求微言大义。由于今文经学的教材大多是经师们口传下来，由学生记录的，难免会和原文有所出入，所以，在学习的时侯，只要"略以其意属读而已"。

另外，今文经学追求将理论和实践相统一，并且还引进了当时流行的阴阳五行等学说，宣传一些君权神授的思想，这样是为了符合社会新政的需求，用自然现象的变化和人事的变迁来教化百姓，博得了大汉王朝历代君臣的欢心、喜爱，所以，官学教材大都采用今文经学。

古文经学则不同，它追求名物训诂，要求按字义逐字逐句讲经，注重历史考证，如果经书上没有的内容，绝不能随意扩充。另外，古文经学还反对迷信灵异的事件。

大汉的君臣对古文经学不太赏识，却又不便太直接加以反对，就不把它纳进官学课堂，只让它作为私人教学的内容，让它流于小众。

通过介绍，就能知道刘秀当时整个社会的学习背景了：

刘秀进入太学，拜得老师是今文经师、中大夫许子威先生，所使用的教材是《今文尚书》；其学习目标在于掌握要领实质，"略以其意属读而已"，而且，追求的是理论与实际结合。

因此，史学家说他"略通大义""大义略举"，这不是说他"学得不怎好""只知道大义"，反倒是夸他成绩很好，准确把握了《今文尚书》的要领实质！

和其他同学不同，刘秀并不是头悬梁、锥刺股的学生，他十分注重理论结合实际、学习结合实践！

这段学习生涯给刘秀的一生带来了极大的影响，不妨再列举一些事例来加以佐证。

当时还没有发明出细纸，上课时使用的都是用竹简、木牍和帛书所书写的课本，加上钢笔、铅笔没有发明出来，更别提电脑和投影仪了，所以写得一手好字是很不容易的。当时，又是采取老师口传、学生笔记的学习方法，老师上课时高谈阔论，有时解释一句话，会啰里啰嗦说上半天。加上有些老师年纪太大，方音严重，学生上课听讲时也是较为费力的。

有的人在太学从小到老，还没有弄懂一经；有的人彻夜埋头苦读，最后竟然活活累死在灯光下、书卷中。

对于很多人而言，只有埋头苦读，才能博得一官半职，改善家庭条件。虽然学习成绩好的人未必各个能做官，但毕竟占了大多数。另外，不少高干子弟来到太学读书，是为了附庸风雅而已。

朝廷多次强调，素质教育的内容要改良，并且多次删减了经书的数目，但效果并不好。

由此可见，素质教育这个问题，最早在前汉末期就被人所提出，但经过了2000多年时间，到现在都没有得到根本解决，这也是一个发人深省的问题。

社会中不同各业、不同方面的重要性不言而喻，这也是配置社会资源、分配社会资料的重要基础和理论依托。

可是，社会评价体系，包括人才评价体系，都往往被大家忽视，有时，还甚至会被用心人有意利用来搞破坏。

第一章
刘秀对你说人生谋划

以太学生为例，在汉武帝时期，只要通过考试，就能当官，官职的高低和通过的经学科目多少成正比。在刘秀上太学的时侯，学生在毕业之后虽说不是个个都有官当，但如果想做官，考试成绩一定不能差。

在当时的社会风气影响下，考试成绩成为衡量学生的重要标准，怎么会有学生（包括他们的家长）不把全部精力放在对付考试上呢？

事不单行，做官也不能免俗：如果要拉关系，所有人就都削尖脑袋找熟人；如果凭学历的话，所有人又一窝蜂地去做学问；如果主要靠政绩，所有人就都一门心思扑在能看见的政绩上。

总而言之，人才评价体系的两头，一面是素质教育，一面是用人机制，重要程度不言而喻。

学习赚钱两不误

前汉后期的太学生，并不全是死读书的呆子。这些学生来自全国各地，来太学的目的都是相同的，那就是做官。因此，大家还是很关心朝堂、政界之中的一举一动的。

另外，这里的老师们虽然是今文经师，却又大多在朝廷兼任高官，所以在教导学生，阐述今文经学的"微言大义"时，还是比较注重理论与实际相结合的。

除此之外，朝廷对太学也十分重视，不吝啬投入，积极扩建学校；优化师资配置，皇帝还亲自挑选德高望重的老师，并给予很高的工资待遇，配发服装，还常设宴款待；另外，当局还按照政治需要来选择教材，皇帝（宣帝）甚至以身作则，自己召集大臣开会，统一审议制定全国通用的教材。

当时的情况，由国家的最高权力机关来正式审定全国通行的教材，这种情形，在前汉宣帝时期出现，这在中国、甚至是教育史上都是最早的，而且十分罕见。

这样，当时太学中的政治氛围与学术氛围都非常浓厚。

这些太学生们，一边刻苦读书，勤奋学习，一边死死地盯着官场的风吹草动。

一天，汗哀帝的丞相孔光和当时的司隶校尉鲍宣之间，发生了一些小矛盾。

众所周知，孔光不仅官位极高，还是王莽的心腹要臣。

鲍宣在当时的职务是负责监察中直机关的中层以下干部、京师地区干部和所有在京师其他的干部，比孔光的级别差了很多，但因为他是当时的儒生，为人刚正不屈，能言善道，敢于和不法现象作斗争。

在他和孔光发生冲突的不久前，曾在朝堂上揭露了外戚掌权，大肆利用裙带关系，扰乱朝政；一些才能不高的人纷纷身占重位，而且官运亨通，而这样的人在朝廷上拥塞，使得一些有才之士想要报效祖国，却没有门路的现象。

这一举动当然和王莽相违背。

对于鲍宣这种有才有德，敢于说真话、办正经事，却不屑于打通关系的清廉官员，王莽早就想除之而后快了。

一次，丞相孔光出视辕陵，随从官吏不行旁道，驱车在中央驰道乱跑。这在当时有违法纪的，正巧被鲍宣遇见，他即命左右将孔光从史拘捕，车马充公。这实际在鲍宣的正常职责之内。但是，鲍宣竟然以诬陷侮辱当朝丞相的罪名，被捕下狱，判处死罪。

王莽与孔光正是想趁机把鲍宣除去。王莽想要杀谁，无论此人地位

多高，才能多强，都难逃厄运。

但这次的事件违反了太学生们的心愿，鲍宣是他们心目中的圣贤，也是他们的学习榜样。因此，学生集体请愿，设法营救他。

在王咸同学的领导下，一千多名太学生集体上访，消息一直传到皇帝那里。太学就在京城，离皇帝办公之处非常近，这些学生天天去上访。

此时，汉哀帝正好也对王氏外戚心生反感，此时的王莽正在积蓄力量，也不想在这件事上和皇上反目成仇，更不想把事态扩大。于是，鲍宣的死罪被免除，而是改为髡钳，这种刑罚是把铁圈束着脖子，再剃个光头。这种刑罚并不要人命，其目的在于侮辱别人。

太学生们获得了胜利。这也是我国历史上，学生干预政治取得成功的最早记录。

前汉末期太学生的优良传统之一就是积极投身政治。刘秀在太学中学习，也继承了这一传统，在他登基即位后，也十分重视太学的建设。

这时，刘秀同学为人的聪慧、勤奋就渐渐显现出来了，他超越常人的政治见解显露无疑。在太学上课期间，他结识了一大批同在京城学习、工作的南阳人士，与此同时，他也经常交往一些来京城做事的南阳老乡。作为皇室的后裔，他很注重和皇室亲戚之间的来往。在这段时间里，这些亲戚、朋友、同学，渐渐和他相知相熟，后来都成了好朋友。之后，在刘秀的王者征途中，这些人都发挥了非常重要的、无可取代的作用。

例如，和刘秀同在太学中求学的，他的堂兄刘嘉、表兄来歙，还有老乡邓禹等人，都是他的左膀右臂。每当官场有重大变故、或是出台重大政策的时候，刘秀总是第一个知道，随后他就到宿舍里和同学们讨论国情。

大学宿舍中的"座谈会"或者"卧谈会"，所探讨的话题是各式各样、无话不说的。如果此时有同学能掌握话语方面的主动权的话，显而易见，那一定是刘秀同学。因为刘秀同学是政治方面的行家，同学们都公认他对于政治具有的敏锐力和观察力。

其实，刘秀不仅是个勤劳的学生，同时，他还很擅长经商。比如，之前他在老家耕作时，就常常会将多余的粮食积寄起来，卖掉赚一些零花钱。那时候的他，才只有十几岁而已。

在太学读书期间，本来就不富足的家庭无力供养他，他又是食宿自理的特殊学生，所以只有勤工俭学才能维持生计。

太学生中，有一些由太常选拔的正式生，其名额有限，他们多是高干子弟，可以一边上学，一边领取俸禄。刘秀当然不属于这些人中的一员，他是由地方选送的"好文学，敬长上，肃政教，顺乡里，出入不悖"的特殊生源，这些人没有名额的限制，但需要交付学费。在同一个班里一起上学的太学生们，有着天大的差距。特别是有些从地方上选来的特殊生，家境十分贫寒，自己必须想办法解决昂贵的学费和支付自己的生活费。

比如，同学中有一个叫倪宽的，就靠帮大户人家做饭来维持生计；还有一个叫翟方进的家中也不富裕，母亲只能跟来京城，用织布做鞋后卖的一些银两，来供他读书。

刘秀同学和这些人不同，他打算自给自足，维持自己高昂的学费：他和一个宿舍的韩子同学凑钱，一起买了一头驴，租给别人搞运输，靠收取的租金度日。

刘秀的能力在此处就体现出来，他的过人之处不仅是之后建立了一个兴旺发达的朝代，因为这种开国明君历史上简直数不胜数。他的过人之处在于，不论处于何种境地，他都能顽强地生存下来：在乡间，他能

第一章
刘秀对你说人生谋划

当一个好农民，把粮食种得比其他人好，经常有富足的余粮；进城镇，他能边读书边经商，自己养活自己，还能同时锻炼自己的从政能力。

不管在哪里，他都不会让自己挨饿，还能继续发展自己的兴趣爱好。无论在何时何地，他都可以很好地适应环境，抓住时机，千方百计地谋求生存，获取发展。

这种素质看似简单，实际却是很难得的，这是一种能让人在所有环境里都能存活下来的素质。刘秀能够在社会的最低阶层起事，且在历尽种种磨难之后成就大事，就是依靠了这种难得的品质。

刘秀的这种品质不仅帮他实现了一个又一个的伟大目标，而且使他不论是在为人方面还是在处事方面，不论在治国方面还是理家方面，都是普通人难以和他比肩的。

那时，来京城太学学习的南阳人并非只有刘秀一人。还有邓禹、朱佑等一众同学，他们被刘秀的为人所吸引，在后来的岁月里跟随刘秀出生入死，打下了后汉王朝的江山，这些人都被刘秀纷纷封侯拜将。

广泛结识朋友，积累形形色色的人脉，和各式各样的不同人交往。这些举措让刘秀历练成了处理人际关系的行家高手。此时的刘秀是一个聪明活泼、勤奋大胆、善于经营人力关系和管理人员在行的政治行家。此时他20多岁，这个年龄在古代不算大，但也绝对不算小。很多青年人在他的这个年龄早都娶妻成家，生子成事了。这里就能看出刘秀是一个很有想法的青年，他想的是扩充自己的势力，脚踏实地地向自己的梦想奋斗。

我们现代人的视野比古人开阔了许多，因此梦想的方式也变得更加多姿多彩。然而，我们的梦想是否有实现的途径？这首先就要我们充实自己，不断强大自己，让自己拥有足够的能力，才能在追逐成功的道路上，追赶梦想。

刘秀一直在默默地强大自己，他不像哥哥那样霸气外露，而是默默地在自己现有的条件下，把事情做到最好。

许多人都胸怀梦想，渴望做一番事业，希望获得成功。可是在当今的社会里，竞争如此激烈，甚至到了惨烈的地步，一个人在社会上，如果不首先充实自己、壮大自己，而只有胸中空荡荡的梦想，那么得到的只会是社会的伤害和自己梦想的破灭。

要想生存、发展，首先就要强大自己。只有自己足够强大，才能够在竞争中生存下来，才能在竞争中发展起来，才能最终实现自己的梦想，获得自己期待的成功。只有不断地强大自己，才有能力追求自己想要的幸福；只有不断地强大自己，才能够实现人生的理想与追求。

韬光养晦，藏锋露拙

一个人在个人发展的过程中，要学会收敛自己的锋芒，将自己看轻一点，低调一点，只有这样，才能正确地认识自己，也能够让自己免于在竞争之初就处于一种被人攻击的位置。所以，在我们的成功规划中，不要忘记处事低调这种作风。

刘秀的童年生活还是相当幸福的，父亲身为济阳令虽然不是什么太大的官职，但是俸禄也可以满足家庭的开销，应该说父慈子孝的童年生活还是很完美的。但是好景不长，刘秀的父亲忧劳成疾，一病不起，最终在刘秀还未成年的时候，就离开了人世。

父亲去世后，家中长子刘缤理所当然地挑起了家中的担子，但是，刘缤自幼就有伟大的志向，他无心于田间农活，最大的喜好就是与天下

第一章 刘秀对你说人生谋划

豪杰交往，和他们畅聊政治大事。所以，家里的所有农活就只能交给二弟刘仲和三弟刘秀来做。刘秀深知大哥的品性，也熟知大哥的深远理想，为了大哥只能与二哥一道，默默地承担起家中的生计，让大哥能在友人面前威风。二哥刘仲是个非常踏实的人，只知道耕作务农，对其他的事毫无兴趣。

而刘秀自幼就细心学习农业生产，对打理田地、耕作农田很有经验，他种的田地，即便遇到大旱的荒年，收成也不会差。虽然刘秀和大哥不一样，没有成天心系国事，却也不是一心扑在种田上。他做生意也是十分精明的，每次收完粮食以后，除了家里生计需要的，他会把剩下的余量用牛拉到周边市场上去贩卖。那时候，灾年连起，政治动荡，粮食是非常宝贵的。另外，刘秀这个人忠厚老实，总是依守诚信为本做生意而不坐地起价，因此，他卖的粮食总是有很多人前来购买，销路不错。所以，刘秀在很短时间内就替全家存下了一笔可观的积蓄。这样，刘家才慢慢从失去父亲的困境里，摆脱了出来。

刘秀不仅有生意头脑，而且为人处事也非常圆滑，平时喜欢帮助他人，邻里亲朋间，谁家有难题，他都会倾力相助，从来不找借口托词。所以，人们都说他"品行纯美，有君子之风"，他的口碑在家乡特别好，大家平日只要一提到刘家老三刘秀，个个都是夸赞有加。

至于"性刚毅，慷慨有大节"的刘家老大——刘縯，却无心家计生活，只一心把不多的家当用在宴请各路人士上，即便是家里揭不开锅了，他也丝毫不顾及。因为刘縯打心底里瞧不起务农为生的家人，他认为：他们的家族是汉高祖刘邦的直系后代，是皇室贵族，照理应该过着封侯为将、金玉满堂的生活，如今却落到这般田地，心里实在不能平衡。刘縯整日幻想着：有一天他能统领着各路江湖侠人异士，杀进长安城，推翻作乱的王莽，重新树立大汉威风，以此证明自己身上流淌着的汉室皇族的高贵血统。

刘縯成天呼朋引伴，而这样的交际总是需要开销的。刘縯不从事劳动贴补家计，花起钱来却大手大脚，日久天长，他只好向两个弟弟开口借钱。刘仲和刘秀十分敬重大哥，只要他一开口，向来不会拒绝。刘縯就这样挥霍弟弟们的血汗钱，却没有半分感恩。相反，他还十分看不起这两个志向不大的弟弟，并且经常批评他们。一次，刘縯就当着众多乡亲的面，对刘秀出言讽刺："我这小弟刘秀总是醉心农作，这样也好，起码可以养活自己，和汉高祖的兄长刘仲也是半斤八两了。"对这个口出恶言的大哥，刘秀一向不在意，自然对他敬重有加。

刘秀胸中没有理想吗？当然不会，他只不过颇有心机，不会随便让人知道自己的想法。刘秀也是皇室后裔，看着王莽作乱朝政、倒行逆施，使得整个汉家朝野上下怨声载道，百姓苦不堪言，他心里怎会不煎熬、不想重振大汉天威呢！让刘氏重新掌握政权呢！只是刘秀和刘縯不同，能从另一个角度来看待问题，他目前奋斗的重心是让全家人吃穿不愁，如果家里人个个都和大哥一样，只是宴请宾客，却不从事生产的话，刘家怕是连吃饭问题都解决不了，母亲、兄弟姐妹恐怕都要活活饿死了。

虽然刘秀成天在田间劳作，看起来似乎胸无大志，但是，他的内心却不是风平浪静的，他何尝不想在政治事业上有所作为？他在辛勤务农、做粮食生意的闲暇之余，其实一直都留心整个朝野发布的条例、政策等等，甚至也有心结交了一些有权有势的人物，比如，镇守南阳的大司马府纳言、五威将军严尤等等。刘秀不是没有想过大哥的理想，但他认为时机还没有到，现在他们没有掌握一兵一卒，要和王莽相抗衡谈何容易？现在是积累的时期，所以，刘秀做出了一个重大的决定，他要去京城长安上学。这时，不少官宦子弟都以这条途径来奋斗，进入太学，学习新经，学成毕业之后就从政有路了，这是做官的一条捷径。刘秀并

不想一辈子当一个农民、小贩,他身上也同样流着刘氏皇族的血液,他有自己的尊严。

刘秀求学时看到没有出路,便回到了家乡,继续从事农业劳动,操持家业。

刘秀经营农业,与汉高祖刘邦的哥哥刘仲是不同的。刘秀曾在长安太学游学,在众多求学者中,他是颇具才华的一位。另外,刘秀的曾祖父、祖父、父亲都曾出仕为官。这对通晓权术的刘秀来说,选择务农之路,是不得已而为之的。因为在王莽的统治之下,对刘氏宗室的压迫越来越厉害。王莽正式篡夺汉位后,就把刘氏宗室的列侯爵位全都削夺。他对白水乡春陵侯的嫡子刘祉惩治得更严厉,不仅削夺了爵位,而且下令:"不得作官为吏。"王莽的这种惩治措施,自然要株连到春陵侯的宗亲。这样,刘秀就不可能像他的父、祖那样,再走向仕途。因而,他就只好暂时选择维持家业生计这一道路。

刘秀也并不像刘仲那样,对天下大事漠不关心。他对刘氏宗室受到的迫害,在内心是深怀不满的,只是他不想显露出来,而是要静观时局的变化而已。

他的亲属、族人向他倾诉激烈地反对王莽的言论时,他都加以默许。他的姐丈邓晨对王莽的做法非常不满,就对刘秀说:"王莽暴虐,盛夏斩人,此天亡之时,我们应乘势而起。"刘秀对此,笑而不应。

刘秀在内心暗藏对王莽统治的不满,不只是由于宗族受到压制、他的仕途被阻,还由于他本人直接受到王莽地方官吏的迫害。刘秀青年时,一次贩卖谷米没有上税,被官府捆住游街,折腾了一天。刘秀饿得头昏眼花,后来一个狱吏可怜他,才给他一碗饭吃了。

可是,刘秀为人谨厚,处事小心谨慎。因为刘秀在性格上具有这种特点,就使他的"勤于稼穑"的行动,不仅是为了维持家业,也成为他内心不满王莽统治的一种掩饰。这种掩饰为刘秀的生活省去了不少麻烦。

刘秀把自己的不满意暗藏起来，以维持家庭平静的生活，并观察国家时局的变化。可是，在王莽的统治下，社会秩序非常混乱，再加上法律的严酷，使他很难维持这种生活，在关东地方，农民因被自然灾害所迫，反抗王莽的斗争愈演愈烈，社会开始出现大动荡。由于这种社会大潮的驱使，刘秀这样一位原西汉王朝的宗室，已不能再安于社会的现状。

公元22年，刘縯在他的家乡春陵，号召了许多有志之士，日夜练兵，准备起义打倒王莽的新朝。此时刘家的乡里亲戚们都说："伯升这孩子真是胡闹透了，再让他这样下去，恐怕连我们这些乡亲的命都保不住啦！"乡里亲戚们纷纷躲起来，以免受连累；但后来，乡亲们看到，跟在刘縯后面的，还有刘秀，且刘秀已脱下了农夫的装扮穿上军服，一副准备出征的模样，大伙才放下心来，说："连这么一位老实的孩子都会参加他们，大概不会出错。"

刘縯因为一心要当首领，不久后，在起义军中和人争权而死于非命。跟着哥哥的刘秀，却以他的默默无闻，继续待在义军中。他本人一点都没想到要当皇帝，但却一步步地使他走向皇帝之座。

刘秀将抱朴守拙的精神发挥到了一定境界。一个人若不一心跑在前面，也不落于人后，只是经常保持在中间的位置，倒不失为一种十分安全的生活方式。以刘秀的前半生来说，他就是一个这样的人，但若是他一直保持这样的态度，那么他绝不会登上皇帝的宝座，所以我们再来看看，刘秀到底还有什么特殊的地方，使他能得到帝位。总结后可得出三点：

一、刘秀的性情较为温和，当他遇到不利于自己的事情时，绝不争执，他宁可自己委屈，只要求生存下去。

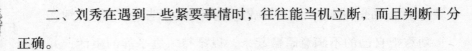

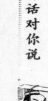

刚柔人生

刘秀有话对你说

二、刘秀在遇到一些紧要事情时，往往能当机立断，而且判断十分正确。

三、刘秀善用巧妙的方法，延揽人心，而大收其效。

刘秀在他后半生中，运用了他个性上的优点，使他步步高升，这就是刘秀和他哥哥之间的差别，以致一个死于非命、一个登上帝座，这种结果的确令人慨叹不已！

有一个小寓言，讲述了盲目展示自己的下场。曾经，有一只力气很大的蚂蚁，从盘古开天辟地到今天，蚂蚁中还没有出现过和它一样的大力士，它的力气大到一起驮两颗麦粒都毫不费力。另外，它的勇气在蚂蚁群中也是出类拔萃的：它能一口咬住一只大蛆虫，而且死都不放，也经常只身一人就与一只蜘蛛搏斗。不久后，它就在蚂蚁王国里声名鹊起，蚂蚁们平日闲暇的话题，几乎都和这位大力士有关。

因此，这只蚂蚁大力士的虚荣心在歌功颂德之言中无限膨胀，所以，它一心想到大城市里去，和城市里的大力士们一较高下，分出胜负。终于有一天，它搭乘着过路的干草车，和赶车人坐在一起，激情澎湃地向城市进发了。

可是，踌躇满志的蚂蚁大力士却在城里到处碰壁。它最初满心欢喜，认为人们一定会从四面八方前来围观，然而事与愿违，它发现，大家对自己根本没有兴趣。城里人都只关心自己的事情。蚂蚁大力士好不容易找到一片树叶，把它拖拽到远处，它灵活地前后空翻，高速地弹跳，却没有吸引任何人关注，也没有人看它。因此，当它穷尽所能地把所有把式都耍过一遍，却仍没有得到注意后，它便自怨自艾地说道："我认为，城里人都是愚蠢和不识抬举的，他们都不知道我有多了不起，我展示了种种才艺，怎么没有得到应有的关注呢？假若这些人去我们的家乡，我想他们一定会发现，我在整个蚁穴之中是威风八面的。"

这位自信心膨胀的蚂蚁大力士，自以为自己的名气很大，一到大舞台才恍然发现，自己的名气也仅仅局限在蚁穴的狭小空间里而已。

一旦人过度自信与骄狂、虚荣、自私及狭隘为伍，却和自省、谦逊及朴实渐行渐远、分道扬镳，就会造成一种消极的品行。这种不现实的自负感其实是傲慢和无知，是对现实生活创造性的无知，不了解朴实、谦恭和果敢的重要。

虚心能使一个人的头脑保持冷静，使一个人的思维持续敏锐，还能帮助他最大程度地分析自身的不利条件以及所处的困境，从而为走出困境、获得成功创造有利条件；虚心能使一个人不断提升自身涵养与修养，为通向成功的道路提供动力；虚心还能使一个人的知识面不断丰富，获得不断进取的优良品格。

虚心是在充分相信自身力量的同时，体现出为人的广阔胸襟。上善若水的人，往往拥有丰富的知识面，所以才能最终获得成功。所以，虚心可以说是成功的基础。只有真正虚心的人，才能最终获得成功。

汉光武帝刘秀就是一个虚心的人。刚开始，他在一群人中并不是最突出的，只是平平凡凡的一个人，他不落人后，也不争第一。在这种前仆后继的情况下，他逐步地登上了最高的地位。

历史上最有名的有关"韬光养晦"的典故，当属刘备寓居曹操门下之时发生的故事。当时刘备实力弱小，根本没有争雄天下的实力，只好先暂时四处流浪。为了保全自己，只好不时投靠当时已经有实力的军阀。有一段时期，刘备就依附于曹操门下。在此期间，曹操看出了刘备心怀大志，不想让刘备成长为自己今后的对手，便有意打压刘备，企图找借口将刘备铲除。刘备为了防曹操谋害，于是就在自己住处的后园开出一片菜地种菜，并且亲自浇灌，表现出自己很满足的样子。《三国演义》记载很是贴切："以为韬晦之计。"曹操认为刘备胸无大志，不再担心，也就不再着意加害了。

还有一次，曹操摆下酒筵试图试探刘备的野心，曹操问刘备："使君认为天下有哪些英雄？"刘备列举了当时叱咤风云的一些人名，单单不提自己。刘备在曹操面前使用韬晦时，曹操却不买他的账，最后曹操忍耐不住了，就用手指了指刘备，然后指向自己，对刘备说："当今天下的英雄，只有你刘备和我曹操两个人罢了。"刘备听到这里大吃一惊，明白这是曹操在试探自己，惊诧之余不知不觉手里拿的筷子掉到了地面上。恰好当时天气不好快要下雨了，也正赶上雷声大作。刘备从容地捡起筷子，并自我解释道："这雷声大得厉害，吓我一跳。"曹操笑着问道："大丈夫还怕打雷的声音啊？"刘备回答说："就算是圣人，赶上了暴风、巨雷，也要变化表情，怎么能不害怕？"一句话将自己掉筷子的原因，轻轻掩饰了过去。从此以后，曹操认为刘备不过是一个胆小怕事的人，也就不再怀疑他了。

韬光养晦是在夹缝中的求生之道，是在时机来临之前，让自己能够在安全的前提下获得发展的计谋。一个人究竟强不强，不是看你有多么出名，多么有权有势，而是看你有没有真正让自己强大起来的坚实基础和本事。真正有本事的人，讲究韬光养晦，厚积薄发，修于内而成于外，这才是真正让人佩服的成功。

懂得韬光养晦的人，从来不与人争名夺利，而是默默无闻干实事，将名利置之度外，一步一个脚印地去做事；只有那些名利欲极重，又迫不及待想成功的人，才会去沽名钓誉，极尽张扬之能事，虚妄于花拳绣腿，玩弄花招，得一时之逞，到最后经不起大风大浪的折腾，船倒帆折，一败涂地。

圣人告诫我们："满招损，谦受益。"一个人太出风头，就会受到打击；一个人过分追求做事完美，反而会受到他人的指责。大多数人能够做到同情弱者，却会敌视比自己强的人。所以为人处世一定要学会韬光养晦，千万不要狂妄自大，过度张扬。

真正的强者表面都是不显山不露水的，他们不爱出风头，总是辛勤耕耘，苦心坚守，并获得最后的成功。这样的人甚至在成功后也都不喜欢张扬，而是继续探索，低调追求，继续取得新的成就，这才是真正强者的作风表现。他们低调做人，懂得藏锋守拙，看准时机，一击必胜，在周围人看来，这些人往往是大智若愚、大巧若拙的。他们没有锋利的棱角，却有平和的心态，锋芒内敛，踏实做事，遇到难题总是不断请教周围的人，并获得自我积累，工作态度严谨认真，他们大多心思细密，个人的思维非常周全，并且遇事不乱，而且目光长远，另外，他们能承受艰苦的磨炼，拥有坚强的意志，这些也为他们最终取得事业成功，打下了坚实的基础。

可见低调是一种修养，守拙是一种智慧。一个低调守拙的人，身性高洁，意志坚定，又具有超脱欲望、淡泊名利的胸襟。个人发展，一定要注意自身低调守拙的修养。

要生存壮大就要合作

单丝不成线，孤木不成林，一个人单打独斗很难取得成功，这就需要合作，通过合作来扩大己方的力量，进而夺取胜利的果实。当今社会，竞争日益激烈，在激烈的竞争中想要获得成功，甚至想要获得生存和发展，都离不开合作，合作已经成为当今时代的主流，并且合作也是一种谋略。

第一章　刘秀对你说人生谋划

025

在刘秀起兵经过一段时间的战斗之后，刘秀兄弟二人初步稳定了起义军的力量。这时，绿林军选择了转移，他们分三路转移的时候，正是刘縯、刘秀兄弟决定迅速走出春陵、寻找盟友的时候。这时他们发现，预谋北上南阳一带发展势力的新市兵、平林兵，是一个非常好的合作对象。

以王匡为首的新市兵和以陈牧为首的平林兵，曾经在南阳南边离春陵不远的地方和官军多次交手，并没有占到什么便宜，正急于北上南阳，谋求新的去处，所以，对根基颇深的刘氏宗室们来说，这是个极佳的合作选择。而且，合作的双方都有着一个努力的目标，那就是：团结盟友，扩大势力，共同对敌。

那时候，整个社会的政治局面瞬息万变，敌友关系也是变化无常的。每个势力之间分分合合，打打停停，今天是盟友，明天可能就变成敌人，甚至有的刚才还在一张饭桌上对饮，过了一回儿就兵刃相见了，这样的事例是不胜枚举的。

假如要真正地实现不同军事力量的融合，合适的时机必不可少，除此之外，还需要有共同的利益以及从中穿针引线的重要人物。

这时，刘縯派自家堂哥刘嘉作为春陵军的说客，主动找到王匡、陈牧等，一起讨论合兵的事宜。

刘嘉这个人性情温和，广读诗书，眼见开阔，和刘縯、刘秀兄弟相同，他也是春陵侯刘买的玄孙。他自幼父母双亡，被刘秀的父亲刘钦看做是自己的孩子，悉心栽培，还出资让他去长安学习。因此，他和刘縯、刘秀之间感情深厚，确实是合适的人选。

王匡、陈牧等人对刘嘉的到来，亲自迎接，双方立即达成一致，当下打算合兵、共同对付相同的敌人。

后来的事情可以看出，刘縯、刘秀兄弟把农民起义军招入麾下，作为合作伙伴，在那个时候，无疑是高明的选择。

这项军事联盟的达成，对当时的时事局势来说，可以说是产生了深远的影响和重大的意义。

首先，它使得当时社会政治军事力量的格局焕然一新。对联军来说，力量势力扩大了，在多次战役之中，他们召集了十万多人的军队；对新莽政权来说，则是产生了一个强大的对手。至少对南阳一带而言，王莽要想迅速击溃这些起义军，或者对他们各个击破，就没有那么轻松了。后来，打败了王莽和他的新政的，正是这支队伍。

其次，这支起义联军想要打破旧世界，建立新制度的气势，吸引、招揽了大批的将士投身其中。在这些将士里，既有很多像刘秀这样有勇有谋的能人，也有很多拥有文韬武略，且百战百胜的人才。

所以，这支绿林起义军的早期领袖是非常有能力的，还出现了一批如同王常、马武这些后来跟着刘秀出生入死、不懈征战的将领。可是，他们的文化水平大多不高，对自己也缺乏严格的要求，当然，也不乏张印这些滥杀成性、穷凶极恶之徒。

经过刘缤、刘秀兄弟的加入，绿林军的领导层面水平不断提高，整体素质渐渐提升，逐渐形成了一个具有政治谋略和军事指挥才能的领导队伍。

此时，恰好也有一大批人才投奔这支军队而来，极大壮大了这支队伍的力量。其中，有一个人的到来，让刘秀十分惊喜。他就是阴识，此人是阴丽华同父异母的亲兄长。阴识年幼时父母双亡，家境也不太好，但他人品出众，忠厚老实，十分用心地伺奉继母邓氏（就是阴丽华、阴兴姐弟的生母）和兄弟姐妹们。当春陵军刚起义的时候，阴识恰好在京城长安求学。他一听闻这个消息，就马上离开了学校，回到自己的家乡新野，带领1000多亲朋好友共同投奔加入了绿林起义军。

兄阴长识，带来了这么多人加入队伍，对刘秀产生了极大的鼓励，阴识很快就被任命为校尉。阴识才干突出，英勇无比，屡获战功，在刘秀击败对手、组建家庭、最后登基的过程中，以自身高尚的品格给予了刘秀很多帮助，起到了重要作用。

另外，刘秀还有两个自家大哥，一个叫刘赐，一个叫刘玄，这二人同为曾任苍梧太守刘利的孙子，还是至亲盟友。而刘利与刘秀的祖父刘回，也同是春陵侯刘买的孙子。

作为家族成员之一，刘縯、刘秀兄弟把刘赐起事之初就接纳进了起义队伍。而更早的时候，刘玄就投奔了陈牧，成为了一名平林兵，且以"安集掾"的身份加入到起义联军的队伍之中。这并不是说刘玄有更高的政治觉悟，或者更加主动地反对王莽，他这么做其实另有隐情。

原来，刘玄、刘赐与刘秀、刘縯兄弟境遇相同，都是西汉皇室的宗亲，可是到他这代，已经是平民百姓了。王莽篡汉之后，对刘氏宗室大加抑制，大多数皇室宗亲都被剥夺了爵位，很多宗亲后裔在社会上根本没有地位，还常常被人侮辱。有一天，春陵的一个亭长酒醉，就把刘子张叫到身边出言侮辱。刘子张是刘赐的叔父，也是刘玄的父亲，这么一来，刘子张觉得自己受到了莫大的侮辱，一怒之下，就出手杀了亭长。当时正值王莽篡汉，天下大乱之时，并没有人认真对待这个案件。几年之后，亭长的儿子为了给父亲报仇，又把刘子张的儿子刘骞，也就是刘玄的弟弟杀害了。后来，刘赐的哥哥刘显为了给堂弟刘骞报仇，又把亭长的儿子给杀了。冤冤相报何时了，这样循环往复，许多条人命白白消逝，终于引起了官府的注意，因此刘显被判处死刑。

刘赐也是义薄云天之人，他发誓一定要替哥哥报仇。所以，刘赐与侄儿刘信（刘显的儿子）共谋，把家里的田宅卖掉，散尽万贯家财，为报仇而默默地做着准备。终于被他们等到了机会，刘赐、刘信与几个朋友一起，纵火烧死了亭长的一家四人，然后逃亡外地。后来遇上了大赦，刘赐、刘信叔侄才得以回到家乡。

作为这起家族凶杀案的主要嫌疑犯刘玄虽然胆小如鼠，害怕生事，但想到事情是由自己的父亲引发的，弟弟又死于这起案件之中，堂兄弟们个个都非常仗义，于是也集结了几个伙伴，打算替弟弟报仇雪恨。

一次，刘玄大摆筵席，邀请当地的治安长官游徼出席，打算趁机解决这起凶杀案。但是，这个宴席并没获得如期的效果，酒筵上出了事情。刘玄的一个友人借着酒劲，惹恼了这位治安长官！这个朋友喝醉了酒，当下狂呼、高唱道："热煮爆炒两都尉，游徼来得晚，用来调滋味。"这样的言行举止，说是开玩笑也行，说是侮辱他人也行，也纯属看做一番醉话，要怎么理解，就要看当事人了。可是，治安官偏偏心胸狭窄，认为这一番话是对自己的侮辱。治安官又怎么能容忍这样的当众侮辱？他刚想发怒，结果就被捆了起来。正值天下大乱之时，官府并不按照章法行事，治安官被当众侮辱、殴打，无论于公于私，都能轻松地治这些人的罪。

刘玄一见形式不好，怕这事牵扯到自己，于是一走了之，跑到平林躲避风头。当时这个案子被官府所注意，当地官吏抓不到刘玄，就干脆将刘子张捉进了监狱。

刘玄躲在平林，听说父亲被捕，懊悔不已。他认为，官府不可能就此罢休，要是一直通缉自己，即使自己苟且偷生，也得过着无休无止的逃亡生活，这是自己不情愿的。所以，他计从心来：打算诈死。他让人传出消息，说他已经病死了。为了假戏真做，他还找人买来一副棺材，让人送回老家舂陵，出殡下葬。地方官一看刘玄死了，没有办法，只好释放了刘子张。

刘玄诈死后，还是胆战心惊，不敢回家，只有四处躲藏，在外漂泊。

后来，他听人说平林人陈牧举旗起义，就前来投奔。他认为，只有这样才能结束自己的逃亡生活。

陈牧一见他是刘氏后裔，认为他能够助益自己的造反活动，便收留了他，还给了他一个平林兵的官职：安集掾。

因此，刘赐、刘玄既是堂兄弟，又有出生入死的关系，关系自然亲密无间。

由此观之，起义联军内部的利益体系也是非常复杂的，其中有刘秀兄弟的势力，又有舂陵军，还有王匡、陈牧的新市、平林兵势力。双方结成同盟的基础是有着共同的利益，它的基本特点可以归纳为：目标相同，追求不同。

既然打败新莽政权是双方的共同利益，这不难解释，但怎么去解释不同的追求呢？

为了兴复汉族，舂陵子弟起义反对新莽政权。

王莽篡汉之后，对刘氏宗亲大加抑制，刘氏宗室生活在水深火热之中，也失去了皇室的尊严。

新市、平林将士则不然，他们代表了广大老百姓的利益，是为了生活和尊严才打算消灭新莽政权。

事实如此，如果王莽继续把持朝政，所有人都要受欺压，也就没有任何活路了。

所以，在反对王莽的问题上，每个人都是一致对外的。

但是对于以何种途径消灭王莽，以及消灭王莽以后，大家要怎么进行利益的划分，又是一个很难解决的问题。

其实，人类的历史，就是人类的利益史，每个人对利益的不同看待、不同追求、不同安排，决定了这些人在历史舞台上的不同角色，也决定了这些人的不同地位；对政权来说，这些不同的看法最终决定了这些政权能在多大程度上赢得民心，也决定了这些政权最后能走多远。

由此看来，社会其实就是一个复杂的人际网，一个人再有本事，能力也是有限的，很多事情还需要借助他人的扶助才能做好，才能完成。作为社会中的一员，与其临渊羡鱼，看别人做事左右逢源，不如退而结"网"，及早编织属于自己的人脉。要知道，在如今这个社会，靠单打独斗是远远不够的。

做事单打独斗，这是人的本性使然，但多数人并没有认识到这一本性。实际上，单打独斗的做事方法在我们工作中、人际交往中非常常见。单打独斗的表现或者为个人英雄主义，出风头，吃独食，或者是做事机械，不知道团结他人，是很多人做事不成功的原因。

不懂与人合作，一心想做"独行侠"，将来必然会遭受失败。每个人都应该认识到个人的能力是有限的，一个人永远无法独自做好所有的事情。所以合作是必要的，也是必需的。

一位哲人说过："你手上有一个苹果，我手上也有一个苹果，两个苹果交换后每个人还是一个苹果；如果你有一种思想，我也有一种思想，两种思想交换后就不再是一种思想了。"

尽管一盘散沙看起来金黄透亮，不会有多大的作用，但是如果把它和水泥相结合，就可以成为高楼大厦的建筑材料。个人的能力和那些一粒粒的细沙一样，只能通过与他人的合作，才能极大地发挥自己的作用，最终成为栋梁之才，因此，我们要学会和他人合作，并且帮助别人，只有这样才能不断完善自身能力。

在十四五世纪的欧洲，资本主义萌芽刚刚产生，一种叫包买主的生产方式诞生了，这种方式是把生产资料平均分配给不同的工作者，让他们通力合作，最终顺利完成生产活动，这导致后来产生了现代商业合作。现如今，社会日新月异、不断变化，人们重新把合作放到了很重要

的位置，它不仅仅只被当做一种商业运作模式，而是逐渐成为了一种精神，推动着社会的车轮不断向前。

合作在动物界中也随处可见，只要大家细心观察，就会发现处处有合作。大家都知道，作为自然界的一员，蚂蚁家族之间的分工十分复杂、却又极其严格。其中，工蚁负责寻找道路与食物，兵蚁负责保卫蚁巢的安全，蚁后专心负责繁衍后代以及养育后代。每一个成员之间的工作任务恰到好处，但其中的任何一个环节都不能缺少。正是借着蚂蚁家族中所有成员的通力合作，它们才能够在大自然中生存下去。

社会中有各式各样的人，只有学会和不同的人相处，我们才能融入现代社会之中。通过对社会上不同的成功人士的对比，我们可以发现，一个人如果善于同人合作，就能在竞争中保持优势，并不是经常有人能够靠个人能力而最终获得成功，因为我们现在这个时代，是分工极其细致的，做任何一件事情是必须与人合作的。因此，我们要增强个人能力，学会善于和别人协商合作共事。

如果我们能够改善自己，学会和其他人合作，使自身的力量不断增强，就能使社会中的每个人获得进步、成功。因此，如果想要拓展自身的能力，首先要学会与人合作，这是所有人成功的基础，同时也能够给集体带来成功的可能。

敢于正视失败

通常，有所追求的人都渴望成功，而不希望遇到失败，但在追求理想的道路上，失败却总是不可避免的，它是人生乐章中一个不和谐的音符。我们要做的就是不逃避，正视失败，将失败转化为我们走向成功的基础。

刘秀的一生，经历了无数次的战斗，刘秀的天下，是自己一刀一枪拼出来的。然而战场上不可能全部是一方完胜的场景，刘秀也经历过惨痛的失败。这就像我们现在的社会竞争一样，总会有一些失败给我们以惨痛的打击。在这时候，我们关注的，不应该是我们失去了什么，我们要做的，是正视失败，在失败中学习，在失败中崛起，继续追求胜利。

刘秀曾一度依附于更始政权，之后借着更始政权的名义经略河北，在这段时期，刘秀不断扩充自己的实力，不断与地方割据势力进行战斗。在战斗过程中，刘秀经历了一次惨痛的失败。

当时河北战局纷乱，刘秀面临的情况还算不错。弘农战场方面，樊崇率领赤眉出师遇捷，守城待命，暂时没有大的动作，给河北汉军留下后线作战的时间。孟津战场，冯异将大营守得固若金汤，且粮饷充实解决了后顾之忧。刘秀原来悬着的心大为放宽，率汉军意气风发，日夜兼程向北挺进。所到之处，各处叛贼无不闻风丧胆，弃甲而逃，一路杀来颇为顺利。最后在元伐、北平一带大破尤来，大败五幡各部。尤来这棵大树一倒，猕猴皆散，散兵们或降或逃，很大一部分归于刘秀部下。

为斩草除根，彻底肃清向北溃逃的尤来。刘秀亲自带领精锐突骑，不顾当时风雪交加，马不停蹄追击而去。严冬腊月，刺骨的寒风像刀割一样打在将士们的脸上。将士们的手已经渐渐麻木，刀枪都握不住，只能横在马鞍上。两天下来，很多人的脚冻得红肿，手上也生出指头大小的冻疮。

刘秀见此情形，命部下弄来冻伤药，用酒和了给士兵们敷上，他

第一章
刘秀对你说人生谋划

把每个军营都视察一遍，仔细询问情况，和颜悦色中透着对将士们的关爱。士兵看到刘秀自己也是冻得满脸通红，却毫不在意，蹲下来抓住许多人的手亲自察看，都十分感动，有想提出干脆撤回去的人，也不好意思再说出口。

大军日夜不停地穷追不舍。天黑路滑，行军速度很慢，马蹄踏在冰层上咔嚓咔嚓地一片脆响，这连成一片的清脆声音，仿佛弹奏着一场大战将要拉开帐幕的序曲。

东方微亮，刘秀与耿弇率数千轻骑追至顺水河边。河面早已封冰覆雪和原野连成一体，耿弇下马向刘秀请命说："明公（刘秀未称帝时，部下多称之为'明公'。），我军已冒雪迎风，马不停蹄地追赶了一天一宿，战士们早已人困马乏，太累了。是否在此稍作休息，抖擞精神再前行追赶？"

刘秀也深知战士们劳苦，自己也感到再拼命追下去，确实吃不消。他略作斟酌，眯起眼睛望着一望无际的雪原，自言自语："伯昭，你看看，这里方圆千里都是荒无人烟的雪原，敌军如无充足的粮草供应，也应该早已疲惫不堪了，他们比我们更疲惫。我们不如一鼓作气，追过河去，将敌人一举歼灭后再作休息，如何？"

耿弇也不便说什么，只得遵命，鼓动数千骑兵，亲自带头率兵踏上冰面，追过河去。刚到河对岸，没等脚底站稳，便听一声口哨尖厉鸣响，随即伏兵四起。大事不好，中了埋伏！耿弇刚闪过这个念头，就见尤来、五幡等大批兵马从半人多高的灌木丛中呼叫杀来。汉军兵马猝不及防，又加上饥困赶路，无力迎战，顿时大乱，混战一阵，力不能支，只得败下阵来。耿弇在后队掩护，让刘秀处在中军，迤逦返回范阳，准备重整旗鼓，待时机成熟，再作定夺。

在这场和伏兵作战中，刘秀首当其冲，身受重伤，右臂被一支毒箭击中。加上路途连受风寒，勉强支撑到范阳，一头倒下便发起高烧，额头滚烫得吓人，迷迷糊糊躺了一天一夜才苏醒过来。

"水，水……"见刘秀有所反应，守护在床前的耿弇忙命人端上姜汤，一勺一勺喂到刘秀嘴里。在刘秀昏迷的这十几个时辰里，耿弇、马武和陈俊等人一直静候在病榻前，几乎没有合过眼，看到刘秀微微睁开眼睛，都惊喜地叫喊："明公醒了，明公醒了！" "真是吉人自有天助，终于醒来了。明公是成就大事的人，谅不会有什么闪失。"大家小声议论着，喜不自禁，悬着的心终于放下了。

刘秀直着眼睛呆愣了一会儿，理了理纷乱的思绪，过了很久才明白过来，他回味着梦中的情景，仿佛自己刚才还在挥刀杀敌。他忍着剧痛，挣扎着坐起，挨个儿拉起耿弇等人的手，低沉地说："刘某急于平灭贼寇，急功近利，悔不该不听伯昭之言，率自涉险，军马伤亡不计其数，惨败呀！"说着痛心地摇摇头，欲言又止。

耿弇端着姜汤，勉强地一笑，安慰道："明公不必自责，久在河边走，哪有不湿鞋的？经常打仗，有胜必然有败，再自然不过。也怪我等没有考虑周全，没能阻拦大军过河追敌，罪责难逃。况且胜败乃兵家常事，明公大可不必扼腕叹息。您带兵杀敌受了重伤，眼前最要紧的是先把伤养好，再作打算。塞翁失马，焉知非福。一败之后，大家往后行事，都增了几分谨慎，未尝不是好事。我看，只要上下一心，平灭贼寇只是早晚的事。明公静心养伤，别考虑那么多。"

"是呀，明公重伤在床，兵士们也忧心忡忡，无心作战。只要明公身强力壮，留着青山在，岂怕没柴烧？明公不必多虑。"马武也上前劝慰。

刘秀知道大家都在宽慰他，仍旧叹息道："熬严寒、冒风雪，真难为大家了，可所得结果却是损兵折将，怎能叫我不痛心！军中多少士兵为此枉送性命，谁不是父母身边的娇儿，谁不是妻子儿女跟前的顶梁

第一章
刘秀对你说人生谋划

柱？可一战失利，就有多少人家要遭遇丧子丧夫之痛，这是我决策失误，连累将士们，都是我的错啊！传令下去，伤残兵员一律优厚抚恤，这几天伙食费用提高一些，给将士们补补。"

耿弇等人深受感动："明公受如此重伤，心里还惦记着兵卒。明公不必操心，我们这就遵旨下令，为士兵们添些鲜菜。"

刘秀点点头，思索片刻低声问耿弇："这次咱们损失多少兵马？伯昭如实相告。"耿弇知道此事不好隐瞒，只好照实禀报："数千突骑几乎损失殆尽，逃回的近千人马也病的病，伤的伤，受创不小。"刘秀听后脸色阴云密布，半晌低头不语。

马武见刘秀一脸沮丧，上前安慰说："明公切不可过度伤心，不能为这点小事乱大谋，要实现恢复高祖旧业的宏伟志向，必定会有失败和流血，这早在意料之中。明公以前说过一句话，我现在还记得，人不劝不善，钟不打不鸣，路不行不到，事不为不成。现在这话正派上用场，要行路要做事，哪能一帆风顺？只要我们总结经验，还是胜算在握的。"

刘秀被他们一片苦心深深打动了。转过头来闭上眼睛努力静下心来，当初和大哥春陵起兵的情景历历在目，昔日的誓言在耳旁似乎铮铮作响，被一仗打败，难道整个人就爬不起来了吗？比起昆阳大战，比起在宛城和洛阳受的委屈，这点挫败算什么呢？

再转过脸来时，刘秀已经脸色平静，恢复了以往的威严，清清嗓子对众人说："你们放心，刚才有些失态，不用告诉任何人。即便你们不说，汉军自然也不会一蹶不振，这点小挫折，只能让汉军更奇勇，哪怕屡战屡败，汉军也会屡败屡战。当初高祖和项羽争夺天下，高祖十战就有九次败北，但高祖不弃不馁，而最终一战彻底胜利。有高祖在前，咱们还有什么可说的？一日不平灭贼寇，一天不安定河北，我决不罢休！"

听刘秀这样说，大家很受鼓舞，不由更加佩服刘秀的气概。刘秀稍顿一顿，放缓了语气说："诸位也饱受困顿，又守了我一天一夜，身心疲惫，我这里很好，不必挂念，各自都回营好好歇息吧。"

看着大家相继退下，各自回营，大殿里重新寂静下来，刘秀脑海中把这几年的情形——闪过，再也躺不住，他忍着伤痛，缓缓下床，整整衣冠，朝门外走去。门口侍卫赶紧上前把他搀扶住："明公如有事，在下可为您效劳的，不劳您费神，尽管吩咐就是。"

刘秀微微一笑："那你就陪我到军营里走一趟吧，我要亲自巡营，慰问慰问伤残病员。"

刚出殿门，不想耿弇和马武等将并没有回营歇着，他们都在门外静静地守候，见刘秀出来，他们先是一愣，继而早有预料地哑然失笑。刘秀高兴地说："既然诸将都在，不如随我一道巡营，让兵将看看咱们依然强健，还能带他们冲锋陷阵，再展雄风！"

耿弇和马武一左一右，搀扶着刘秀走在前面，其余诸将都尾随其后，刘秀胳臂上缠着素白绷带，殷红的血从里面渗透出来，染红了一大片。但刘秀一直红光满面，带着微笑，逐营巡视，对战士问寒问暖，询问兵情，安慰他们静心养伤。并一再交代军医，一定全力救死扶伤，想尽办法让兵将们摆脱病痛之苦。军医见刘秀如此关爱士卒，自然不遗余力，悉心照料受伤士兵。士兵们见主帅带着重伤，尚且惦记自己的安危疾苦，心里暖暖的，更加拥戴刘秀，都私下议论着说："明公对咱们关怀备至，咱们生在这个世道，天生就是打仗的命。不过打仗也要打得痛快。投奔这样的明主，拼命一回也算值得！"

刘秀回到营帐，顾不得休息，忙召集诸将商讨重整军队、抚恤将士等事情。大家聚在一起，尚未得出具体方案之际，忽有探马来报，说是

第一章　刘秀对你说人生谋划

大将军吴汉率大军赶到。刘秀忙命部下大开辕门，迎接他们进来。原来吴汉带兵巡查，在顺水河看到战场残迹，看情形汉军吃了败仗，而且败得相当惨，顿时吃惊不小，一路打探着追至范阳，看到刘秀健在，才放下心来，大家又宽慰着互相鼓劲。

转眼冬去春来，冰雪消融，群燕北翔，又过一阵鸟鸣啁啾，泉水叮咚，一派春光大好。休养生息了一个冬天的汉军也加劲操练起来。春天是个雄心勃发的季节，加上野草萌发，战马有了草料，刘秀要征服的河北各部也不闲着，蠢蠢欲动。

一连几天，都有军情来报："尤来、五幡、上江、青犊、五校等部众在顺水伏击侥幸得胜后，更加肆无忌惮，所到之处野蛮抢掠军粮，强行抓壮丁充兵，百姓们恨得咬牙切齿，又不敢抵抗，只得四散逃难。看情形，他们想尽快聚敛物资，加紧作好和我军对峙的准备！"

刘秀为谨慎起见，先派出久经沙场、骁勇善战的几员心腹将领，率兵小规模攻打五校、大肜。一经接触才知道，五校、大肜实质上不过是一群乌合之众，加之平日忙于抢劫殆于训练，到了战场真刀真枪拼打起来，哪里敌得过汉军精锐之师，汉军所到之处战无不胜，攻无不克，直打得五校、大肜节节败退，仓皇而逃。

小规模较量虽然很顺利，但吸取上次顺水河失利的教训，刘秀决定在范阳一带稍作歇息，待河北南部稳定下来后，再率兵北上，将五幡、尤来一伙彻底消灭。

经过一段时间的经营，局面渐渐稳定下来后，刘秀觉得时机已经成熟，于是，亲自率军队北进，一路上连战连捷，频传喜讯。刘秀再次迎来了自己的春天。

刘秀就是这样一位敢于正视失败的人。身处竞争激烈社会的我们更应该明白"失败是成功之母"。但是，真正能领会这句话含义的人，却是少之又少，只有那些领会了这句话的人才知道只有在自信主动、心态积极、坚持开发自己潜能的条件下才能拥抱成功。

通常我们做一件事情失败了，无非有三种可能性：一是我们选择的方向有误，需要另外选择自己所走的方向；二是我们在某些方面还没有解决好，需要想办法解决；三是没有坚持到底，中途就退了下来，需要我们应该坚持下去，永不放弃。只要我们把以上三点都做到了，那么我们就一定能获得成功。

有人说过："失败并不可怕，成功和失败之间只有一线之隔。当你觉得自己已然失败的时候，如果抱有'置之死地而后生'的信念、理想，并继续努力的话，也是能够绝处逢生、反败为胜的。过分自信也会导致失败，但这里否定的是'过分'的自信，失败的原因并不在于自信本身。如果你不害怕别人说闲话，不害怕周围人说三道四的话，失败带给你的不是打击，而是继续探索、继续努力的信念，你不会因此失去信心。"

只有不害怕失败，深知失败意义的人，才能够获得成功，才可以享受到成功的欢乐。

成功和失败是事物前进的两个推动力，俗话说，失败是成功之母，是成功前的信号灯塔。大家都听说过这些话，但在现实生活中，只有积极自信、主动做事、不懈开发自身潜能的人才能终有一天领会它的真谛。

不做任何努力就能获得成功是不可能的事，假若可以体会种种挫折和失败，使自己更上一层楼的话，那么你的理想就一定可以实现。世界上的很多成功者，大多经历过常人想象不到的困境，他们的功业被记入史册，千秋万代，他们都经受过一段困窘的岁月。他们之所以能够最终获得成功，是因为他们都有坚持到底的毅力。

　　面对失败，不能把失败的原因推给自身的命运，而是应该仔细研究为什么会失败。失败并不可怕，只要继续奋斗，失败有可能来源于自身的修养不够，或是时机未到。世界的人成千上万，有的人终其一生都是碌碌无为，每天混沌度日，他们总是怨天尤人对别人说自己"命运不好"、"发财无门"，并以此为借口，不去奋斗。这些人内心懦弱，他们一心只想博取他人的同情，却不能在逆境中奋起。这是他们不能成功的重要原因。

　　在一般人的眼中，"失败"这个词是负面的，但是，今天我们要给这个词一个积极的意义，这个词由于经常被人误解，才给世界上的那么多人带来许多不必要的庸人自扰。其实我们应该敢于直面失败、战胜自我，不断总结经验，从失败上站起来、获得新生，取得更高的成就。

第二章

刘秀对你说 个人品质

　　成功者的成功之路各不相同，但成功者身上具有的一些品质，却闪耀着相同的光芒。他们在自己成功的道路上经历了许多的磨难，但是凭借着自己的个人品质一次次渡过难关，最终获得了成功。我们现代人在个人的成功之路上要借鉴前人的经验，重要的一点就是学习前人优秀的个人品质。我们一起来领略一下刘秀的品质魅力。

魄力十足 敢于冒险

很多时候，强者之所以成为强者，是因为他们具有常人所不具有的魄力，他们"敢为别人所不敢为"。所谓富贵险中求，不敢冒险的人，想成就一番大事业是不可能的。人们常说"风险与机遇并存"，我们想要抓住机遇走向成功，就要勇敢地承担风险。

公元23年3月，在更始政权的统一部署下，起义军分成两路向王莽新朝开展广泛进攻。一路以刘縯、王匡等人为首，率义军主力围攻宛城，目的在于攻占王莽统治区内中原和南方相连地区的战略重镇。他们认为，如果宛城攻下，则可北进洛阳夺取中原，再从潼关进攻长安；也可由此西攻武关，威逼三辅，进袭长安。无论北攻或是西进，都可夺取王莽的首都长安，其战略意义是不言而喻的。另一路以王凤、王常、刘秀等将领为首，率领约2万人北上攻占昆阳（今河南叶县）、定陵（今河南郾城西北）、郾（今河南郾城）等地。这一路主要任务是北进中原，扩大声威，响应主力。起义军所向披靡，获取了大量的牛马财物及谷物数十万斛，源源不断地转运到宛城，为攻城主力部队保证了军需供应。这支队伍北进以后，廷尉、大将军王常曾另率一部分义军别进汝南（今河南汝南一带）、沛郡（今安徽濉溪县以北），兵锋直达今河南西南与安徽西北部。

这时，王莽得报说起义军在南阳大捷，甄阜、梁丘赐被杀，并成立了农民政权，刘玄称帝，感到十分恐惧。他召集群臣讨论，认为在全国各路起义军中，绿林军是一支最危险的敌人，因此决定调集全国军队主力进行镇压。他派大司徒王寻、大司空王邑征集全国精兵42万，号称百万，浩浩荡荡从北向南奔来，企图一举将绿林军消灭。公元23年5月，王寻、王邑所率官军进抵颍川（今河南禹县），和原来退守在这里的严尤、陈茂军队会合，官军声势益壮。

这次王莽对绿林军的进攻，是作为一次战略决战来进行的。他们不仅集中了全国的所有精兵，任命最高三公中的两公来任正副统帅，而且在军事技术与装备上，他集中了全国最懂兵法的63家共数百人来作军事顾问，并且"选练武卫，招募猛士"参战。有一位巨人大力士，名叫巨无霸，身长一丈，腰大七围。他们认为此人有精神威慑作用，便任他为垒尉，前来参战。为了吓倒起义军，还把皇苑中养的猛兽虎、豹、犀、象之类也驱赶前来，准备在作战时放出，以壮军威。总之，王莽将一切认为能起作用的战争手段，全都使用上来了。《后汉书·光武帝纪》说：这次出兵的规模是秦朝、西汉以来所未曾有过的。王莽等人的目的很明确，就是要运用绝对优势兵力，一举将起义军消灭。他们认为只要此战取胜，其他各地起义军就会土崩瓦解，不战而散。

王寻、王邑官军在颍川与严尤军会合后，随即麾军南下。这时起义军在南阳以北的部队，因不是主力人数较少而且分散，形势非常不利，于是采取了相对收缩的方针。王常一支由沛郡、汝南两郡撤回，退保于城池坚固的昆阳城，其他在定陵、郾城等县的义军，有些将领见官军来势凶猛，也返回驰入昆阳。刘秀这时头脑冷静，虽看到敌我力量对比悬殊，仍临危不惧，他凭着所学兵法知识，沉着镇定面对敌人，当敌向南扑来时，便率数千人在今河南禹县以南当时名叫阳关聚的地方，打了一次小规模的阻击战，以表示起义军的英勇气概。然后将所率起义军撤回昆阳，再和其他诸将共商防守对策。

第二章 刘秀对你说个人品质

王莽官军很快抵达昆阳。这时，纳言将军严尤对统帅王邑说："昆阳城虽小，但城筑坚固，现在敌军首领和主力都不在这里，而在南面的宛城，我们应该率大军迅速南进，猛攻宛城，将其击败，那么昆阳就不攻自破。"可是王邑不从战略全局主次轻重考虑，只顾个人面子，而且盲目自信，便傲慢地说："过去我担任虎牙将军率兵去镇压翟义叛乱，因为不能生擒，受到皇上指责。现在我统兵百万，遇到一个小城不能将它攻下，又怎么对皇上说呢？如果将它拔掉，我们前歌后舞乘胜前进岂不快哉！"于是立即命令前锋停止前进，将昆阳城四面包围起来，并在其周围列营驻守。后续部队及辎重兵车，源源不断向此驰来，前后相继数百里不绝。他们驻营之后，立即命令各部开展进攻，又准备树立云车以观察城中动向，并令人设计挖掘地道和用撞车冲撞城门。一时杀声震天，飞箭如雨，钲鼓之声数十里外都能听到。整个昆阳城外，旌旗蔽野，尘埃漫天，被搅得一片天昏地暗。

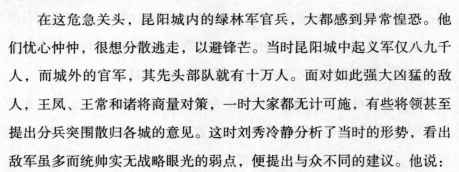

在这危急关头，昆阳城内的绿林军官兵，大都感到异常惶恐。他们忧心忡忡，很想分散逃走，以避锋芒。当时昆阳城中起义军仅八九千人，而城外的官军，其先头部队就有十万人。面对如此强大凶猛的敌人，王凤、王常和诸将商量对策，一时大家都无计可施，有些将领甚至提出分兵突围散归各城的意见。这时刘秀冷静分析了当时的形势，看出敌军虽多而统帅实无战略眼光的弱点，便提出与众不同的建议。他说："现在我们在这里军队和粮食都比敌人少得多，外面的敌人又十分强大，如果大家同心协力共同对敌，凭着坚固的城池，还有希望战胜敌人；假如大家只想分散逃走，那么势必不能俱全。而且现在宛城还未攻下，主力起义军不能前来支援，如果昆阳一旦被敌攻破，那不过几天工夫，其他各部也将全部被消灭。现在大家不考虑同心共胆共举功名，反而忧愁能否保住妻子财物，这怎么行呢？"原来提出突围散走的将领听了这话，十分生气地说道："刘将军怎敢这样耻笑我们？"刘秀笑着要走，正好这时探子来报，说又有大批敌军将到城北，列队数百里，一直看不到尽头。诸将才着急起来，赶忙向刘秀道歉，请他提出对策。于是刘秀为大家分析形势，提出破敌方略。这时大家都非常担忧，一致表示同意刘秀的决策：城内由成国上公王凤和廷尉、大将军王常领导，负责坚守抵抗；另外由刘秀和大将军宗佻、五威将军李轶等十三骑，乘夜幕降临，敌军尚处于混乱之际，从南门偷越出城，到外面原来所占领的各县去收集援兵。这时王莽军在城下已有十万余人，刘秀等十三人，全靠伪装才穿过几层防线得以走出。

刘秀等人偷出重围到各县后，王莽的后续部队相继汹涌而来，以四十余万之众将昆阳城包围了数十层，诸部列营以百数，每日向城中发动猛烈进攻，由高处向城内射箭，密如雨注，城内军民到井边提水，必须背顶门板，才不致被箭射死。昆阳城的防守形势异常危险，城中主将王凤等人，这时坚守城池的信念也已动摇，开始向敌乞降，只是由于王寻、王邑认为破城只在旦夕，不许受降，才仍坚持抵抗。

在这起义军生死存亡的关键时刻，六月已卯这一天，刘秀等人经过在昆阳周邻的郾城、定陵等地，向当地起义军反复说明形势，对比利害之后，终于说服了他们来昆阳援助，由他率领数千援军日夜兼程赶到了昆阳城外。刘秀以大无畏的精神亲率千余人作为先锋，走在援军的最前面，他将队伍在距离王寻大军四五里的地方停下，迅速布好阵势。王寻、王邑得知有起义军来援，虽然十分轻视，也立即派了数千敌军迎战。这时，刘秀以他卓越的军事才华，看准敌尚未列好阵势的战机首先突然发起猛攻，打了敌人一个措手不及。他身先士卒与身边亲兵猛勇冲杀，很快斩敌数十人，其他将士见此情景极受鼓舞，个个都奋勇无比，凶猛进击，把王寻、王邑官军杀得大败。随即就取得了这次战役的胜

第二章 刘秀对你说个人品质

利。这时跟随先锋队后的各部将领，也受到很大激励，他们都高兴地说："刘将军真不简单，平时我们看到你见小敌都十分谨慎，不敢进攻，似很怯弱，今天面临大敌，却无比英勇，使人感到奇怪。请将军再领导我们前进，我们一定奋勇杀敌。"于是，刘秀在首战告捷的有利条件下，立即挥师前进，又向敌发起猛攻。王莽官军原来想不到会遇此强敌，现在吃了苦头，锐气剧减，见起义军又来进攻，便纷纷向后退却，起义军乘势猛杀，再次大败官军，斩首数千级。王寻派来阻击援军的数千官军基本被消灭，只剩下少数残敌跑回去给王寻报讯去了。这些溃兵回去将援军来势凶猛的消息一传开，无形中对数十万官军起了瓦解士气的巨大作用。

当刘秀率军乘胜进抵昆阳时，进攻宛城的起义军主力这时已攻克宛城三日，可是由于交通阻隔，刘秀等人当时并未知道。尽管如此，刘秀为了打败官军，按照"兵不厌诈"的原则，故意假传捷报，通知城中坚守的起义军王凤等人，说宛城已破，大批援军将接踵而至，要他们誓死坚持抵抗，并有意将这类情报落入官兵手中。结果这一情报不但在官军中暗中传开，严重地破坏了他们的士气，而且报告给王寻、王邑后，他们也顿感沮丧。

而这时刘秀所统率的援军，由于和官军连战皆捷，"胆气益壮，无不以一当百"刘秀抓住这有利时机，决心设下计谋以智勇破敌。他从援军中挑选了三千精兵组成敢死队，亲自率领敢死队，在黎明前利用夜幕从昆阳城西秘密渡过昆水，迂回到王莽军的后侧，在黎明时分出其不意地向王莽官军的中坚（指挥部）力量猝然发动猛攻。王寻不知起义军从何而来突然发动进攻，但自恃兵众，仍旧轻敌，令各部不能擅动，由他亲自率万余人迎战，而官军仓卒之间兵荒马乱，经不起刘秀军的猛烈冲杀，阵势迅速溃乱，其他官军又不敢来援，而其他驰援的起义军却按计乘胜掩杀进来，喊声惊天，敌军指挥部很快被摧毁，主帅王寻被杀。这时，城中坚守的义军，自接到宛城已破消息后，早已士气倍增，现在又听到城外援军惊天动地的叫杀声，知道援军已发起总攻，便也打开城门，擂鼓大叫而出，英勇杀向敌阵，与援军进行内外夹击。他们个个龙腾虎跃，如入无人之境，杀得官军血肉横飞，尸横遍地。王莽派来的四十多万官军，由于指挥部被摧毁，全军无首，便全部溃乱。没有被杀而逃走的，为了逃命，你挤我夺互相践踏，在倒下或受伤的官兵身上跑马而过，以致"奔殪百余里"。恰巧这时天空雷电交加，风雨大作。狂风将城内外的房子吹得"屋瓦皆飞"，大雨像瓢泼一样倾注，流经昆阳北面的潍川（今沙河）河水猛涨，阻碍了莽军北逃的去路，官军带来助战的猛兽虎豹等见此情景也吓得直颤抖。起义军从后追杀过来，溃败的官军到此又争相逃命，冒险渡河，结果溺水而死的多以万计。死尸横积河中，以致水因之不流，其惨败景象实为莽新王朝前所未有。官军没有被歼的高级将领王邑、严尤、陈茂等人，则死里逃生，带着少数轻骑踏着死尸渡河逃去。

这样，来势凶猛意在一举歼灭绿林起义军以期挽救全国战局的数十万王莽官军，竟在一日之间就被刘秀指挥的起义军彻底歼灭。起义军清理战场，尽获其军粮物资辎重，其中车甲珍宝，不可胜数。起义军进行清点运输，一直进行了一个月还没有完成，有些搬不动也搬不完的东西，为了不为敌用，就只好烧掉了。

这次昆阳之战，是我国古代以少胜多的著名战例。它的胜利，不仅解了昆阳之围，而且成为当时全国反莽农民战争的转折点。由于这一战略决战歼灭了王莽军队的主力，以后王莽就再也没有力量镇压各地农民起义了。绿林军由此威震八方。全国的农民反抗斗争和地方豪强、长吏的起义"遍于天下"，王莽的灭亡从此成了定局。这一彪炳青史胜利取

第二章 刘秀对你说个人品质

得的根本原因是：王莽暴虐，人民痛恨，因而义军英勇斗争，而官军厌战，所以王莽必败，义军必胜。而走向成功之路的，还有刘秀高明的战争决策和卓越的指挥才能。

古云有云：最大的风险，就是不敢冒险，最大的错误，就是害怕犯错。不敢冒险，也不愿意犯错，这样的一群人坚信眼见为实。习惯用经验去判断自己看不到的事情，而他们的经验，往往教导他们，遇事不能轻举妄动。

凡事三思而后行、思索再三确实没有错误。可是，遇事即使有全面细致的计划，也有可能遇上风险降临。所以，我们要敢于面对风险，敢于突破险境。

在一个故事中，有个人问一个农夫，他家今年种了麦子没有。农夫想了想，回答到："没有，我担心天不下雨。"那个人又问道："那么，你是种了棉花吗？"农夫又说："还没，我担心有害虫吃棉花。"最后，那个人实在没有耐心了，就问："那么，你种了什么？"农夫说："什么也还没种，我实在想不到该种什么。"

如果我们像故事里的农夫一样，不愿意冒任何风险，固步自封的话，到头来就会一事无成。这样的人可以降低失败和受伤的可能，却永远不会有体验生活、获得成长的机会。他们被自己的谨慎所束缚，最终一事无成。

这些不愿意冒风险的人平日不敢开怀笑语，也不敢伤心落泪，因为他们害怕这样会落得轻浮造作或者多愁善感的话柄，遭人指点。他们不敢帮助他人，也不敢接受爱心，因为这样有可能被麻烦事所牵连；他们不敢暴露感情，因为别人有可能会看清自己的真实面目；他们不敢爱，因为别人有可能不会爱他们；他们不敢有希望，因为生活有可能让他们失去希望；他们不敢尝试，因为成功之外还有失败的可能……但是，想

刘秀像

要获得成功，就必须冒险，因为不敢冒险，就将一事无成。

在现实生活之中，最终获得成功，获得了自我价值的人，都是敢于直面风险的勇士，他们都具有大无畏的冒险精神，这些人的心理素质和承受能力在不断被困境所洗礼的过程中，被历练得无比强大。如果我们在生活中没有梦想，不敢冒险，又怎么能带着不懈的热情去获得成功呢？

有梦想力、冒险力可以让一个身无分文的穷人赚得了人生中的第一个百万元，最后变成世界首富。只要敢于梦想、敢于冒险，无论多么贫穷，多么不幸，只要充满勇气和信心，不在意命运给自己带来了多少磨难，美好的明天就一定会到来。一个打工者，会梦想他成了自己店铺的老板；一个穷困的女工，会梦想有一天能拥有自己的置物柜……就是这些敢想敢干精神，这种每天盼望美好生活即将到来的信念，促使人们焕发生机，克服前进道路上的艰难险阻，去争取一个又一个的胜利。

敢于梦想、敢于冒险还不够，我们还必须拥有足以承担风险的意志力与自信心。空有梦想、空敢冒险却不肯付诸实践，空有愿望却不能脚踏实地为之奋斗，也是不足以成功的。只有既敢梦想，并且加以不断的艰苦奋斗，不懈努力，才能最终有所作为。

第二章 刘秀对你说个人品质

广阔胸怀　宽容之心

　　一个人要想获得成功，首先要具有宽广的胸怀、豁达的胸襟。宽容，是一种修养，是一个人拥有健全人格和健康心理的体现。宽容也是一种气质，是一个人幸福生活的前提。要想获得成功，就要拥有宽广的胸怀和宽容之心。我们不妨一起看一下刘秀的宽广胸怀。

　　刘秀对知识分子的重视和信用，是真诚的。他渴求有德有才之人，已经到了"求之若不及、相望于岩中"的地步。可是，经过汉室中衰、王莽篡权的社会大乱，那些裂冠毁冕相携而去，蛰居于山林草野的隐逸之士，有许多人不愿出山入仕，其中最著名的是刘秀的老同学严光。

　　严光，字子陵，会稽郡余姚县（今浙江余姚）人。他是刘秀在长安游学时的同窗，严光年轻时就很有名望。刘秀一直没有忘记这位老同学，做皇帝后，就命人画了严光图像，到处找他。严光改换姓名，隐居乡间，不愿出仕。有一次，有人向朝廷报告："有一男子，披羊皮袄垂钓于大江之畔。"刘秀疑是严光，派使者备安车，专程前去礼聘。一见之下，果然是严光。使者三番五次邀请，严光才答应去洛阳看看老同学。刘秀见故友自远方来，十分高兴，特地把他安置在北军官舍居住，待以贵宾之礼，命太厨早晚进奉佳肴美食。一天，刘秀亲自来探望严光，严光还在睡觉。刘秀轻轻抚摸严光肚皮说："子陵，真不能相助我治国吗？"严光装做睡着，不理刘秀。过了好一会，才张开眼睛对刘秀说："人各有志，何必逼我呢？"刘秀叹口气说："子陵，我竟请你不动吗？"严光笑着摇摇头，就是不肯领情。刘秀无奈，长叹一声，只得起驾回官。不久，刘秀又把严光请入宫中，两位老同学谈学问，叙旧情，整整谈了一天。两人回忆起当年在长安同窗读书的情景。刘秀想到自己从一个太学生变成一朝至尊，不禁有些得意，矜持地问严光："朕今日比从前如何？"严光淡淡一笑："陛下比往日稍有长进。"刘秀听了，也不动气，反而觉得老同学朴实、直爽，毫无阿谀奉承之心。天黑了，刘秀留严光同榻共卧。严光睡着了，他睡相不好，竟把脚搁在刘秀肚子上。第二天，负责观察天象的太史奏报："昨夜见客星侵犯帝星甚急。"所谓"客星"，按现代天文学知识，多数是指一种新星，又名暂星，是一种光度突然增加的爆发性变星。但有时也将彗星当作客星。帝星，在天市垣内，候星西，今属武仙座。古代太史官观察天文，通过星变来预言人世吉凶，叫星变占。刘秀是非常相信谶纬迷信、天文占卜的，马上把这件事同与严光共卧的事联系起来，他笑着说："朕与老友严子陵昨夜共卧，没有什么大不了的事。"这就"解释"了客星侵犯帝星的天文现象。刘秀一心想请严光留在洛阳，担任谏议大夫，严光就是不答应，也始终没有对刘秀说明不愿出仕的原因。刘秀无奈，只好放这位性情怪癖的老同学回乡。严光回到故乡，在富春山（今浙江富阳）耕读，有时就到富春江边垂钓。建武十七年，刘秀又想起严光，他仍不死心，下诏特征严光出来做官，严光还是不肯出仕，直到80高龄老死家中。刘秀并未因遭到拒绝而怀恨在心，而是真心相待，特诏严光，可见其心胸宽广、伟岸非同于一般人。

有个叫牛牢的人，和刘秀是布衣之交。有一次，两人夜间共读谶文，谶文中有"刘秀作天子"一句。牛牢同当时许多人看法一样，也认为是指新朝国师公刘歆，刘秀笑着说："怎知不是指我呢？"接着又说："若果真如此，我俩各自谈谈志向吧！"牛牢说："你的志向我不

管，我的志向是：大丈夫义不与帝王为友。"说罢，两人哈哈大笑。刘秀做皇帝后，征召牛牢到朝廷做官，牛牢没有应召。刘秀叫当地郡守查问是什么原因？郡守调查后回答说："牛牢披头散发，称病不能应征。"刘秀重用知识分子政策的感召，并没有能打动牛牢"义不与帝王为友"的决心。

两汉之际，确实有这么一批知识分子失去了对统治者的信任。他们不肯入仕，是对当时错综复杂斗争的一种逆反心理，也是对前汉和新莽朝腐朽统治的一种无声的抗议。这种反抗，落实在了刘秀身上。太原郡广武县（今山西代县西南）人周党，太学生出身，可能也是刘秀的同学。刘秀称帝后，征他为议郎，后以病去职，和妻、子隐居渑池。刘秀又征他出来做官。周党没有办法，穿了短布单衣，头戴用谷树皮做的便帽，出来见尚书。尚书见他如此打扮，叫他换了衣服再去朝廷。周党说："朝廷就是因为我这个样子，才叫我做官的，我怎能换衣服？"他上朝见刘秀，跪在地上，不报姓名，只说自己不愿做官。刘秀见他固执，只得同意。博士范升见这班逸民如此不识抬举，上奏说："周党等人，蒙受陛下厚恩，使者三聘，才肯上车，见陛下又伏而不谒，骄悍无礼。他们文不能演义，武不能死君，只会沽名钓誉。臣倒想考考他们，看看他们有什么治国的本领。如果考不出，应治以大不敬、虚妄之罪！"刘秀把奏疏转给公卿们议论，因为有类似想法的人不止范升一人，他要求臣僚都能正确对待和处理这些人。他下诏说："自古以来，即使明王圣主出世，也会有不宾之士。伯夷、叔齐不食周粟，太原周党不受朕禄，人各有志，何必强求？赐他帛四十匹，让他回家去吧！"东汉初年，类似周党的名士，还有逢萌、王霸、井丹等人。

对这些不愿出仕的知识分子，刘秀都以宽容的态度对待他们。也正由于他能正确对待知识分子（包括在王莽时任职的知识分子），因此争取到更多的知识分子为他效劳。例如，"少修高节，显名三辅"的宣秉，在王莽时曾任太守、都尉，后被刘秀征拜为御史中丞；"矜严好礼"的张湛，被征拜为光禄勋；"少好学"、通《小夏侯尚书》的王良，被征拜为谏议大夫；时称"通儒"的杜林，被征拜为侍御史。这些儒士出身的官吏，或献诤言于刘秀，或以廉洁之身树一代风气，对东汉初年的政治和吏治起了很好的作用。光禄勋张湛每次上朝，只要见到刘秀临朝有惰倦之容，马上直谏皇帝精神不振的过失，弄得刘秀下不了台。张湛喜欢骑白马，刘秀看见他骑白马过来，就说："白马生又要进谏了。"王良后来代任大司徒司直，居位恭俭，妻、子从来不住官舍，盖的是布被，吃饭用瓦器。司徒府小史有一次有事到他家乡，看见一个穿布裙、背着柴草的妇女从田里走过来。司徒小史上前问："司直夫人住在那里？"这个妇女说："贱妾便是。"小史连忙下拜，感动不已。清明的吏治与灿然的文治，在人类社会的文明史上，每每是相依相存的。重视文治的封建君主，一般也能实行清明的吏治。在一个王朝的开端，尤其是如此。

在刘秀任用的贤吏中，还有一个人也是令后人仰止的，他就是宋弘。

宋弘，字仲子，京兆郡长安县人，父亲名叫宋尚，在汉成帝时官至少府；到汉哀帝即位之时，由于宋尚不愿意和董贤同流合污，因此被董贤治以不敬之罪，把他判刑。在宋弘年幼时，一向温顺有加，他做过哀帝、平帝时期的侍中一职，甚至在王莽当朝时期，他也做过共工。当赤眉军攻进长安的时候，曾经派来使者劝降宋弘，宋弘看家人的生命受到威胁，只好接受任命。等到经过渭桥的时候，他便跳河自尽，后来因家人相救，他侥幸不死，便装死躲过治罪的劫难。

到光武帝即位后，听到这番事迹，就授予宋弘太中大夫的职务。建武二年时（公元26年），宋弘还接替王梁担任大司空一职，并被封为木

匈邑侯。他没有留下丝毫租俸，却将这些奖赏尽数都分给了远近亲戚，家中贫寒如故，为官清廉的作风广为流传，被百姓大加赞赏。之后，他又被加封为宣平侯。

光武帝曾经让宋弘举荐国内通博之人，宋弘思索再三，推荐了沛国的桓谭，并称此人才高八斗，几乎可以和扬雄、刘向、刘歆父子相媲美。于是，光武帝便任命桓谭为议郎、给事中。此后，每逢宴会展开，光武帝总是召来桓谭弹琴，因为他觉得那琴音甚是动听，宋弘知道此事后，心中略有不快，后悔当时举荐了桓谭。有一次，宋弘等桓谭从宫中探亲归来之时，便派了一名属吏去传唤桓谭，自己则穿戴整齐，在大司空府堂上高坐。等到桓谭走进之后，宋弘并不请他入座，高声责问道："我之所以向陛下举荐您，是认为你是个才德兼备之人，希望您能以德行辅佐主上，但现在你三番五次向皇上演奏郑卫淫声，使得《雅》、《颂》正音受辱，这实在不符合我的初衷。你今后是自己改正呢？还是我来依法举报你呢？"桓谭听完这话，惶恐不已，一再叩首认错，宋弘批评再三之后才让他离开。后来，光武帝又一次设宴款待群臣，召来桓谭弹琴。桓谭一看宋弘也在场，便惶恐万分，琴音频频出错，不如往日那般纯熟。光武帝大感奇怪，便向他询问之中缘由。宋弘这时离开座位，脱下官帽、官服，叩首对光武帝说："臣下有罪，之所以举荐桓谭，是希望他能够凭借自己的学识，向陛下传授忠正之节，但是，他如今却让朝堂之上染上了郑卫淫乐之风，这实在是为臣的罪过。"光武帝听完，不禁动容，立刻向宋弘道歉，让他戴上帽子，穿好官服。之后，便不再让桓谭弹琴、担任给事中的职务，而是一心让他处理公务。宋弘为官期间，共推荐贤士冯翊、桓梁等三十余人，其中的一些人位高权重，立下了汗马之劳。

有一次，光武帝又大摆筵席，犒赏群臣，席间，宋弘看到皇帝御座旁边换上了一幅新屏风，上面画着无数美女，而且引得光武帝几次回头赏玩，便严肃地说："我还没有见过好德之人，如同好色之人一样。"光武帝一听此言，马上命人撤去了屏风，并对宋弘笑着说："闻义则服，我做的如何？"宋弘回答："陛下进德，实在是江山社稷之福。"

有一年，光武帝的姐姐湖阳公主的丈夫去世了，她成了寡妇，光武帝姐弟情深，隔三差五就请姐姐入宫见面、寒暄，也想适时替姐姐另觅良缘。有一天，两人又坐在一起闲话家常，汉光武帝便想着，趁此机会，旁敲侧击地看看姐姐态度如何，于是就说："依姐姐看，我这朝中众臣，谁才配得上贤士之名？"公主想了想，回答道："依我之见，唯有宋弘威望道德兼备，是你朝中其他人无法超越的楷模。"此言一出，皇帝就知道了姐姐的心声，原来她看上了宋弘的才德，皇帝当下对姐姐说："请宽心，我这就想个办法，让这件事水到渠成。"

由于深知宋弘刚正不阿的品行，光武帝在这件事上可以说是煞费苦心。他思前想后，要是直接派人去说媒，而宋弘拒绝的话，这岂不丢尽了自家姐姐的面子，就连自己也会尴尬不已。于是，没过几天，他就命人召见宋弘，同时让公主躲在一座屏风后面，听他们谈话。光武帝怕开门见山地提及公主的婚事未免有些太唐突，所以，就机智地先问了宋弘一个民间的传闻。他说："我常常听人说，民间有这样的习俗，只要一个人当了高官，就会换掉自己以前的旧相识，从此不再和他们往来；只要一个人发了大财，家财万贯的话，多纳几个妻妾，也是人之常情，你认为呢？"宋弘听了这番话，心里如同明镜一般。他严肃地回答皇帝的问话，说："臣也曾听说，人不能在富贵后就忘记曾经贫贱时所患难与共的朋友，而更是万万不应该休弃在贫贱时同甘共苦、相濡以沫的妻子，这才是一个真正贤达之士的作为。"皇帝听到他的回答，也就明白宋弘对迎娶公主一事是万万不可能答应的，不但没有对他加以强迫，

反而对他的为人更加尊敬、钦佩，也在此后更加重用宋弘了。通过这件事，我们看到更多的是光武帝的宽容之心。

在现实社会中，无论对朋友还是对对手，我们都要保持一颗宽容的心，宽容是对其他人的肯定和尊重，对良知的认可和理解。宽容更是一种美德，我们要常怀一颗宽大的心，去做事，去待人。宽容不仅能够唤醒他人的良知，还能让自己更加坦诚。宽容地对待别人，而不是一味地苛责他人，我们就能获得一片新天地。

据古书记载：当孟子第一次会见梁惠王的儿子襄王结束走出王宫后，对众人说："望之不似人君，就之而不见所畏焉。"这句话的意思是：只要远远地看襄王，就知道这人完全没有做君主的气度，通过近处观察后更是发现，他为人没有一点谦虚的德行或者谨慎的心理，做人心胸极其狭小。对这样的事情，南怀瑾先生曾有感而发说："越德才兼备的人，当他的地位越高，为人处事就越是谨小慎言……除了一国君主应该戒慎恐惧之外，一介平民在为人处事方面也应该这样，不然的话，稍微有一小点成就，就洋洋自得。赚了一笔小钱，就开心得夜不能寐，这就是'器小易盈'，意思是说一个小酒杯，只要倒一点酒，就满溢出来了，这样的人最后是不能获得成功的。"真正德才兼备的人，追求的是"海纳百川，有容乃大；壁立千仞，无欲则刚"的境界；那些鼠目寸光，高谈阔论的人，是不会有一番作为的。

法国著名作家雨果曾经说："世界上最广阔的是海洋，比海洋更广阔的是天空，比天空更广阔的是人的胸怀。"胸襟决定了一个人最终的成就。对于一个人而言，为人处事的基础就是有宽广的胸襟。器量可以说是一种自产自销的高级滋养品；是一种使身心愉悦、从而能不断努力工作的治疗药物；是一种进退自如，让人坐看潮起潮落的镇定剂；是一种可以让人宠辱不惊、临危不乱的耐心和责任。如果一个人凡事斤斤计较、因小失大、鼠目寸光的话，他永远不可能有气度。如果想要有器量，为人一定要光明磊落、坦诚无私、无畏风险。这样的话，你失去的是自怨自艾、烦恼怨恨。获得的是友情、亲情和自足；失去的是狭隘、偏激和无穷无尽的尔虞我诈，得到的是宽阔、信心和无限无穷的互相帮助。

由于鼓动当地人民反对白人种族隔离政策，南非的民族斗士曼德拉锒铛入狱，当时的白人统治者把他扣押在荒凉的大西洋小岛罗本岛上，一关就是27年。尽管曼德拉当时已经是垂垂暮年，但是白人种族主义者仍然像看押年轻犯人一样，每天让他不断工作。

曼德拉被关押的地方，是总集中营里的一个"锌皮房"，他每天的工作是粉碎工人在采石场中采来的大石块，有时，还要在冰冷的海水中捞取海带，甚至还要做采石灰的工作。由于曼德拉身份特殊，有三个人专门负责看守他，这些人态度恶劣，并且总是想尽办法虐待他。

曼德拉并没有被27年的艰苦监狱生活所打倒，他坚持了下来，并且走出了监狱，获得了自由。1991年，他当选为南非总统。在曼德拉的总统就职典礼上，他起身致词，欢迎到场的各界来宾。他首先介绍了来自世界各国的政要首脑们，他对这些来自远方的尊贵客人们的到来感到万分荣幸，但他接下来说，自己最高兴的是邀请到了在罗本岛监狱里看守他的三名狱方工作人员，他们的到来令他十分荣幸，然后他特地把这三人介绍给了媒体，当年迈的曼德拉缓缓站起身来，向这三个曾关押自己、并虐待自己的看守深深鞠躬致敬时候，那一刻，整个世界好像安静了下来，这个举动让全世界为之震惊。总统就职仪式开始前的这番话，博得了阵阵掌声，那些白人种族主义者和曼德拉博大的胸襟和崇高的情操相比，立刻显得渺小万分，他的这番致词，也让所有到场的人感动尊敬。宽容之心，可以让犯错误的人改过自新，可以让自

身从狭隘中解脱，绽放人性的光芒。

之后，曼德拉对自己的亲友们说，自己年轻的时候心高气傲，脾气不好，正是27年的狱中生活，才让他学会如何控制自己。这段牢狱岁月让他能够磨练自己的品行，也让他学会了如何在逆境中生存。他说，痛苦中可能会产生感恩，仇恨中往往练就宽容，这虽然要付出不懈的毅力来努力。可是一旦能够在困境中生存下来，就能把所有悲伤都抛在身后，如果一个人做不到这一点，那么他不论在哪里都如同在狱中一样，因为他的心灵一直都得不到解放和自由。

人生百年，匆匆而过，不如意之事十有八九。能否随时抱有一份豁达的胸怀，随时保持一种阔达开朗的人生情操，都需要广阔的胸襟与非凡的器量。因此，古人有云："风物长宜放眼量"，在放眼长久的人生历程之中，不能太看重一时的成功或者失败。只有忍受孤独，在逆境中不断地锻炼自身的品格，就会有非常大的收获，这就像蚌壳一样，含着沙烁在痛苦中挣扎，最终孕育出灿烂夺目的珍珠。

沉着冷静　处变不惊

处变不惊就是要在面对变化的时候，能够沉着冷静，镇定自若。只有沉着冷静、处变不惊，才能够在突发事件来临时保持一种清醒状态，才能够积极运用自己的能力对变化所产生的问题加以解决。刘秀的一生中遇到了许多惊险刺激的场景，很多时候刘秀都是和死神擦肩而过，在这些时候，刘秀表现出了自己沉着冷静的一面，每次都处变不惊，一次次化险为夷。

刘秀经略河北道时，突发王郎之变，当时刘秀正在前往蓟州（今天津蓟县）的路上。得知王郎在邯郸称帝后，刘秀认为王郎此时已经控制了冀州，但是邯郸势力尚未鞭及蓟州，于是他决定继续北上蓟州，一方面避免与王郎正面冲突，一方面争取在王郎之前控制蓟州。

知道刘秀北上蓟州夺取土地的意图后，王郎封赏十万户悬赏刘秀，希望各地的官员在路上截住他。当刘秀一行到达蓟州时，他还不知道他的脑袋上挂着十万户的奖金，所以为了壮大实力，刘秀派王霸到市中心招兵。但是当王霸到了市中心，市民们都指着他大笑："连命都快没有的人居然还敢公然招兵。"王霸听后，很不好意思地走了。当初王霸和他的宾客一起追随刘秀北上，但是随着刘秀的处境越来越艰难，王霸的宾客都逐渐离去。

可能是王郎知道了刘秀的行程，在刘秀到达蓟州不久后，民间就有王郎从邯郸征发的军队已经进入了蓟州的传闻。刘秀听到这个传闻后，以为王郎的势力已经扩及到蓟州，于是他召开了一个会议，商讨下一步该怎么走。刘秀的部下都觉得在这种时候应该离开河北，南下洛阳求援。唯有耿弇反对南下，他对刘秀说："如果南下到洛阳，一定会经过冀州，而王郎一定在沿途安排了部队，如此一来，回到洛阳比留在河北还要危险。如今在蓟州，渔阳郡太守彭宠是明公的同乡，上谷郡太守是我的父亲，而且渔阳、上谷的骑兵是天下精兵。如果明公留在河北，控制两郡，征用上万的骑兵，一定能打败王郎。"可是其余的属官们却不看好耿弇的提议，他们说："身为南方人，宁可死在南行的路上，也不应该向北走。"但是刘秀并不排斥北方人，他认为耿弇的见解最为高明，于是对其余的人说："耿弇就是我们北上的向导。"

福无双至、祸不单行，正当刘秀征兵失败之时，在蓟州的广阳王之子刘接又起兵响应王郎。刹那间，刘接的军队四处捕捉刘秀，蓟州城混

乱不堪，而且人们传言王郎的使者已经进入蓟州，太守级和以下的官员都将出城迎接。刘秀接到消息后急忙带着手下出城。当时街道上堆满了出来观看邯郸使者的百姓，刘秀一行被堵在城里，于是铫期骑着马，挥舞着戟，瞪着眼睛大叫："退开！"百姓这才给刘秀一行让出道路。可是等刘秀来到南城门的时候，已有士兵把守城门，于是刘秀等用武力攻破城门才逃出城去。但是在混乱中，耿弇失踪了。

刘秀等人一路南下，只在野外食宿，不敢进城。当时他们找不到食物，而且时值寒冬，等到达芜蒌亭的时候，他们已经饥寒交迫，寸步难行了。此时冯异却找来了豆粥给他们驱寒解饿，于是第二天他们打起精神，继续前进。但是到了饶阳县的时候，刘秀和部下们又饿了。为了解决温饱，刘秀就找了间传舍歇脚。传舍就是官府建设的酒店，在那里工作的人也都是官府的差人。作为被王郎通缉的逃犯，刘秀居然敢在传舍停留，可见他当时已经是别无他法了。当然，刘秀并没有冒失地去传舍吃饭，他先对传舍里的官吏说他是王郎的使者，然后才招呼手下们进去。由于很久没有吃好东西了，等到饭菜被端上桌后，刘秀的手下都扑上去争抢起来，一顿狼吞虎咽。这样一来，传舍的官吏就起了疑心：怎么王郎的使者表现得像一群逃犯一样呢？为了验明刘秀的身份，传舍官吏就敲打起门口的钟鼓，并大呼："王郎的将军来了！"传舍官吏此举的目的无非是想看看刘秀究竟是不是王郎的使者。

刘秀当时初涉江湖，一时间没有识破传舍官吏的阴谋，听到王郎的将军要来，马上跑出传舍，准备坐马车逃跑。但是他很快就意识到：如果来的真是将军，那么他们跑也跑不了。于是他回到传舍里，稳稳地坐下来说道："请邯郸将军进来。"然后继续吃饭。传舍官吏看到后也不好多说什么。于是刘秀一行人吃饱后才离开。刘秀等离开后，传舍官吏还是不放心，就派人给沿途的门吏捎了封信，让他务必拦住刘秀等人，并查明身份。幸好门吏接到信后，随手就扔掉了，并说："天下尚未定，不能阻拦有德的人啊！"于是刘秀一行得以平安出城。

当刘秀等人快马加鞭、赶往了曲阳的时候，有人向他报告，说王郎的百万大军正在身后穷追不舍，所有人赶紧风雨兼程，直到来到滹沱河岸边。没想到，这时候前去探路的探子又前来报告，说滹沱河的冰面已然融化，想找船又没有去处，所以渡河无门。当时的情况，是前不能过河、后又有追兵，刘秀的属下都胆量尽失。所以，刘秀只能派亲信王霸前去探路。王霸赶往滹沱河，发现探子回来的报告一点不假，根本没办法顺利过河。可是，王霸不想军心受扰，所以，他回去之后，对众人报告，说河面上的冰厚实无比，想过河是轻松有加。将士们一听王霸这么说，都立感轻松，刘秀也说："这么看来，先前那个探子果然是在危言耸听。"天公作美，当刘秀率领将士到达滹沱河岸边的时候，河上结上了薄薄一层冰。于是刘秀下命令渡河，在王霸的监督下，众人开始有条不紊地过河。大部分将士都顺利地渡过了滹沱河，之后，河面上的冰层突然断裂，汹涌的河水吞没了好几辆马车。看到这样的一幕，刘秀方才恍然大悟，知道了王霸的用意，他说："我们今日能顺利过河，全都是靠你的聪明才智，你居功至伟。"王霸谦虚地说："大家今天能渡河，主要是因为河水薄薄地封冻，这些全是拜明公您的恩德感动了神灵，得到了上天的保佑。"之后，王霸被嘉奖，封为军正、关内侯。

过河之后，刘秀一行人终于到达了终点南宫，当时的天气风雨交加。所以，刘秀找了个房子遮风避雨，并让众将士来生火做饭。冯异抱来一堆柴火，邓禹把湿衣服放在火下烘干，之后，冯异又找来了一些麦子，让将士们饱餐了一顿。待到天气转晴之后，他们继续赶路，但是，这个时候他们却迷失了前进的方向。当刘秀来到下博（今河北深县西南）之后，已经完全失去了前进的目标。就在他们走投无路的时候，大

家看到路边站了一个白衣老人，手指一个方向，对所有人说："大家继续。这个方向再往下八十里就是信都郡，那里的太守对刘玄的大汉家族忠心不已，你们可以前去投奔他。"后来，刘秀等人顺着老人所指的方向，终于来到了他的第一个革命根据地——信都（今河北省冀州市）。到达信都之后，受到了信都守将的接待，并从这里起步，一步一步地开始收复河北地区。

在王朗之变中，刘秀的表现沉着冷静，处变不惊。在那么危险的境地中，刘秀一行屡屡涉险，而除了靠运气和实力之外，刘秀这种冷静沉着的气质，和处变不惊的气度也起到了十分重要的作用。

遇事沉着冷静是一种良好的心理素质，正所谓"泰山崩于前而色不改，麋鹿兴与左而目不瞬。"沉着冷静，正是一种大家风范。在危机到来时，只有让自己保持一颗冷静的头脑，才能在危险来临时看破对手的破绽，就好像刘秀在驿馆中诈称是王朗使者骗取食物时，传舍官吏谎称大将军到来试探刘秀一行，刘秀的沉着冷静识破了传舍官吏的阴谋而使自己一行化险为夷那样。

沉着冷静是历代成大事者必须具备的素质。东晋宰相谢安的沉着冷静、处变不惊在历史上很有名。前秦大将苻坚率大军兵临淝水，当时情况可谓到了国家生死存亡的境地，然而谢安却很坦然地和客人一直下棋，毫无慌乱之态。直到前线捷报传来，谢安也仅是淡淡地说了一句："孩儿们已破贼。"其大将之风可见一斑。

处变不惊是一种气度。是一个人在有了丰富的实践经验和科学文化知识之后，产生的一种无所畏惧的刚毅精神。想要做到处变不惊，就要从自身做起，严格要求自己，不断丰富自己的学识，树立正确的人生观，经受世事人生的磨难，到看透人生实质，有了无所畏惧的毅志和胆识时，又有什么巨变能使他震惊呢？因为他有丰富的人生经验和对世事发展的高度预见，对一切都早有思想准备，任何变化都已在掌握之中了，所以能做到处变不惊。

我们现代人在面对生活中很多突发事件时，也应该要沉着冷静，才能够化险为夷。一位出租车司机被两个劫匪劫持，在把所有的钱都交给劫匪之后，劫匪仍丝毫没有放过他的意思，而是用匕首架在司机的脖子上，让他把车朝郊区的荒野中开去。司机知道车开到荒野中后，等待自己的只有死路一条，但是架在脖子上的刀使自己不得不向荒野驶去。在离开市区后的一段路上，司机忽然看到了一辆警车，这是他最后的希望，但是他根本没办法发出求救信号。这时候司机的沉着冷静救了他一命，他选择了撞向警车，两车相撞，劫匪吓得弃车而逃，警察看到逃跑的人，二话不说追了上去，就这样，两个劫匪双双落网，司机也最终获救了。

沉着使人沉静，冷静使人理智，只有在处变不惊的情况下，才能把事情处理到最好、最满意。

有情有义也是一种气度

有情有义是在无形中形成的一种气度，是一个人本身所具有的本质特征和良好的行为修养以及健康的心态。有的成功者信奉想要获得成功，就要心黑手狠，但是殊不知，重情重义的人的成功是一种更加完美的成功，重情重义的人，即使没有获得本来计划的结果，但在某种意义上，他获得了人格上的成功。

对于一个开国君主而言，在战争结束后安置那批战功卓著的武将，不是十分容易的事。汉高祖刘邦就为后世开了一个恶例：狡兔既死，良狗亦烹，随他打下江山的异姓诸侯王尽被翦除。然而时过境迁，光武政权的士族基础，使光武帝不可能以残害功臣的办法来巩固他的皇位，朝野上下多少目光都在注视他的一举一动，他要找一个更高明的办法来巩固自己的皇位。

史称天下既定，光武帝欲整肃吏治，考核吏职，又要保全功臣，免于受过，所以大多数功臣不再被委以重任，都以列侯的身份回家休养。史书一再美化了光武帝厚待功臣的用心，《后汉书》的作者是这样说的：

光武帝以所谓"导之以政、齐之以刑"的方法治理天下、考核吏职，若用在功臣身上，那伤害就大了。为什么呢？如果君主铁面无私，则难免伤了旧情；如果网开一面，那就必然徇私枉法。选拔品德高尚的人，不必在乎他的功劳；如果只重功劳，那么人品又未必可靠。让功臣并居高位、一同参政会带来很多弊病，所以光武帝衡量得失，采用权宜之策，以高秩厚禄来报答功臣，以严厉的条文来考核吏职。

此番评论固有其理，然而问题的实质不在吏治，而在兵权。

由于战争格局的恢弘，光武帝麾下的将领多统率兵马独立作战，依照形势便宜行事。为防止领兵出征的部下拥兵自重，光武帝经常让亲信将领担任监军，监督各路主将，如邓晨、来歙、马援、张纯、张宗等人都曾担任监军，专门督察关中、荆扬、豫徐等重要战区的作战情况。光武帝性格中多疑的一面也时常流露出来，常为一点风吹草动而异常敏感，战争初期彭宠的反叛和真定王刘扬的被诛，都和光武帝的猜忌性格有直接关系。刘秀在河北独树一帜的故事，又岂能让别人来重演。

光武帝的部将们大多文武兼备，智勇过人，在统一战争中表现了出色的用兵才华，但他们对光武帝的戒心又何尝不察。早在河内作战之际，寇恂就为自己兵权过重而担心。他的一个幕僚对他说："上新即位，四方未定，而君侯以此时据大郡，内得人心，外破苏茂，威震邻敌，功名发闻，此谗人侧目怨祸之时也。"寇恂听后深有感触，遂称疾不视事，后来又几次固请调离河内，留在光武帝的身边。遭到光武帝的否决之后，寇恂又让自己的侄儿担任光武帝主力的先锋，一再表示自己的忠诚。

心怀疑虑、诚惶诚恐的将领又何止寇恂一人。当冯异在关中击破赤眉取得全面胜利之后，有人在光武帝面前诬告冯异专制关中，威权至重，百姓归心，号称咸阳王。光武帝故意把奏章给冯异看。冯异看了之后惊恐不已，连忙上书光武帝："当年兵革初起，英雄竞逐，微臣就已托身圣明，忠心不二；如今天下已定，自己又蒙恩受爵，怎么可能还会有非分之想呢？"光武帝见试探他的目的已经达到，遂又好言相慰："将军之于国家，义为君臣，恩犹父子，何嫌何疑，而有惧意？"

类似的事例还发生在耿弇身上。由于耿弇的父亲耿况拥兵独守上谷，耿弇的兄弟也都不在京师，所以耿弇不愿接受北伐渔阳的命令，而请求留在洛阳；他还让兄弟耿舒进京入侍，使光武帝相信上谷决不会出现类似渔阳的反戈之举。光武帝自然又是一番"何嫌何疑"的抚慰，言语之间十分客气，但君臣之间的戒心却始终存在。

一旦战争结束，收取兵权便成为当务之急。"帝在兵间久，厌武事，且知天下疲耗，思乐息肩，自陇蜀平后，非警急，未尝复言军旅。"军人纵横天下的荣耀似乎已成为遥远的记忆。光武帝用十分隐晦的方式，暗示那些天赋过人的将领交出兵权。皇太子向刘秀请教攻战之事，光武帝意味深长地说："古代的卫灵公向孔子请教攻战之事，孔子没有回答。这不是你力所能及的事。"

邓禹、贾复听出了光武帝的弦外之音，明白了他的用意，都交出了

兵权，转而研修儒学，得到光武帝的赞许。耿弇、朱佑等人也交出大将军的印绶，以特进或列侯的身份享受厚禄。在这种和悦的气氛中，大部分功臣的兵权被收回。当时的舆论美其名曰"偃干戈、修文德"。

在战争结束前后，光武帝又取消了中央军事指挥部的几个将军官职。当时大将军、骠骑将军、车骑将军、卫将军位比三公，左、右、前、后将军的地位相当于九卿，他们共同组成中央军事指挥机构，由皇帝亲自指挥。由于战争临近结束，作战规模日益减小，这八个将军官未免太多，兵权过于分散，总不是什么好事，所以光武帝取消了由邓禹等人担任的前、后、左、右将军官，精简了军事指挥的常设机构，集中了兵权。

然而兵权是一回事，功臣的任用又是一回事。后世史家论及光武帝收回兵权，则概言光武帝不用功臣，实多有疏漏。一个常被忽略的事实是，光武帝的功臣半数以上在战争阶段先后去世：

在战争最初的六年间，万修、刘植、景丹、任光即已辞世；

在平定陇蜀的六年间，邳彤、傅俊、祭遵、铫期、冯异、来歙、岑彭、寇恂、王常、耿况等十位将军又先后去世；

在战后的三年里，耿纯、王梁、盖延又相继离世。

上述十七名将帅占去了功臣的一半，其经世之才尚未完全展露就已成故人，可谓光武政权的一大损失。

幸存的勋臣也未尝不用。吴汉居大司马之位长达二十年，窦融、刘隆也久居三公之位，邓禹、贾复、李通、耿弇等人与公卿参议国家大政，不仅享受很高的待遇，而且他们的意见也很有分量，朝廷每次遇到重大问题，光武帝都把他们召入宫廷询问对策。由于上述功臣多出自南阳，所以给人留下了光武帝重用故旧的印象。并州牧郭伋过京师谢恩，向光武帝建议："选补众职，当简天下贤俊，不宜专用南阳人。"此为光武帝重用功臣的一个佐证。

停战之后光武政权的军事力量大多用于北方和西北边陲的防御，杜茂、马成、马武、朱佑、王霸等将领兵屯守北疆，担负国防的重任，详见后文关于民族关系的叙述。另外，臧宫、马援等也经常领兵平定地方的叛乱。功臣之中，真正高枕无事者唯陈俊、坚镡二人。

在战争间歇或结束之后，光武帝经常任命功臣担任地方郡守，依靠他们的威信来维持地区的安定，将近半数的功臣有治郡的经历，如邓晨治中山、汝南，寇恂治颍川、汝南，耿纯治东郡，铫期治魏郡，陈俊治太山、琅邪，王霸治上谷，李忠治丹阳，马成治天水，刘隆治南郡，王梁治济南，盖延治左冯翊，李忠治丹阳，这也是光武帝安置功臣的高明之处。

在历史上善待功臣的开国之君为数不多，光武帝无疑是首屈一指的仁义之君。

在建武二年、十三年的两次分封中，他麾下的功臣全部被封为列侯。固始侯李通、胶东侯贾复的食邑为六县，高密侯邓禹、广平侯吴汉等人的食邑为四县，其他功臣的封地各有差等，俱为实封，总计三百六十五人。光武帝不仅把富泽的县邑封给各将，还尽量照顾他们的怀乡之意，如景丹的封地就在他的家乡栎阳，光武帝还对他说："关东故国的数县封地，未必比得上栎阳的万户邑。俗话说富贵不还乡，如锦衣夜行，所以封卿为栎阳侯。"

十余年的军事生涯，增进了光武帝与诸将的感情，君臣之间的鱼水之情值得称道。

邓禹、朱佑都是刘秀在长安的同窗，彼此感情深厚。刘秀与他们经常欢聚一堂，回忆长安的愉快往事，并赏赐他们有纪念意义的物品。如光武帝曾赏赐朱韦占一担白蜜，追忆他们在长安求学时一同买蜜合药的

往事，并对他说："何如在长安时共买蜜乎？"

光武帝与功臣还常常开一些风趣的玩笑，笑问诸将若在太平年代可以有何作为。邓禹表示自己可以在郡上当个文学博士，刘秀认为他太谦虚了。问及马武，答曰可任县尉抓强盗。刘秀戏曰：你不做强盗，做个亭长就不错了。马武好酒，每每在沾醉间出言不逊，无所顾忌，光武帝也毫不在乎，以为笑谈，气氛十分融洽。他对待功臣十分宽容，总是原谅他们较小的过失。远方边郡贡献来的珍品美味，必先遍赐列侯，而皇宫的太官那里却没有多少剩余。诸将有了新功，就增加封邑。终光武之世，全部的功臣都保全了爵位和厚禄，无一受到处罚。

光武帝与冯异的患难之交也是感情深笃。当冯异在世时，光武帝总和他一起回忆河北创业的艰苦之旅，感激冯异的忠心和深情："无蒌亭的豆粥，滹沱河的麦饭，都是你的深情厚意，到现在还没有报答啊。"当贾复在河北作战身受重创、凶吉未卜之际，光武帝大惊："我所以不令贾复别将者，为其轻敌也。果然，失吾名将。闻其妇有孕，生女邪，我子娶之，生男邪，我女嫁之，不令其忧妻子也。"由于贾复十分勇敢，常深入冒险，所以光武帝很少让他远征，常留在身边。贾复也很少炫耀自己的战功，光武帝总是说："贾君之功，我自知之。"

光武帝在爱将祭遵去世之时，异常悲伤。丧至河南，诏令百官先会丧所，车驾素服临之，光武帝经过灵车时涕泣不已。丧礼之后又祠以太牢，仿照汉宣帝亲临霍光之丧的故事。入葬之后光武帝又亲临其墓，慰恤家室。以后每会朝，光武帝总是念叨祭遵："安得忧国奉公之臣如祭征虏者乎！"

光武政权异于汉初布衣将相之局的显著之处，是光武帝的功臣们有强大的士族背景，有深厚的文化修养，在离开马背后有能力治理江山，他们恪守的儒家思想更是一种政治凝聚力，其精神志趣迥异于汉初的鬻缯屠狗之辈。功臣的士族背景也成为政权基础的构成部分，国家的兴衰与这些家族息息相关。

如邓禹家族累世宠贵，凡侯者二十九人，公二人，大将军以下十三人，中二千石十四人，列校二十二人，州牧、郡守四十八人，其余侍中、将、大夫、郎、谒者不可胜数，在东汉无以为比。又如耿弇家族，自中兴至建安末年，大将军二人，将军九人，卿十三人，尚公主三人，列侯十九人，中郎将、护羌校尉及刺史、二千石数十百人，终汉之世，久盛不衰。

又如窦融家族："窦氏一公，两侯，三公主，四二千石，相与并时。自祖及孙，官府邸第相望京邑，奴婢以千数，于亲戚、功臣中莫与为比。"吴汉及后代封侯者有五人，寇恂的家族以军功封侯者也有八人。

由于光武帝妥善地安置功臣，所有的功臣都得以美名远扬，传封后代，他们的家族在政治上基本保持稳定的状态，成为东汉政权的坚实基础；西汉时期汉廷与势族之间的矛盾也得以圆满化解。此一政治智慧为多数开国君主所不及。

历史上的皇帝，大多心黑手狠，一些开国皇帝对功高盖主的功臣更是大加杀伐，即使是明君都不免如此，更别提那些昏庸的君王了。能够做到有情有义的皇帝，实为少数，因此他们获得的君臣相容，就更加显的珍贵。

历史上的鲍叔牙也是重情重义的人。当年鲍叔牙和管仲合伙做买卖，管仲因为家境贫寒，所以出资不多，而鲍叔牙家里比较富裕，所以本钱出的多。两个人生意做的不错，赚到了不少钱。可是，在经营的过程中，有些人发现管仲私下里用买卖挣来的钱，偿还了个人的一些债务。最后在年底分钱的时候，鲍叔牙再次分红给管仲，管仲也坦然接受了。鲍叔牙其他的朋友知道了，就替鲍叔牙抱委屈，对鲍叔牙说管仲是

第二章 刘秀对你说个人品质

个十分贪财的人。但是鲍叔牙并不介意，他只是淡淡地说，管仲家里不富裕，多拿一点钱是应该的。

后来鲍叔牙和管仲一起从军，两军交战，冲锋的时候，管仲躲在后面，畏缩不前。但是等到退兵时，管仲却跑得飞快，士兵们都嘲笑管仲，说他怕死。但是鲍叔牙却出来澄清："管仲家里八十多岁的老母亲，没有人照顾，他只是想保存性命，以后能尽孝道。"

再后来，鲍叔牙和管仲分别辅佐齐国的两位公子争夺王位，两个人进行了生死之争，最后鲍叔牙辅佐的公子夺取了政权，这时鲍叔牙将本来会被杀死的管仲推荐给齐桓公，最终齐国在管仲的辅佐之下成就了一番霸业。鲍叔牙以自己的重情重义，成就了自己，也成就了管仲，成就了齐国。

重情重义是一种人生态度，甚至在人生中偶尔会因此吃亏，因为现实社会十分复杂。我们要做到重情重义，但要防止自己的情义被人随意利用，对自己造成伤害。

在楚汉之争中，项羽和刘邦对决，一方面是狡诈奸猾的刘邦，另一方面是有情有义的项羽。刘邦最终以自己的无赖性格将项羽打败，本来成王败寇，项羽应该被历史划归到失败者的行列，但是历史并没有简单地做出评价。宋代婉约派词作家李清照就曾对项羽做出过如下的评价：生当作人杰，死亦为鬼雄。至今思项羽，不肯过江东。

诗中以一种赞颂的口吻对项羽的重情重义做出了肯定的评价。

在宋朝的农民起义中，有一股农民起义军受到了后人的赞颂，那就是《水浒传》中所讲述的梁山好汉们。梁山好汉的真实身份，在我们今天看来，就是所谓的土匪，但是他们的事迹被后人传扬，甚至有人羡慕他们的生活方式，其中重要的一点就是他们的重情重义。

重情重义是一个人重要的品质。我们中华民族是一个礼仪之邦，重情重义的光辉闪烁古今。我们现代人在自己的发展道路上，为了完善自己的人格，也要做到有情有义、重情重义。

当领导也要知错能改

一个成功的人往往会身居高位，这时候很容易养成不听建议，一意孤行的毛病。这时候若出现过失，往往碍于面子，不肯改正，甚至会错上加错。作为一个成功者，一定要做到知错能改，只有主动承认错误，并加以改正，才能获得他人的原谅和信任，才能够走向更大的成功。让我们来看一下刘秀是如何做到知错能改的？

光武帝一统天下之后的一段时间，由于良好的天时，加之政策的稳定，农业收成连年丰稔，人民生活与国家财政已走出低谷。但光武帝对已有的太平之象并不满足，他时时想起与奴婢问题密切相关的土地问题。如果没有足够的土地，劳动者的人身自由也只是一句空话；要彻底解决奴婢问题，则必须同时解决土地问题。光武帝踌躇满志，欲毕其功于一役。

建武十五年，光武帝颁布命令，天下实行度田制度。

所谓度田制度，就是仔细测量全国实际的土地面积、核实全国具名的户口、年龄为主的人口和经济普查工作。定居的农民都要上报自己家庭所拥有的实际土地大小，通过政府进行户口登记，最终使自己的土地合法化，并且，在每年的仲秋之月还要分别检核每家的户口、年龄等等，最终形成"案户比民"的规范，以此作为赋役制度的基础。然而由于土地兼并的加剧及大姓的隐瞒，登记在册的垦田、编户数目远远少于实际数目，致使国家的财政收入受到影响。光武帝认为各地的百姓大多没有如实上报自己实际占有的土地数量，而且户口年纪互有增减，赋税之数不够准确，所以诏令州郡官员进行全国性的土地清丈和户籍普查。

度田之举可以视为光武帝与世家大族的一次较量，在具体实施的过程中必然会遇到重重阻力。尽管他雷厉风行，处死了一批枉法的地方长官，然而度田之举还是以失败告终。

两汉之交各地豪强起兵、宗族蚁附的蜂拥之景，光武帝该是历历在目。光武集团之所以能夺取天下，得益于南阳、颍川、河北、河西地区士族的支持。这些士族拥有政治和经济方面的雄厚实力，士族中人不少具有较高的文化修养和政治才能，为世人看重，非一般人物可比；没有士族的合作，根本无法重建一个稳定的政权。光武帝本人又何尝不与豪门相联系，他的外祖樊氏和妻家阴氏，都是拥有田亩数百顷、家产数百万的鼎食之家。士族豪强在土地和依附人口的数量上，享受着优越的现实利益，为有目共睹之事实。而光武帝毅然进行度田，自然要与朝廷权贵和郡国的势族争多论少，风险之大超过了他的预想。

度田从一开始就遇到了巨大的阻力。地方的豪强大姓占尽良田美宅，却隐瞒了实际占有的大量土地，而负责度田的官吏不敢得罪地方的权贵，因而也不可能对他们拥有的土地进行如实地统计。"刺史太守多不平均，或优饶豪右，侵刻羸弱。"迫于朝廷的压力，地方长官只能采用弄虚作假的方法，巧立名目，欺凌百姓。州牧、太守多以度田为名，把百姓赶出家门，聚民于田野之中，把百姓的房屋、里落都算作田亩之数，以此来增加垦田的数目。这种手法极大地侵害了百姓的利益，各地民众嗟怨不已，挡在道路上啼哭呼喊，抗议官吏的恶劣行径。于是风波骤起，各地都发生了剧烈的骚动。

光武帝在审阅各郡奏事时，发现在陈留郡的吏牍上写有"颍川、弘农可问，河南、南阳不可问"的字句。他读了之后感到不解，便诘问有关官吏，官吏回答说这是在洛阳长寿街上得来的。光武帝知其有意搪塞，非常愤怒。这时光武帝年仅十二岁的儿子刘阳（阴丽华所生，时封东海公）在帷幄之后说："河南是帝城，多近臣；南阳是帝乡，多近亲；田宅逾制，不可能核准。"光武帝便派虎贲中郎将去查问，果然证实了刘阳的判断。光武帝又派谒者再去调查，终于了解了度田不实的真相。

度田过程中优饶士族大姓的普遍现象是光武帝所不能容忍的。龙颜大怒之下，诸郡守纷纷下狱，河南尹张伋等十余郡守人头落地，连光武帝的功臣、南阳太守刘隆也以度田不实的罪名下狱，朝野为之震动。盛怒之后，光武帝也为自己杀戮过度而感到后悔。

但光武帝悔之已晚。

此时郡国"群盗"处处并起，攻杀官吏。郡县追讨的官兵到达之后，民众就四散而去，官兵离去之后，那些反抗者又聚集在一起，青、徐、幽、冀四州的民情尤为怨烈，骚乱的范围越来越大。严重的事态证明光武帝的度田之举已导致社会矛盾的普遍激化，建武中期光武帝独断专行的恶果终于通过度田事件反映出来。这对他是一个警告：他该反省一下了。

地方的叛乱使光武帝想起十多年前自己也是一个造反的平民，竟得龙袍加身，富有四海，并非皇天有意眷顾他刘秀一人。如今他身处九五之尊，靠什么力量来维护他的江山社稷，他还是知道的。民不畏死，则大威至矣。形势迫使他放弃严厉镇压的想法而做出妥协。

建武十六年冬，光武帝诏令各郡国：群盗若能互相揭发，五人共斩一人者，可免除罪名。郡县官吏以前故意回避以至纵容者，朝廷既往不咎，听以日后擒讨为效，唯以藏匿盗贼者加罪。这一怀柔性的诏命下达之后，各地的反抗果然纷纷平息，豪族与百姓各自回归原先的生业，各项度田措施也再无下文。一场规模不小的叛乱，终于被光武帝以软硬兼施的明智办法收拾停当。

这场风波对光武帝刺激不小，他不安的心情亦在无意中流露出来。建武十九年（公元43年），他巡幸南顿之时免除了当地一年的田租，父老乡亲请求增至十年，光武帝答道："天下重器，常恐不任，日复一日，安敢远期十岁乎！"这种居安思危的心理，对于建武后期政治的缓和，起了一定的作用。

在大批士族已成为政权基础的和平时期，光武帝试图以度田的手段解决大土地所有者对土地的超额占有，是注定失败的尝试。在这点上，他身在统治集团的内部，无法超越自己的阶级属性，不可能损害贵族、官僚、豪强、地主的根本利益。正如西汉末年的政治改革一样，光武帝无法真正解决社会各阶级、各阶层、各利益集团之间的利益冲突，他只能依靠温和的手段来缓和因土地兼并与贫富分化所导致的社会矛盾。这是他的无奈，也是历史的局限。

度田风波可以说是刘秀一生中所犯的为数不多的错误之一，当时应归为皇帝的刘秀并没有因为身份地位的因素拒不承认错误。他知错能改，正是因为他改正了错误，所以才避免了更大的损失。

知错能改是一种胸怀，是一种气度，是成功者应该具有的品质。

战国时期，韩国国君韩昭侯有一个不好的习惯，就是大嘴巴，平时说话不大注意，往往在无意间将一些重大的机密事情泄露了出去。也正是这个坏习惯，使得大臣们左右为难，如果将计划如实地禀报给韩昭侯，韩昭侯会轻易地将机密泄露给别人，这使得大臣们周密的计划不能实施，一切的努力也白费了。但是如果不告诉韩昭侯，那韩昭侯知道的时候，就是欺君之罪，谁也承担不起。大家对此很伤脑筋，却又不好直言告诉韩昭侯，害怕自己一个不小心，掉了脑袋。

正当大家一筹莫展的时候，有一位叫堂谿公的聪明人帮忙解决了这个问题，他自告奋勇地到韩昭侯那里去进谏。见到韩昭侯之后，他并不急于进谏，而是先跟韩昭侯聊天。等到谈话进行到一定程度的时候，他对韩昭侯说：“玉是非常珍贵的东西，假如这里有一只玉做的酒器，论价值能够抵得上千金，但是它是没有底的，那么大王，我们能用它来盛水吗？”韩昭侯笑着说：“当然不能。”堂谿公接着又问：“那么如果有一只瓦罐子，非常廉价，扔路边都没人捡，但它却不漏，请问大王，它能用来盛酒吗？”韩昭侯不明白堂谿公的意思，有点迷惑地说：“这个当然可以。”

这时候堂谿公开始进入了正题，他因势利导地说：“大王英明，事实也像大王说的一样，一个廉价的瓦罐，虽然卑贱，却有装酒的能力；而一块美玉，虽然高贵，却连水也装不了，他们之间的区别就在于漏和不漏啊！”

“我们做人也是一样的。一个不能保守秘密的国君，就好像没有底的美玉，他把大臣们费尽心机制定的治国策略和国家机密，在不经意间泄露给所有的人，包括别国的间谍，那么即使是再有才干的大臣，如果他的机密总是被提前泄露出去了，那他的计划就无法实施，因此就不能施展他的才干和谋略了。”

话说到这里，韩昭侯已经认识到了自己的错误，他没有责怪堂谿公对自己的指责，而是认真地反省了自己的错误，并表示以后一定做到。

在后来的日子里，韩昭侯不仅说话变得谨慎小心，就连做事也变得很谨慎，凡是要采取重要措施，大臣们在一起密谋策划的计划、方案，韩昭侯都会小心对待。甚至害怕自己晚上会因为熟睡而讲梦话泄露机密，于是连睡觉都要一个人睡。正是凭借着自己这种知错能改的品质，韩昭侯最终成为了战国七雄之一。

每个人都会犯错误，犯错并不可怕，可怕的是明知犯错而拒不承认，有错不改，就会造成严重的后果。我们应该认识自己的错误，做到知错能改，只有这样，才能不断地完善自己，走向成功。

忍常人之所不能忍

当一个人处于实力微弱、处境艰难的时候，也就是受到打击和欺侮最多的时候。这时，忍耐和取信于对方是很有效的办法，它可以让对手放松警惕，从而取胜。只有忍常人所不能忍，才有机会得常人所不能得。刘秀正是因为能做到忍常人之所不能忍，所以他最终才能登上帝位，得常人所不能得。

沘水战后，义兵军容大盛，归降的部队已达十余万众，一时人员庞杂，号令不一。各方将领都觉得群龙无首，没有名号，被人视为草寇，不如设立帝制，以明确的君臣体制来改变目前的纷乱状态。

当时天下大乱，民心思汉，故刘氏当兴的观念已深入人心，但在具体人选上各方却意见分歧。南阳豪杰与下江兵首领王常等人认为刘缤慷慨大气，有帝王之风，主张拥立刘缤为帝。但新市、平林军将士乐于放纵，不愿受到约束，一旦刘缤称帝，他们的前景自然十分黯淡，与其屈服于刘缤的声威，不如立一傀儡，既可依旧放纵，又可挟之号令天下。于是，新市、平林诸将把目光投向了势单力薄的刘玄。

刘玄虽为宗室成员，但单身一人投奔义军，手中没有可以指挥的部众，即使黄袍加身，亦无甚威信，难以控制兵权，这些弱点恰好被新市、平林诸将看中。他们主意既定，才虚情假意地向刘缜征求意见，试探他的态度。

刘缜对突如其来的立帝之议颇感吃惊，在冷静思索之后从容而答：当今赤眉起于青徐，众达数十万，其中必有刘氏宗室，如果他们也立了天子，则必然与我们两虎相争，不利于讨伐王莽的事业。如今之计，不如先称王。"若赤眉所立者贤，相率而往从之；若无所立，破莽降赤眉，然后举尊号，亦未晚也。"这时王匡、马武也认为王莽未灭，不如且称王。

刘缜不卑不亢，侃侃而谈，既维护了自身的利益，又考虑到了当时的实际情况。诸将连连称善，赞同先称更始王的主张。惟有悍将张卬拔剑击地，喝道："疑事无功。今日之议，不得有二！"他的粗暴态度震住了其他将领，使气氛变得十分紧张。于是众将的态度又发生了动摇，终于同意拥立刘玄为天子。

地皇四年（公元23年）二月辛巳朔，起义军在淯水边陈兵大会，设坛礼祭。刘玄在紧张的气氛中即皇帝位，南面朝见群臣。史称当时刘玄汗流满面，羞愧不堪，举手而不能言，胆怯懦弱，毫无一丝天子气派。

唐代史家刘知幾认为，中兴之史出自东观，经汉明帝及马皇后修改，史官难免曲笔阿附，为王者讳，独成光武之美，加之刘缜被害，刘玄难辞其咎，故史文有意贬低和丑化刘玄，可谓一说。

但从心理角度设想，刘玄贵为人主却手足无措，也不无可能。刘玄在一夜之间从一个不起眼的偏将一跃而至荣华之巅，心中的激动、紧张和惊惧自然可以想见。在他的面前，没有华丽的殿堂庙宇，没有怡人的音乐歌舞，惟有流淌的河水和肃穆的将士行列，兵器和铠甲的寒光增添了森严的气氛。联想到天下纷争、成王败寇的残酷，绿林将士的放纵不

第二章 刘秀对你说个人品质

刚柔人生

刘秀有话对你说

羁及渺茫的前途，刘玄不任军旅，"汝往，勉之！"

由于刘縯兄弟在昆阳、宛城战役中大著功效，威名日盛，诸将无以堪比，逐渐招致新市、平林将领的忌恨。原先拥立刘玄的骄兵悍将，本想设立一个傀儡皇帝作为代言工具，但在实际的战事中，刘縯兄弟却成为指挥作战的真正领导者，动摇了更始帝及其权贵的地位，对那批草莽英雄形成了威胁。于是树大招风，平林、新市将领都在暗中劝说更始帝伺机除掉刘縯，以免后患。

机敏过人的刘秀已觉察到气氛的异常。他悄悄对刘縯说："事欲不善。"然而率直的刘縯却不愿去猜度更始君臣的恶意，他笑笑说："常如是耳。"他怎么也不相信杀机已在他的背后。一次诸将聚会，刘玄取过刘縯的宝剑仔细端详，众人的脑海中顿时掠过汉初鸿门宴的惊险场景。参与阴谋的将领都悄悄握紧了剑柄，帐中一片杀机。然而刘玄却又于心不忍：刘縯毕竟是他的同宗兄弟，且诛杀无名，何以服众？犹豫之际，绣衣御史申屠建向刘玄献上一枚玉玦，暗含了决杀之意。但刘玄仍感心虚，迟迟不能下手，刘縯总算死里逃生。回营之后，刘縯的舅舅樊宏对他说："当年的鸿门宴上。范增举玦以示项羽。今天申屠建此举也不怀好意吧？"但粗心的刘縯还是笑笑不应。

刘秀感到有一股杀气来自暗处。曾与李通共同起兵的李轶，本与刘縯兄弟非常友善，现在也投靠朱鲔等新贵，成为暗害刘縯的一丘之貉。刘秀经常告诫刘縯："此人不可复信！"但刘縯还是不以为然。大意的性格终于断送了他的性命。

事变从刘縯的部将刘稷开始。刘稷是南阳的宗室成员，作战勇猛，陷阵溃围，勇冠三军。刘玄称帝之际，刘稷正在鲁阳领兵作战，听说刘玄立为天子，顿时表现出极大的不满："本起兵图大事者，伯升兄弟也，今更始何为者邪？"更始君臣闻知之后，怀恨在心，伺机图之。不久刘稷被刘玄任命为抗威将军，他拒不从命，于是更始诸将抓住此机，陈兵数千人，逮捕了刘稷。当更始帝下令处斩刘稷之时，刘縯挺身而出，极力为刘稷辩护，义正辞严，让刘玄也感到为难。但丧心病狂的李轶、朱鲔竭力劝说更始帝当断则断，不可错失良机，否则终受其害。无能的刘玄在这批险恶小人的操纵下，终于下令杀害了刘縯和刘稷。

刘縯的惨死令多数英雄一掬同情之泪。这位叱咤风云的英雄在他事业的顶峰死于同一阵营中人的暗害，而他本可以成就更大的事业，并有希望成为一个受人拥护的帝王。刘縯的被害，并不能以农民阶级与地主阶层的矛盾来解释：因为随着农民军与士族武装之间合作的深入，尤其是帝制的恢复，阶级合作的趋势已经掩盖了阶级对抗的色彩，杀害刘縯的力量也不能代表农民阶级。事变的真正原因在于兵权，刘縯本人主观上并无凌驾更始帝之上的意图，但是他的战功却动摇了更始帝的领导权，招致更始群臣的怨恨，终于引来杀身之祸。

历史上还有这样一个史实，即秦汉以来在多次农民战争中担任首领的平民野心家和流氓无产者，他们在历史动乱的大潮中沉渣泛起，利用下层民众的忠厚朴实掌握了农民武装的领导权。而农民阶级却由于天然的局限，很少能贡献出优秀的领导者来领导民众挣脱枷锁，这是中国农民的历史局限。历次农民起义中内部残杀、自我消耗的悲剧一再显示出这一致命的弱点。

刘秀听说长兄被杀，顿觉天旋地转，五脏俱裂。尽管他对更始君臣的阴谋早有所察，但噩耗传来，他一时之间还是难以接受这一残酷的打击，陷入了极度的悲伤和痛苦之中。

但刘秀在血腥的事实面前没有失去理智，他深知自己面临的危境。更始帝的锋芒已直指向他，而刘秀所掌握的兵力根本无力抗衡。左右思量之后，刘秀终于强忍心中的悲愤，带领几个随从急驰宛城，向更始帝

请罪。

到达宛城之后，刘縯的部属纷纷向刘秀吊唁。但刘秀不与一人私下交谈，也不提自己在昆阳大战中的功劳，更不为刘縯服丧，饮食言笑一如往常，不露悲戚之色。他以惊人的毅力和隐忍稳住了更始君臣，逃过了对方的刀斧。他的从容让更始帝也感到惭愧，面对引咎自责、态度谦诚的刘秀，刘玄只得任命他为破虏大将军，封武信侯。

而刘秀的内心却极度痛苦，每当独处之时，他总是无法忍受心中的辛酸。父亲早逝，兄弟之间感情深笃，手足之情历历在目。起兵之后，兄弟二人顾全大局，处处忍让，然而树欲静而风不止。如今兄长赍志而殁，他再也不能与同胞兄弟畅叙豪情，共图大业。思念之切，悲愤之深，刘秀不由潸然泪下，枕席上留下了斑斑的泪痕。

部将之中，只有冯异理解刘秀至深的哀感，逢有机会总是慰言相劝，请刘秀节哀。而刘秀反而告诫他："卿勿妄言。"刘秀在众将面前丝毫不露伤感之情，以免让更始君臣找到借口惹是生非，再起事端。

一年之内，刘秀失去了四位亲人。母亲娴都在子女起兵之初病逝故乡，宗亲代为收殓，子女忙于军旅，无以尽孝。二哥、二姐在小长安的战斗中俱赴黄泉。如今长兄又冤死于同一阵营的阴谋。刘秀遭受了常人无法忍受的痛苦，悲不自胜。远望可以当归，长歌可以当哭，刘秀遥望故乡，默默无语，唯有泪千行。

在刘秀惊人的毅力中，暗藏了他人所不知的志向。在他的心里，与更始君臣早已势如水火，他要寻找机会独树一帜。但大谋需要大忍，他还需要长时间的忍耐。

在刘縯被刘玄杀害时，刘秀正率军在颍阳作战。他对兄长刘縯被杀害，悲痛万分。《东观汉记·光武皇帝纪》说：刘秀"独居辄不御酒肉，枕席有涕泣处。"刘縯的死，无疑对刘秀的打击是沉重的。刘秀不仅是刘縯的亲兄弟，也是南阳豪强集团的中坚之一。在更始政权内部，在两大集团的斗争已公开化的情况下，刘秀该如何决定他的下一步骤，关系到刘秀将来的发展。在更始政权内部复杂的斗争中，刘秀又进一步表现出遇到大事沉着冷静的气度。他在充分考虑到自己在更始政权中的处境后，采取了忍让和韬晦的策略。

刘秀尽力为更始政权服务，他鉴于自己力量的弱小，只好暂时完全服从刘玄的命令，在刘玄和农民将领面前，"未尝自伐昆阳之功"，因而减弱了刘玄对他的戒备之心，不久，刘秀便被刘玄任命为破虏大将军，封为武信侯。随着起义军对王莽作战的节节胜利，更始政权控制的地区不断扩大。更始元帝（23年）九月，"三辅豪杰共诛王莽，传首诣宛。"更始帝刘玄决定迁都洛阳，刘秀又受到刘玄的重用，"以光武行司隶校尉，使前整修宫府。"刘秀对刘玄委派给他的工作，总是尽职尽责完成。例如，他在洛阳，"于是置僚属，作文移，从事司察，一如旧章。"把一切都安排得井井有条。刘秀尽力为更始帝刘玄服务，自然使刘玄感到非常满意。

其次，刘秀在暗中则扩大其势力，为摆脱更始政权作准备。他对更始政权的忍让，只是在力量弱小时，为能暂时栖身，而采取的掩饰手段。在更始帝刘玄对他放松戒备时，他便在暗中作脱离更始政权的准备。

刘秀遇到机会，便要扩大他的影响。例如，在更始帝刘玄进入洛阳时，《后汉书·光武帝纪上》载：

"时三辅吏士东迎更始，见诸将过，皆冠帻，而服妇人衣，诸于绣屈，莫不笑之，或有畏而走者。及见司隶僚属，皆欢喜不自胜。老吏或垂泣曰：'不图今日复见汉官威仪！'由是识者皆属心焉。"

刘秀还积极招揽宾客。因为刘秀知道，要成就大业，没有辅佐力量是不行的，所以在他栖身更始政权时，很注意把一些有才能者吸收到自

己的周围。《后汉书·冯异传》说："光武南还宛，更始诸将攻父城者前后十余辈，异坚守不下；及光武为司隶校尉，道经父城，异等即开门奉牛酒迎。光武署异为主薄，苗萌为从事。异因著邑子铫期、叔寿、段建等，光武皆以为掾史，从至洛阳。"在这一期间，臧宫"因从光武征战，诸将多称其勇。光武察宫勤力少言，甚亲纳之。"刘秀前往洛阳任司隶校尉，"道过颍阳，（王）霸请其父，愿从。"祭遵"及光武破王寻等，还过颍阳，遵以县吏数进见，光武受其容仪，署为门下史。"这样，在刘秀到达洛阳时，在他的周围已聚集了一些有才干的人。他这样做的目的，正是力图改变他力量孤微的状况。

然而，对刘秀来说，栖身在更始政权中，总不是长久之计。在王莽的统治被推翻以后，各地局势混乱，刘秀虽然感到他大显身手的时候到了，可是，这个时候他还没有更大的力量，足以公开同更始政权对抗。这样，他便乘更始帝刘玄派官员，平定洛阳以外的地区时，要求前往河北地区。在更始政权中，刘玄虽然对刘秀已没有戒心，可是，以朱鲔为首的九位农民将领，却始终不放心刘秀。因而，当刘赐提议，在诸宗室中，刘秀是最合适的人选，并且刘玄也多次打算派刘秀前去河北时，"朱鲔等以为不可"，朱鲔等人反对刘秀前往河北，仍然是他们同南阳豪强集团斗争的继续。他们唯恐刘秀一旦离开洛阳，控制河北，便会成为难以根除的后患。尽管朱鲔等农民将领极力反对，可是，刘秀也不是无机可乘。因为更始政权虽然建立不久，但是，在刘玄周围，也形成了他自己的亲信集团，他们并不愿意完全受制于农民将领。例如，刘玄的左丞相曹竟和他的儿子曹翊，就甚得刘玄信任，掌握着用人大权。刘秀的亲信冯异劝刘秀"厚结纳之。"因而，尽管朱鲔等农民将领极力反对，可是刘玄听信曹竟父子的建议，还是派遣刘秀"以破虏将军行大司马事"，让他在十月，"持节北度河，镇慰州郡。"由此可见，刘秀可以前往河北，正是他巧妙地利用更始政权内部错综复杂矛盾的结果。

刘秀可以以更始政权的名义，平定河北，是他准备在发展自己势力上迈出的极为重要的一步。从此，刘秀开始可以根据自己的意志来行动，同更始政权的关系逐渐疏远，也使自己摆脱了困境。刘縯被害，刘秀内心十分痛苦，但他也清楚地看到了当时的局势，于是他只能把痛苦埋在心里。

人生之事，十有八九不如意，这个时候，就需要学会"忍"。这是一项很重要的技能，一个人不可能在所有时期、所有场合下都一帆风顺，总会遇到些不顺心的难事，自己没办法或者一时之间解决不了，这个时候你就只有忍耐了！俗话说得好，"小不忍则大乱"。那些心高气盛的人，尽管能逞一时口舌之快，可是从长远利益来看，自己的大好前程尽失，也获得不了成功。由于出了一时之气，那就一定会得罪他人，如果不巧得罪了心胸狭窄的小人，那么，日后可能还会对你百般阻挠！

古往今来，最能"忍"的人莫过于韩信了，他当年竟能忍受胯下之辱，当时，韩信正落魄街头，无心也无力和恶势力相抗衡，刚好有人羞辱他，于是他忍辱负重，从恶少胯下钻过。在战国的历史里，还有一件出名的事，就是孙膑忍受庞涓之辱，装疯卖傻，只是为了在庞涓手下求生。这二位身受奇耻大辱，后来怎样呢？韩信受了胯下之辱，最后成为了一员大将，假若他当时逞一时之快的话，可能会被恶少当下打死；孙膑保全了自身姓名，最终击败庞涓！假若他当时心高气傲，哪还有性命残存？另外，越王勾践在吴国卧薪尝胆20余年，目的就是将来有朝一日能东山再起。

韩信也好，孙膑也好，勾践也好，他们身上都印证了一句话，那就是"忍一时之气，争千秋之利"，这也值得当代年轻人好好历练，好好学习一番，现在的青年们心高气傲，动辄与人恶语相加，话不投机就大

打出手，稍遇挫折就灰心丧气，这些人并不是不占理，但是，他们行事并没有顾忌后果。

当然，每个人所遇上的情况都不同，在什么事该忍，什么事不该忍的问题上，并没有固定的准则，但有一种情形——你的实力不如他人时，就必须一忍到底。你的实力不如他人。

什么是势不如人？那是指人处在不利的客观环境之中，比如，在公司里面，上司不重用自己，同事还要排挤自己，你对这样的工作心生不满，却苦于生活压力不得不继续工作；或者自己小本经营，却受到客户的百般刁难；或者是没有创业的资本；又或者在街上闲逛，却无端地被路人欺负等等……

当你处于弱势之中，就很难有空间施展自己的抱负，犹如困兽之斗。一部分人在这样的情况下，经常肆意非为，一味地由着自己的情绪办事，假若被人羞辱，就不计后果地与人大打出手；假若被老板骂了，就当面和他恶语相加，然后干脆辞职！这样做虽然不会轻易地毁掉一个人的一生，但如此任意妄为，绝对会给自己的事业造成负面的影响。很多人碌碌无为了一辈子，到了人生的最后才会感慨说："真不该当时年轻气盛啊！"举这个例子，并不是说不能忍耐的人，命运全都不顺，而是不能忍耐的人在所有情况下都一样，不能忍气吞声、吃苦耐劳、任劳任怨、忍辱负重，却总是一味抗拒、逃避、自怨自艾。

所以，当你在逆境之中、左右碰壁的时候，就想想你的人生目标！为了这个目标，你可以忍耐一切事情！不能把长远目标置之脑后，而逞一时之快。

在人的一生中，不可能一帆风顺，假若你能学会在逆境中忍耐，并且学着掌握控制自己的内心，就能每临大事有静气，处理事情游刃有余，当然也能做到该出手时就出手，一击必中，马到成功！

当然，人要有铮铮铁骨，遇到公道在自己这方的情况下，首先，应该据理力争，当庭抗礼，宁可不要一个人的虚荣心，也不能丧失一个人的尊严。这就是说，即使是忍也不是一味忍耐，还要看范围、对象和程度。如果遇事不论大小，不论有理无理，都只会一味忍耐，那真的就只是一个"窝囊废"了。

从今天起，我们要好好练习自己的"忍术"，人的一生很漫长，我们还有很远的路要走，还要实现远大的目标！

宽容可以让你赢得更多

所罗门曾经说过："不报宿怨乃是人的光荣。"有的时候，宽容对待曾经和自己有恩怨的人，实际上在为自己的未来进行投资、规划。假如每个人都能拥有博大的胸襟、开阔的视野，用宽容、理解的态度去体谅他人，甚至以德报怨的话，不仅能够化解矛盾，还有可能因为今天的善举而获得多年之后的报答，为自己开创一个柳暗花明又一村的未来。刘秀如果没有一颗宽容的心，也许他就不会有如此辉煌的成就。

刘秀生平最大的仇敌就是杀死他兄长刘縯的凶手们，他们让刘秀失去亲人，备受打压，甚至险些丧命。仇恨是不共戴天的，可惜政治不同于私仇，很多时候不能简单地以命抵偿。对于自己的仇人们，刘秀虽然切齿痛恨过，但是从大局着眼，最终他还是选择了宽恕。

当刘秀逃出刘玄的控制，由河北起家后，便开始了与更始朝廷的较量。刘秀先派兵占据了五社津（今河南巩县北）等要塞，将四周的障碍都清扫干净，然后才开始包围洛阳。

刘玄将都城迁到长安后，留李轶、朱鲔两人镇守洛阳。这两个人都参与过策划杀害刘縯的行动，可以说是刘秀不共戴天的仇人。其中李轶是刘秀的同乡，最初一起公举大旗的人，也曾是刘縯和刘秀的好兄弟、心腹，可惜李轶却背叛了刘縯和刘秀，参与了杀害刘縯的行动。看到刘秀东山再起，李轶又动摇了，向刘秀表示愿意归降做内应。其实有了舞阴王李轶的帮助，刘秀拿下洛阳会易如反掌。可是刘秀却不肯原谅李轶，宁愿费尽心力攻城，也不愿意再和李轶这个叛徒合作。

刘秀传令自己的将领们，李轶为人诡诈，反复无常，不必理会他。还把李轶的信交给太守、郡尉一级官吏传阅，吩咐对这种人要小心警惕。刘秀这样做其实等于间接地把李轶背叛更始帝的消息传递给李轶的同僚——更始朝廷的重臣朱鲔。朱鲔知道李轶要出卖他，就派人刺杀了李轶，这引起洛阳军中的混乱。刘秀一箭双雕，既分化瓦解了敌军，又借刀除掉了仇人。看到此处，刘秀似乎是对杀兄仇人恨之入骨的，不杀不足以解心头之恨，其实并非如此。

当洛阳被包围以后，刘秀便派廷尉岑彭劝洛阳的守将朱鲔投降。朱鲔同李轶一样，是刘秀的杀兄仇人，而且朱鲔在刘秀宣慰河北之前，曾经极力反对派刘秀前往。对刘秀来说，朱鲔俨然比李轶更该杀。可是刘秀这次却没有一定要除掉朱鲔的想法，而是派岑彭这个朱鲔的老部下去劝降，为了让朱鲔放心，刘秀指着黄河起誓不会追究他的杀兄之仇。还封朱鲔为平狄将军、扶沟侯。朱鲔投降后，刘秀没有找借口杀掉他，朱鲔一直得以善终。

其实，当时朱鲔投不投降已经无关紧要了，洛阳只是一座孤城，旁边再没有其他的军队能够救援他，而更始帝刘玄在关中早已自顾不暇，不可能发兵来救。洛阳被刘秀团团围住，攻下洛阳也只是时间问题。

但是刘秀一向以不战而屈人之兵为先，如果用其他手段能够取得胜利便尽可能不用武力解决。朱鲔对他来说有着深仇大恨，自己最依赖的大哥就是被刘玄、朱鲔、李轶等人合谋害死。但是朱鲔当时这样做是各为其主，他本身就是绿林军出身，与舂陵没有任何关系。他是出于更始帝刘玄的利益而算计刘缤和刘秀兄弟的，完全不同于李轶，李轶本来与刘缤和刘秀兄弟是好友，然而却由于利益关系背叛刘缤投靠刘玄。而朱鲔是一个正直而有能力的人，刘秀一向敬重这样的人，所以他并没有像对待李轶那样对待朱鲔。

更始帝刘玄也是刘秀的仇人。与朱鲔不同的是，刘玄与刘秀的仇怨又多了一项，不仅是刘秀的杀兄仇敌，又是他的竞争对手——争夺天下的死敌。

刘玄定都洛阳后，赤眉领袖樊崇接受招降，只带几个重要将领前来觐见。可惜，刘玄完全不知道如何将赤眉军这支强大的起义军收为己用。刘玄虽然将樊崇等人封为列侯，可是既不给他们封邑，又不去安抚他们的部众，樊崇等人觉得毫无出路，便都逃归了自己的营垒。刘玄没想到这为自己的死亡埋下了祸根。

由于刘玄无能，更始朝政混乱，内没有名将贤臣，外有赤眉军的猛烈攻击，而且内部又出现叛乱。更始朝廷的很多将领便纷纷拥兵自立，当了割据一方的草头王。更始致命的打击是赤眉军攻入长安。刘玄原来信赖的一众文武大臣除丞相曹竟不肯投降被杀外，其余的全都顺势投降了赤眉军。刘玄仓皇地骑着马逃出长安北门时，他所宠爱的那些姬妾们从后面追赶着他，喊道："陛下，你应当下马谢城啊！"除了昏庸享乐外一无是处的刘玄在这样的生死关头却真的有了一丝帝王气象，他下马，对着长安城恭敬地拜了一拜，然后转身上马飞奔而去。

刘玄逃出城后去投奔右辅都尉严本。墙倒众人推，严本畏惧赤眉军，于是把刘玄软禁起来。此时已经称帝的刘秀知道更始朝廷覆灭及刘

玄出逃的消息，本来应该庆祝杀兄大仇人的落败以及竞争对手又少了一个的胜利。然而他却展现了一个皇帝应有的风度和胸襟。他以汉室皇帝的身份发布了一道诏书。诏书中说："更始破败，弃城逃走，妻子裸袒，流冗道路。朕甚愍之。今封更始为淮阳王。吏人敢有贼害者，罪同大逆。"诏书中刘秀表达了自己对于刘玄兵败逃亡的同情，并对天下人宣布，自己愿意庇护刘玄，绝不追究以前的事情。如果有人敢对刘玄不利，就等于跟刘秀的汉室王朝作对。

可惜此时的刘玄已经失去了人身自由，无从选择自己的归属。赤眉下书："刘玄投降，封长沙王，过二十日，不受。"刘玄就派刘恭前去投降，赤眉右大司马谢禄受降，十月刘玄肉袒到长乐宫请罪，上玺绶于刘盆子。赤眉又归罪于刘玄，要当庭问斩。幸好刘玄的身边还是有忠臣的，这个人就是侍中刘恭，他的弟弟刘盆子被赤眉军立为皇帝。刘恭、谢禄请求樊崇等人赦免刘玄，没有得到允许。刘恭就大呼："臣诚力极，请得先死。"拔宝剑就要自杀。樊崇顾忌刘恭是自己所立皇帝的亲兄长，只好救下了他，并宣布赦免了刘玄，封为畏威侯。刘恭坚决再请，刘玄竟得封长沙王。此后的刘玄老老实实地常住谢禄居所，刘恭也常伺候保护。

赤眉军在关中地区烧杀抢掠的强盗行径，让长安的百姓开始怀念更始王朝了。这让赤眉军方面极为担心，怕刘玄会借机东山再起。于是，负责看管刘玄的赤眉将军谢禄等人设计将刘玄骗到郊外勒死。可悲的是，劝赤眉军杀掉刘玄的，正是原来最坚决主张立他为帝的原绿林军将领、被刘玄封为淮阳王的张印。按理说，仇敌死后该是欣喜异常的刘秀却没有丝毫的高兴，他诏令大司徒邓禹将刘玄的尸体收葬于西汉的皇陵——霸陵。刘玄的妻妾以及三个儿子刘求、刘歆、刘鲤都安然地活了下来，躲藏在南阳郡。后来，刘秀应刘求、刘歆、刘鲤的请求，派人将他们护送到洛阳。刘秀不但没有因为过去的仇恨迫害刘玄的妻儿，还加封刘玄长子刘求为襄邑侯，次子刘歆为谷孰侯，幼子刘鲤为寿光侯。

刘玄缺少英明之气，在最后关头依然选错了投降的对象。他或许担心刘秀为了杀兄之仇不可能原谅他，只能投降赤眉军。其实，以刘秀的英明和宽厚，是不可能为私仇杀死刘玄的。毕竟刘玄也是皇族后裔，又曾是更始朝廷的皇帝，无论是家族情分还是政治影响，刘秀都会保住刘玄。

刘秀的宽宏大量为自己赢得了人心，也为自己赢得了天下。

一个人在面对他人的冒犯、伤害时，他可以选择两条路：一是以眼还眼、以牙还牙，斤斤计较；二是退一步海阔天空，一笑泯恩仇。大多数人可能本能地就会选择第一种方式去报复他人，可是，最后往往会发现，自己处在伤害的恶性循环之中，痛苦不已；部分拥有广阔胸襟和开阔眼界的人会明智地选择后者，其实，这样做不但是对他人的宽恕，也是对自己的造福。

人，不可能没有过失，但是，往往在很多时候人们会因为别人的某一次过错，而断送其一生。只要无伤大雅，只要不是心怀恶意，那么能容则容，能忍则忍，扬其优而隐其缺，倘若求全责备，则世上就无人才可用了。

每个人都会有自己的缺点，而缺点往往也是引发过失的原因。宽恕他人的过失，并不意味着纵容，只要能够掌握好"度"，也许，别人的过失就会成为他加倍努力的开始。

想要获得第二次机会，只能为人宽容、忍让，而想弥补自己先前所做的不足之处，你就需要第二次机会。假如我们为人能够更加宽容，能够给人更多的笑容，去鼓励别人，而不是打击别人的自信心，那么，也

许你就能看到自己身上会焕发出新的活力。

古往今来，宽容都是圣贤为人处事的不二信条，甚至平民百姓也把它作为自己的人生准则，这也已然成为了中华民族的传统美德。

《论语·尧曰》中有云"宽则得众"，意思就是，宽厚的统治者就会得到万民拥护。《格言联璧·接物》里有名句"人褊急，我爱之以宽容"，意思是说，虽然被别人狭隘地对待，我却要以德报怨。

由此可见，想要成就大事，首先要心胸宽旷、能够容人。只有这样，我们才可以得到他人的尊重，少立敌人，多交朋友。

古人说："以恨对恨，恨永远存在；以爱对恨，恨自然消失。"

在现实世界中，常常会有不开心的事情发生，常常认为自己受到委屈，如果此时我们依然能保持宽容之心，不让负面情绪滋生，我们就不会沉沦，更不会挣扎在痛苦的深渊之中，千万不要做出一些过激行为，最后造成连自己都不能控制的形势。

想要忘记伤害，忘记伤痛，只有做到宽容处事，要在心底不断地积极思索，要站对方的立场看问题。尽管这样做并不容易，但这也是救赎自己不可缺少的部分。因此，我们必须学会如何用宽容的心态去原谅他人的过错，也只有这样，最终才能获得他人的尊重，只有这样，才能获得正能量，从而释放自己压抑的情绪。

所罗门曾说："憎恨别人就像是为了逮住一只耗子而不惜烧毁你自己的房子。"其实，憎恨是不明智的。因为，一旦你心中有了"恨"，就如同给自己戴上了枷锁，一路拖着你沉入苦海。以报仇报怨为动力的人，即使实现了自己报复的目标，其下场往往也不会很好，自己的人生也会因此而发生重大的转变。

由此可见，有时候不计前嫌的宽容，其实是对自己一个很好的投资。相传，唐朝宰相陆贽曾在位高权重之时，听信小人谗言，误信太常博士李吉甫结党营私，玩弄权术的假话，把李吉甫贬到明州去当长史。过了不久，陆贽的官位也被罢免，也被贬到了明州附近的忠州去当别驾。后任的宰相在别人那里听说李、陆颇有私怨，就心生一计，提拔了李吉甫，让他去忠州当刺史，去做陆贽的直属上司，其实是打算趁机解决俩人的性命。没有想到，李吉甫却是不记仇之人，并且"只缘恐传须亲"，在他一到任的时候，就把陆贽找来，和他把酒言欢，一笑泯恩仇，从而破解了那位现任宰相的诡计。陆贽对他的做法感动不已，也积极地出谋划策，协助李吉甫进行工作，在他们的合作下，忠州的风气日益良好，百姓安居乐业。李吉甫以德报怨，结果不但使他人收益，也使自己得到了收获。

　　人非圣贤，孰能无过？过去的事毕竟过去了，智者总是善于着眼于现在和将来。一味把宿怨记在心上，甚至总是想着如何去报复对方，结果他自己的心将得不到安宁，把快乐永远摒弃于门外。与其这样，还不如用宽容与仁爱去回报仇家，秉持着以和为贵的原则，把自己从仇恨中解放出来，同时也会以宽容的心胸赢得他人的尊重和敬佩，何乐而不为呢？

第三章

刘秀对你说 机遇

机遇，就是极好的机会。在人的一生中，机遇不可能一次也不会降临，在人们的生活中间到处存在着机遇，只要你留心它，就会发现它，抓住它。然而当机遇发现你而你并不准备接待它的时候，它就会从你的眼皮底下滑过。能否适时抓住机遇，是一个人成功与否的重要条件。

有梦想也要等待时机

　　每个人都渴望成功，但是成功的机会却并不多，这就使得机遇愈加显得珍贵。但是我们要明白的是，欲速则不达，心急吃不了热豆腐。机遇固然重要，但是更重要的是要有等待时机的耐心，时机不成熟，很容易造成自己的失败，所以我们在机遇来临之前，一定要耐心等待时机。

　　刘秀的哥哥刘缜是一个勇武之人，在新朝建立之后，就一直暗暗积攒力量，准备反抗新朝的统治。然而刘家毕竟已经没落，刘缜的养士直接的问题就是经济的来源问题，于是以刘缜为首的一群人免不了会做一些劫富济贫，顺便改善一下自己生活的事。虽然官府并不敢直接治罪刘家这样的豪族，但是也不能太过分。前文提到过，一次事情败露，有人告知了官府，为了息事宁人，官府也要像模像样地张榜缉盗，刘缜决定先出去躲一躲风头，刘秀只好主动出来，顶认了这事情，并出门潜逃了。

　　刘缜一心兴复汉室，并把这作为自己的志向，当时他已是南阳乱党中领军头目，自然成为了一些新莽官员的眼中钉、肉中刺。他行侠仗义，不善理财，养了不少宾士，这些人鱼龙混杂，其中免不了有些小偷小摸之人，做一些不法勾当。看到三弟入狱，刘缜一边加紧动员，想办法营救，一边在家乡继续招兵买马，加紧筹备造反的计划。

　　刘秀在狱中确实吃了不少的苦头。新野县宰相拿刘秀兄弟开刀，杀鸡儆猴，看能不能让其他不安分的人闻风丧胆，就吩咐手下：一定要对刘秀动用酷刑。当时，大多衙门都是这样，如果你光有理、没有钱，打官司是没有胜算的，即使有钱，进了监狱，不分青红皂白，先给你动用一番大刑。刘秀在狱中被酷刑折磨，不仅如此，还经常没有饭吃，在生死边缘挣扎。

此时，新野县衙一个名叫樊晔的机关干部（市吏），在生死关头给了他一丝温暖。樊晔是新野本地人，在县衙任职，在新县尉手下为官。他平日就以公正严谨而闻名。他与刘秀萍水相逢，互不认识，但却耳闻了刘缤兄弟为人处事的众多事情，对他们的所作所为心生佩服。此时，樊晔看到县尉竟然为了一起单纯的抢劫案，就把刘秀这个无辜者捉拿归案，大刑伺候，心里很不是滋味。

这天，樊晔来到监狱值班。他见刘秀坐在狭窄、阴冷、昏暗、潮湿的牢房里，两眼直勾勾地望着铁窗外的阳光发呆。就偷偷靠了过来，看四下无人，就偷偷地拿出一块饼塞给刘秀。

俗话说："饿了给一口，强过饱了给一斗。"有的人甚至戏称，这块饼救了当时的刘秀一命。刘秀后来的半生都对这块饼的恩德难以忘怀。在刘秀历经磨难，最终登基称帝之后，他仍对樊晔的一饼之恩念念不忘。为了报答樊晔，刘秀先是封他做侍御史，后来升任河东（今山西夏县西北）郡都尉，之后又提拔重用他做扬州（今安徽和县）牧、天水（今甘肃甘谷东）太守，最后官拜封疆大吏。侍御史秩禄六百石，都尉比二千石，州牧、太守则二千石，樊晔就这样在官场中步步高升。

这天，刘秀在南宫云台宴请樊晔。

在经历了数载风雨，沙场征战之后，刘秀见到自己的救命恩人，难掩激动之情，不禁嘘寒问暖一番，并赏赐给他一些宫中珍玩。席间，刘秀半开玩笑地对樊晔说："给我一块饼，换得都尉职位，你有什么感觉？"

第二章 刘秀对你说机遇

　　事实表明，刘秀重用樊晔并没有错。樊晔是一个忠厚老实之人，办事向来公正严明，结识刘秀以后，又深受刘秀影响，做人为官刚正不阿。他治理所属辖区的时候，能将朝廷的条例和当地实情灵活结合运用，整肃法律，让手下官员能给百姓办实事；樊晔注重经济发展，亲自教导老百姓怎样去耕作，怎样做生意；他还尽力维护治安，打击了不少豪强土绅，并听取民间讼告，当堂断善恶；他在扬州为官的时候，改善了扬州老百姓的生活条件，人们对他充满了感激之情，对他称赞不已；他在天水做官的时期，史载天水的民风良好，路不拾遗，还有百姓专门创作了《凉州词》，记录了他不俗的政绩。樊晔在天水太守任时逝世，刘秀对他褒奖有加、惋惜不已。多年以后，刘秀的儿子汉明帝还经常想起父亲说的话，追思这位官员治理一方的高尚品格。

　　刘秀知恩图报，对樊晔委以重任，樊晔就投桃报李，将自己的本职工作发挥到极限，成为后汉初期有名的清官，这是中国历史上君臣之间的一段佳话。

　　当时，致使刘秀入狱的那桩抢劫案始终没能被侦破，加上刘秀本来就不是犯罪者，亲朋好友又四处奔走打点，所以，他在狱中过了一阵苦日子后，还是被放了。

　　这个案子本来不难分辨，冤有头、债有主，怎么都算不到刘秀兄弟的头上，稀里糊涂地替人背了黑锅，最后又不了了之。

　　刘縯就不情愿了！这人的性格本来公私分明、恩怨必报、火爆刚烈，对三弟刘秀被捕一事耿耿于怀，因此也加快了举兵起事的脚步。

　　其实，刘秀对在新野遭难，甚至银铛入狱的这段经历，虽然表面并没有表现得很在意，实际是很难忘怀的。这从他称帝后对樊晔的报答上就能看出来。

　　一个受过教育、血气方刚、心比天高的青年才俊，无缘无故被冤枉下狱，还差点饿死在里面，一般人经历了这些一定会气不打一出来，不是说些过激的话，就是会做出些过激的事情来。但是，刘秀毕竟不是常人。从表面上看来，他对政事无动于衷，没有表露出任何心思，其实心里明镜一般。他什么都不肯说的原因，是未到时机。

运筹帷幄，决胜千里。这是普通人达不到的境界水平，也是普通人没有的超强素质。正是这种心理素质，帮助刘秀取得成功。

机遇像一个调皮的小童，让人摸不清它出现的时机，只有有心人耐心等待才能碰见。等待需要耐心，而在不知终点的等待途中，有心人会不断积累经验、力量。现代著名画家齐白石直到40岁的年纪，才展示出非凡的绘画才华。著名生物学家达尔文在50多岁"高龄"时，才完成了巨著《物种起源》。在摩尔根发表遗传理论时，已经是60多岁了。从齐白石、达尔文、摩尔根的身上，我们可以看到等待的力量，他们相信自己的梦想，为之不断付出、努力、等待，最终在常人认为已经到达后半生的岁月里，披上了成功这件华丽非凡的大衣。

如果我们没有耐心，在时机不成熟的时候就加入，那么可能机遇很好，但是我们却不能获得成功。

一群游客在海边游玩，他们发现了一只小海龟在沙滩的一个小洞穴边露出了脑袋，一位好心的游客看它卡住了，就把它拉了出来，这时，惊人的一幕出现了，小海龟身后的洞穴中，有许多小海龟不断地从洞口爬出来，奋力地向大海爬去。这时，沙滩的上空出现了海鸟的影子，它们落到沙滩上，不断啄食小海龟，游客慌了神，一边驱赶海鸟，一边尽可能多的捡起小海龟放入海中，但是最终，一大半的小海龟被海鸟吃掉了。

原来，最初的那只小海龟并不是被卡住了，而是在放哨，它在等待海鸟归巢的时机，只有海鸟归巢之后，小海龟才有机会安全地爬向大海。第一只小海龟被游客拉了出来，其他的小海龟以为时机到了，就开始蜂拥着走向自己的家园，但是它们不知道，一位好心的游客给他们带来了错误的消息。它们出来的不是正确的时机。于是许多的小海龟就这样牺牲了。

汉光武帝祠

　　虎行似病，那是在积蓄能量。鹰立如睡，那是在等待出击。茶一定要泡到合适的时间，才能够将精华全部溶于水中，茶香才能弥漫。时机的重要性使得我们对于时机不容错过，但是更不能在时机到来之前就贸然行事。

　　在动物的世界中，猎豹是跑得最快的动物，但即使是速度最快的猎豹，也从来不依仗速度猎取食物。它总是潜伏在草丛里，等自己的猎物非常靠近自己的时候，才抓住时机一跃而起，以最快的速度追上猎物，将其捕杀。之所以要耐心等待时机，是因为尽管猎豹100千米的时速已经是速度最快的动物，但是它以这样的速度奔跑最多能坚持10分钟，如果10分钟之内追不上猎物，它就只能挨饿了，并且很有可能因为连续的食物而被饿死，所以它总是埋伏在草丛中间，等待着最佳的机会。

当然，正所谓玉在椟中求善价，钗于奁内待时飞。当我们心中涌动着一个梦想，希望去实现它时。因为还没有机遇，或者机遇还不成熟，我们一时无计可施，这时候如果坚持去行动，那就是莽夫的行为。这时候，我们要停下来，静下心来，静待时机的到来。最好的时机需要用最大的耐心去等待。但是如果我们连自己的本职工作都不能做好，就希望得到别人的承认，那肯定不是一个恰当的时机。所以，我们在等待时机的同时，要将自己的工作做到最好，并得到周围的人的承认。

要为机遇做好准备

机遇是人生中重要的转折点，能否抓住机遇就成为了人们能不能走向成功的重要契机。机遇偏爱有准备的头脑，机遇的重要性，使得我们在机遇来临之前为迎接机遇做好准备。当今社会充满着竞争，想要创出一番事业，就要不断地学习，充实自己，为迎接机遇做好准备，只有这样，才能在机遇到来的时候，抓住机遇，实现自己的人生价值。

西汉末年，外戚王莽通过一系列的政治手段，篡夺了本来属于刘姓的汉室江山。王莽代汉这一改朝换代的重大事变，对于刚满14岁而又稍知世事的少年刘秀来说，心灵上的震动和刺激是巨大而深刻的。他知道自己的远祖刘邦所建立的汉朝，现在已被王莽篡权颠覆了，过去自己一向受人尊敬的皇族地位已被取消，接踵而来的是王莽政权的监视和迫害。他联想起此前叔父刘良私下给他说的一件事，王莽代汉前夕公元6年与7年，皇族安众侯刘崇与东郡太守翟义洞察出王莽的野心起兵反莽，遭到残酷镇压而被灭族。他想今后自己及其家族的处境一定会很困难。因此他心中充满了亡国辱宗的仇恨。他很想复仇，但自己没有办法也没有力量，而且他从长辈的教诲中知道，这是要遭杀身灭族惨祸的。因此，他十分愤怒也十分痛苦。他的性格变得更加沉默和内向了。表面上看，他似乎沉默寡言、循规蹈矩，和他的哥哥刘縯那种锋芒毕露、好侠果行完全不一样。实际上，他并不是怯懦退缩、苟且偷生，而是对人对事、对面临的形势更加动脑筋去观察和思索。但他毕竟还是一个未经世事的少年，人生和社会的问题是如此复杂，他虽然尽力去思考和探索，许多问题仍然找不到答案，甚至百思不得其解；而有些问题，在那种政治环境中是不能向人提出讨教的，于是他只有努力去读书，力图从古人的思想言论和历史事件的记录中去寻求启迪。所以自王莽代汉以后，刘秀从少年到青年阶段比以前更加发奋读书了。他不但学习孔孟儒家经籍，也看诸子百家和历史的书。此外，他还尽力帮助母亲和叔父去管理农田生产的事。由于刘秀的家庭是一个虽不算贫穷但也并非很富有的家道中衰的人家，所以他在读书之余，十分关心家庭的农业生产，力求增加家庭的收入。史书中就多次称道他"性勤于稼穑"，"事田业"。

其实，刘秀完全不是眼光短浅、委琐不堪的那一类人物。他是大智若愚，在当时复杂险恶的社会条件下，他不赞成他哥哥刘縯那种出头露面、锋芒毕露与敌人作斗争的办法。他很注意掩饰自己，内慧而外憨，外谨而内刚。他有上干云霄的豪情壮志，但只有到他认为可以腾空而起的时候，他才会像火山迸发一样显示出来。他是一个儒侠合一的人物，深沉、有智慧而又大勇大刚。他的大哥刘縯则只是一个霸侠结合的人物，形似豪侠，而实际少思寡谋。这一点在以后他们起兵反莽与农民军联合时，表现得更加鲜明，而且俩人的归宿也截然不同。不过这种情况，一般人是不易看出来的。不用说当时的乡里和官衙中人不会注意他，就连抚养他长大成人的叔父刘良，也看不出他内心的志向和蕴藏着的极大的勇气，后来当刘秀起兵反莽时，刘良曾感到异常惊骇诧异，竟冲着他责备道："你和你哥哥伯升志操完全不同，为什么你也起来干这种极其危险的事？"从这里我们也正可看出他作为一杰出的历史人物，从青少年时代就具有那种思想深邃、观察敏捷、性格果毅而又涵养深沉的优良品质与素养。

刘秀在家一面读书一面经营家计，并密切地观察着当时政治风云的变化，这样过了几年，他的学识有了很大提高，政治上也日益走向成熟。他已不满足于在家中由叔父指导自学的封闭式的学习生活。在这风云剧变的时代里，他深感不走出去，不到全国的政治中心首都去亲自了解和体验各方面情况，是不可能取得全面的知识，也不可能适应和驾驭未来天下变化局面的。因此，他向叔父刘良要求，要到首都长安的太学去学习。他的叔父刘良非常理解侄儿的要求，也深明去长安太学求学的意义，所以欣然答应了他的请求，为他筹措了一笔学费，决定送他去长安读书。

天凤年间（公元14年—19年），刘秀已年满20岁，他来到了当时王莽政权的首都长安（今陕西西安市）。经过一系列应试考核手续之后，他终于进入了朝廷所设置的国家最高学府太学，开始了新的学习生活，跟随曾任过中大夫官职的名儒许子威学习儒经《尚书》。当时长安太学分四科举士，即"举有德行、能言语、通政事、明文学之士"。刘秀学的内容，属于政事一科。太学的这种分科方法，还是采用春秋时期孔子教育学生的分科方法。不过，刘秀到太学来学习的目的和其他的青年学子不同，其他的人都是想精通一科取得优秀成绩能授予好的官职，走学而优则仕的路。刘秀自知出身旧皇族，王莽政权实行排抑诸刘的政策，常禁锢其仕途，他是不大可能走这条路的。他来太学学习，主要是为了学习治国平天下的治国治军之术，同时了解全国的形势，结识较多的各

第三章 刘秀对你说机遇

界人士。如果将来能侥幸做官，当然更好，若遭废斥，他则伺机干一番他想干的大事业。因此，他在太学中不是像那些书呆子那样，青灯黄卷，孜孜穷经地死啃书本，而只是领会其中有用的精微大意而已。所以《后汉书》中说他"受《尚书》，略通大义"。

由于刘秀在太学中采取的学习方法是灵活的独立自主的学习方法，除了老师授课外，其余很多时间他都用于社交和游访上，因而了解了社会上很多政治经济文化等方面的情况，也结识了不少朋友。他平时为人谨慎，与人不款曲，不随便向人倾露心扉，但若与人相交，则恢弘大度，诚信待人，而且博达明睿，有一种诱人的宏雅气质，因而很多青年学子都愿意和他交朋友，集聚在他的周围。例如邓禹、朱佑等人当时游学长安，和刘秀结识后，"知非常人，遂相亲附"。这些人后来都成了刘秀夺取全国政权建立东汉王朝的主要谋臣虎将，是刘秀开国功臣中所谓云台二十八将中的人物。

刘秀在太学中因广泛交游，他成了在长安的南方知识青年中的中心人物。但另一方面，因交游面广且慷慨不羁，他的个人财政收支上却出现了入不敷出的严重困难。他的家庭给他的学费，远远不够他的开销，使他在太学的学习几乎难以为继。他虽然得到一些朋友的接济，但仍然常感囊中羞涩。为此，他只得另谋财路，前文提到过，《东观汉记》记载：他在太学时，因资用匮乏，曾和同窗学友韩生合钱买驴，拿去出租给别人作运输之用，从中收取租金以供学习生活费用。此外，他还与太学中的密友朱佑占共同经营买蜜合药的生意，将合制的丹丸等成药出售。从中获取利润。朱佑家业较丰，这时对刘秀多有相助，所以当刘秀称帝后，朱佑做了他的大将军时，刘秀还不忘旧情，经常亲临朱佑府第，屡加赏赐。有一次，光武帝刘秀一时追念起他们在长安求学时两人买蜜合药的事，不禁动情起来，特令人拿了一石（十斗）白蜜去赐给朱佑，并亲自对朱佑开玩笑说："朱生，这蜜比在长安时我们两人共同买蜜合药的那些蜂蜜，哪一种更好呀！"

　　刘秀在长安游学，虽然常感财用拮据，但仍倜傥不群，豪气未减，而且学习也很出色。他常和知己好友讨论经史，谈论古今治国安邦之道，大家都为他的超人见地所折服。有时他们也相邀到长安街上去纵览世情，考查民意，以期将来对安邦济世有所作为。当然，作为青年人，有时也难免谈及爱情婚姻和女友，憧憬着能有甜蜜的爱情和幸福的夫妻生活。就是在此时他喜遇当地巨富阴家的小姐阴丽华，阴丽华清丽绝伦，长得国色天姿，非常美丽，刘秀对她魂牵梦萦，念念不忘。

　　由于经济困难，刘秀在太学的学习大概只进行了两年左右的时间，之后就不得不辍学回家了。但在太学求学的这段时间，对他的影响却是重大而深远的。他从偏僻的农村来到全国的政治经济文化中心首都长安，极大地丰富了他的知识，不仅在往返千里的旅途中，了解到许多前所未知的人情风物、时弊民瘼，到长安后又亲身体验到了京城的繁华富庶和帝阙的巍峨雄浑，而更重要的是通过较长时期在京师太学中的学习生活，比较具体地了解到治国、治军、经世安邦之术，并较全面地认识了当时的政治经济形势，从各方面的迹象看，他已深切地感觉到天下即将大乱了。在这历史即将突变的转折关头，这个广涉经史熟悉历代兴亡史迹的旧皇族知识青年，在这里终于暗自确定了反莽复汉的雄心。他表面上是太学的年轻学子，实际上是胸怀异志决心反对当时政权的政治活动分子。可以说刘秀的长安游学时期，正是他为以后起兵反莽推翻新朝，创建东汉政权从思想组织上作准备的时期，也是他奠定一生伟大事业的政治基础的重要阶段。

　　刘秀在内心暗藏对王莽统治的不满，不只由于宗族受到压制，他的仕途被阻，还因为他本人直接受到王莽地方官吏的迫害。《司马彪续汉

刚柔人生

刘秀有话对你说

书》说："世祖微时，系南鸣市，狱市吏以一笪饭与之。"

可是，刘秀为人"谨厚"，处事小心谨慎。因为刘秀在性格上具有这种特点，就使他的"勤于稼穑"的行动，不仅是为了维持家业，也成为他内心不满王莽统治的一种掩饰。这种掩饰，确实为刘秀的生活，省去了不少的麻烦。刘秀掩饰的巧妙，就连最了解他的人，都能瞒过。如前文提到刘秀起兵反莽时，抚养他长大成人的叔父刘良，就深感震惊地说："汝（指刘秀）与伯升志操不同，今家欲危亡，而反共谋如是！"

尽管刘秀把自己不满意向暗藏起来，要维持家庭平静的生活，并观察国家时局的变化，刘秀在新野躲避王莽的地方官吏追捕时，在关东地方，农民因被自然灾害所迫，反抗王莽的斗争愈演愈烈，社会开始出现了大动荡。由于这种社会大潮的趋使，刘秀已不能再安于社会的现状。王莽末年，人民反抗斗争的大风暴，开始把刘秀推上社会政治斗争的舞台，使他在这个舞台上，显露出他的头角了。

在长安太学游学的一段时期，对刘秀的成长起到了重要的作用，有着重要的意义。他增长了学识，对时政有了比较深入的了解，而且，还锻炼了社会活动的能力。从此，他开始逐渐成熟起来了。而这一段时间所做的事情，正是刘秀在为机遇的到来而做的准备。

对于所有人而言，每一次机遇的来到，都是对自己的一次考验。它不只要求我们拥有丰富的知识层面和能量储备，还要求我们在抓住时机的刹那，亮出奋斗和进取的信念来。打开人类成功的记录，我们会发现。有些人由于会把握时机而"柳暗花明又一村"，最后享用着成功的果实；还有些人由于与机会擦肩而过，仍在"山穷水尽疑无路"，为错失良机而抱憾终生。因此，能把握时机也是一种天赋，它能在你的人生路上给你推波助澜，当你不懈努力地促成一次质的飞跃的关键时候，让你抓住成功路上的机遇。

一个人想要抓住机遇，想要取得某种成功，就一定要不断地学习，不断地努力，充实自己，让自己有足够的能力去抓住机遇，只有这样，机遇到来时，才能够借着机遇的东风，顺势而起。

现实生活中，机遇往往偏爱那些有能力、有才干的人。然而我们不得不承认，正是他们懂得为机遇做出准备，通过艰苦不懈地努力，才获得了这些能力和才干。

当今社会更是如此，有一位美国的年轻人，非常想成为电台音乐节目主持人，于是每天在大家嬉戏休闲的时候，他就躲在自己的小屋子里，对着自己唯一的听众——自己的影子，进行练习。后来他一次又一次的到电台，请求经理给自己一个机会，让自己成为主持人。经理不胜其烦，最终给了他一个打杂的工作，就在这个工作中，他偷偷的向主持人学习，透过控制室的玻璃观察主持人操作仪器，在工作之余和主持人进行交谈，领悟各种不同的主持风格。在累了一天后，回到家中，还要进行不断的练习。

终于有一天，一位主持人因为醉酒而无法将节目进行下去，恰在此时，经理打来电话，让他打电话找别的主持人接手主持。然而他并没有找别的主持人，而是抓住机遇，自己完成了接下来的主持，以自己独特的主持风格，凭借自己在平时的准备和积累，征服了听众和经理，最终他获得了主持人的工作。

这就是做好了准备的人成功地抓住机遇的故事。机遇是一种可遇不可求的稀缺资源，要得到它，必须付出相对应的代价和成本。如果机遇可以被每个人轻而易举地得到，那么这种机遇便显得没有多大价值了。一个人的一生中，能够抓住自己命运的机遇，只有五六次，并且绝大多数人，都会错过第一次，因为这次机遇来临时，大多数人还都没有

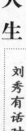

经验，不懂得机遇的重要性，更谈不上做好准备。成功人士也是如此，但是在此之后，他们就会开始为机遇做准备，并能够抓住剩下的几次机遇，改变自己的人生，走向成功。

我们现在处于一个竞争激烈的社会，与之对应的就是我们能遇到更多的机遇，在我们的工作学习中，有更多展示自己才华的机遇。这就要求我们通过各种学习，不断地充实自己，为之做好准备，在机遇来临时，才能够抓住机遇，实现自己的人生价值，获得成功。

抓住时机　趁时而起

机遇就好像成功路上的捷径，抓住了机遇，就能够更加轻松地获得成功。但是当机遇来敲门的时候，如果你没有反应，那么机遇就会转身去敲别人的门。机遇往往是偶然的，稍纵即逝，这就要我们在机遇来临的时候，能够迅速作出反应，抓住机遇，搭上机遇的顺风车，走向成功。

刘秀在太学游学并没有持续太久，政治风云的变化，影响到了太学的学习生活，于是在太学学习大概两年之后，刘秀从长安太学回到了家乡。这时，王莽政权还在推行他的托古改制政策，而实际上天下大乱的局面已经开始了。首先是北方边境出现了反政府的民变。公元15年，五原郡（今内蒙包头市西）、代郡（今河北蔚县一带）多次发生数千人的人民反抗斗争。公元17年，山东琅琊海曲（今山东日照市西）爆发了吕母领导的农民起义，吕母自称将军，队伍发展至万余人。同年，江南会稽郡（今江苏苏州市）又发生了瓜田仪起义。这些零星分散的人民起义，虽然先后被王莽政权镇压，但预示着大规模的全国性的农民大起义的风暴就要到来了。

当时，刘秀所在的荆州地区，由于连年遭受旱灾蝗灾，发生大饥荒，"寇盗蜂起"。人民无法生存，都纷纷铤而走险，夺取富豪粮食财物以自救；或跑入山野沼泽挖掘野菜和野荸荠之类的东西充饥。在今湖北省京山一带，就有很多饥民跑入野泽中挖掘野荸荠为食。在这些饥民中，新市（今湖北京山）人王匡、王凤，经常为大家调解纠纷、排忧解难，深受饥民爱戴，被推为领袖。公元17年（天凤四年），他们集合数百人实行武装屯聚举行起义。不久，南阳人马武、颍川人王常、成丹等又率领许多农民参加到这支队伍中来，起义队伍迅速扩大。他们攻打附近的乡聚，从地主官僚富豪家中夺取财物粮食、劫富济贫。由于起义部众增多，他们便驻营于新市北面偏西的绿（音路）林山（今湖北京山、随县、钟祥、宜城交界处的大洪山），并以此为根据地四处进行活动，因此历史上称他们为绿林军。开始，他们也只是为了谋求生存，武装屯聚，保卫自己，还没有推翻王莽政权的长远打算。但这小规模的农民起义，影响却很巨大，荆州各郡都受到了极大的震动，封建地主阶级与他们的官府都为之惶惶不安。各地在死亡线上挣扎的贫苦农民，则将这些起义看成自己的生存出路，从中受到莫大鼓舞，都准备聚众响应。有的则跋山涉水从各地投奔到起义队伍中来。

公元18年，即王莽政权的天凤五年，山东地区也爆发了农民起义。琅琊（今山东胶南县琅琊台西北）人樊崇在莒（音举）县（今山东莒县）率一百余人起义，贫苦农民纷纷响应，一年多时间，队伍扩展至数万人。随后，琅琊人逢安，东海（今山东郯城）人徐宣、谢禄、杨音等聚众数万人也归附樊崇。这支起义队伍，即历史上有名的赤眉军。他们以泰山为根据地，转战于黄河南北今泰安、莱芜、肥城、长清、平阴、

东阿等地。吕母死后，余下的队伍也加入了樊崇的起义军。

与此同时，北方各地的贫苦农民，在饥寒交迫无法生存的情况下也纷纷起义，在河北地区先后起义的农民武装就有大小数十部，共计人数达数百万人，其中人数较多、比较著名的有铜马、高湖、大彤、重连、大抢、尤来、青犊、檀乡等部。他们虽互不统属，分散活动，没有形成统一的力量，但在各地杀富济贫，镇压豪强，捕杀官吏的斗争中，都沉重地打击了王莽政权。

公元21年（地皇二年），荆州的最高长官荆州牧鉴于绿林军势力日益壮大，严重威胁其统治秩序，便调动两万官军进攻农民起义军，双方激战于云杜（今湖北沔阳境），义军大败官军，斩杀数千人，尽获其辎重，并乘胜攻占竞陵（今湖北京山境），转战云杜、安陆等地，队伍发展至五万人。荆州及其各郡县官府已无法镇压起义军，处于无可奈何的状态。

在这种人民起义日益高涨的形势下，整个社会就像一锅沸腾的开水一样，到处人心惶惶，动荡不安。一些不满王莽统治的知识分子，常常编造出一种政治预言性的所谓"图谶"，在社会上暗中传播，大造反莽舆论。那时南阳郡宛县（亦称宛城）人李通的父亲李守，平时喜欢研究天文历法和谶语。他虽然在王莽政权中任宗卿师，但内心也不满王莽的统治。这时见天下已乱，便私下对他的儿子李通说了如下谶语："刘氏复兴，李氏为辅。"意思是王莽政权不会长久了，被王莽推翻了的刘家王朝将要复兴，姓李的人会成为辅弼之臣。李家是宛县的富豪人家，在当地颇有声望与势力。李通的父亲所说的谶语，很可能不单给李通说过，还通过别的途径传播到了南阳社会中去了。所以这时南阳的首府宛城，流传着包括李守所说的这类各种各样的谶语传闻。

刘秀面对着这种急剧变化的局势，内心也十分激动。他深知现在已处于历史大转变的前夜，他所盼望的反莽复汉的时机已经来临了。但他表面上仍很镇静。因为他知道准备不足，过早起事，一旦暴露就会遭到王莽政权的毁灭性打击，所以他如过去一样，外表上仍装扮成一个唯利是图的地主乡绅兼商人，乘着水旱饥荒大做粮食生意，从家乡蔡阳购置粮食加上自家多余的粮食，请人运到宛城去出卖，从中获取利润。有时还帮他的叔父原春陵侯刘敞，为所欠官府的土地税二万六千斛和当藁钱若干万，到州郡官府中去申辩，似乎完全置身于当时人民反莽浪潮之外。而实际上，他不仅密切关注着形势的发展，而且积极地进行着反莽的隐蔽活动。这时期，他为了进行联络和掌握各方面确切情况，曾和另一密友来歙多次秘密往来于长安与南阳之间，并多次以卖谷为掩护到新野县他姐夫邓晨家进行活动。邓晨后来成为他组织起兵的重要领导人之一。

公元21年（王莽地皇二年）秋，荆州地区的绿林起义军声势日大，农民革命的风暴，从三郡交界的绿林山迅猛地向江夏（今湖北孝感、黄冈地区）、南郡（今湖北荆州地区）和南阳三郡深入发展，王莽政权深为惊惧。这时身居南阳首府宛城的李通，看到天下已经大乱，确实是改朝换代的时候了，他再次想起了父亲李守所说的"刘氏复兴，李氏为辅"的谶语，觉得其中似乎在暗示自己应乘运而出，干一番大事业，果能如此，则封侯拜相可指日而待，因此便想乘机起兵反莽。他心想，这样兴许真的可以官至卿相。这时他的堂弟李轶，似乎也看到了历史即将大变的契机，跑来找李通商议说："现在四方扰乱，新朝将亡，人们都怀念过去的汉朝天下，看来汉朝会重新复兴的。听说南阳地区的旧皇族中，要算刘缤、刘秀兄弟才能出众又深得人缘，我们是否可找他们商量夺取天下的大事呀？"李通听了，感到正合心意，便笑着说道："你的话算是说到我心坎上去了。"于是两人便准备去找刘秀会晤。

第三章
刘秀对你说机遇

刘秀这时并不在蔡阳春陵老家，因为他的大哥刘縯所养的一些门客、江湖人士，这时乘农民起义蜂起之机，也在频繁活动。他们在县内劫人掠货，干了不少违法案件，正在被官府严厉追辑查办。刘縯刘秀作为案犯的窝主，因涉嫌也在被追辑的犯人名单中，所以刘秀这时正被迫四处逃匿。开始，他逃到新野他姐夫邓晨家，后来又跑到宛城，以贩粮为掩护藏身于商贾之中。不过，李通几经查访，终于打听到了刘秀的具体下落。他便派李轶去请刘秀来自己家中相会，开始，刘秀不明底细，不敢贸然相许，后来，经李轶再三邀请，而且他也初步摸清了李通的本意，便以君子之交"来而不往非礼也"的传统礼貌，到李府去回访。

李通刘秀两人相见深谈后，大家都感到两人对政治形势与社会历史的看法十分投机，因而越谈情谊越浓，一直谈到深夜意犹未尽。两人竟成了一见如故的朋友。不过刘秀毕竟是博学多识胸有城府的人，他虽和李通"共语移日，握手极欢"，但却并没有马上将准备起兵反莽的计划完全向李通倾吐。在这个问题上，他始终采取引而不发的态度，只是用无数事实说明天下已乱、王莽必亡的时下局势，以激发李通下决心起来反对王莽政权。后来，李通将他父亲李守所说的谶语直接对刘秀说了，刘秀心中颇自暗喜，但表面上却表示谦逊，说他实在不敢当此大任。李通再三表示要忠心辅汉，刘秀才默认顺从。接着，刘秀又说："即使如学长所言，那令尊现在长安，将来又如何脱险呢？"李通说："这点请您放心，我早已有了安排。"于是他就将决定派人秘密请父亲潜回南阳的打算告诉了刘秀。刘秀与李通经多次秘密交谈，完全了解了李通的情况与决心，于是两人结成生死之交，共同商议起兵计划。

他们经过仔细研究，终于定下反莽起兵计划：决定利用九月立秋南阳材官（陆军）都试骑士之日，当郡县长官莅临视察时，组织敢死义士出其不意劫杀前队大夫（郡太守）甄阜和属正（郡都尉）梁丘赐，随即当众宣布起义，号召群众共同起兵反抗王莽的残暴统治。为了使起兵能互相声援并扩大影响，他们还策划在几处同时举事，约定李通在宛城发难，刘秀和李轶回刘秀家乡春陵举兵响应，另外邀约邓晨在新野也于同一时期起兵。同时，在起兵前夕，派李通堂弟李秀前往长安，将情况报告李通的父亲李守，劝他寻找机会脱身潜回。

他们商议的这一秘密起兵计划，由刘秀秘密传达给了邓晨。李通则负责宛城工作，并通知李轶共同行动。

但是，事多磨难。他们定谋后刚刚开始实行时，就遇到了挫折。一是李通在暗中联络同党购置兵器的时候，不幸被官方发觉，所以他们还没有等到约定起兵之日，官府就已派兵来追捕镇压了。李通因事先得到消息，单身逃脱，而李通的家人及兄弟亲族一门六十四人，全部被逮捕入狱，不久就全部被斩，而且当众焚尸于宛市。二是李通派去送信的李季，出发后不久，不幸在去长安的途中急病暴亡，李守没有得到家中的讯息而及时逃出长安，结果，当南阳官府将李通谋反的消息报告给长安王莽政权后，李守和家人也被株连处死。

刘秀这时还在宛城秘密活动。他得知李通全家遇难和举事失败的消息后，心中十分难过，但他并没有因此而动摇起兵的决心。公元22年（地皇三年）九月，他与李轶在极端危险的条件下，经过周密策划，秘密约集了若干起事骨干分子，购置配备了武器，于十月某日由他统一指挥分别化装成各行各业的人，分散从宛城或其他地方出发，经过新野向蔡阳地区集中。他们几经周折，终于在同年十一月来到了蔡阳县春陵乡附近的一个村庄汇合了。他们一行人在这里全部改变了装束，公开打出了反莽起义的红旗，组成正式的起义队伍。刘秀本人则穿上只有将军才穿的绛衣（红色宦服）、大冠（将军帽），走在队伍中间，率领起义军

气宇轩昂地向春陵乡进发。他们这支队伍，人数虽不多，却显得非常威武精悍。当时，刘秀刚28岁。

这时，刘秀的大哥刘縯，已在家乡会集了几千宗族青年、家丁、门客和联络的江湖义士公开起兵反莽。整个春陵乡以至蔡阳县内，都被闹得沸沸扬扬、不可终日，向来过惯了安定平静生活的淳朴老实的农民，见此情况都诚惶诚恐生怕灾难临头，许多人甚至逃避躲藏起来。那些老年人更是心急如焚，认为现在春陵乡带头造反，大家就要遭灭族屠村之祸了。他们认为这些都是那个好惹是生非的刘縯闹出来的，因此公开埋怨愤骂说："伯升，你这叛逆的人，现在是拿刀在杀我们呀！"可是，当这些惊魂未定的父老乡民看到刘秀这时也居然穿戴着红衣大冠并带领着一支造反队伍从外地回来时，都惊呆了，大家都觉得很诧异。他们觉得既费解，又十分新奇，都说："怪啦！原来一直是很谨慎又忠厚温和的刘秀，为什么现在也起来造反了？看来这世道真该改朝换代啦！"于是乡中父老的心情也逐渐稳定下来，不少敦厚的青年人，竟大胆地参加到反莽起事的队伍中来。

如果说刘秀在深思熟虑之后同意李通的起义计划，就已经担当了很大的风险，那么当血腥的大屠杀已实际发生之时，刘秀的处变不惊和从容不迫，则显示了他的胆魄。

刘秀的叔叔刘良听说小侄子也参加造反，十分痛心，责备刘秀道："你与伯升志向不同，今天家欲危亡，你却成了他的同谋！"但刘秀主意已定，他不加辩解，默默回到家中，饱餐了一顿。翌日清晨，刘秀到叔叔家告别，并幽默地问他准备什么时候去报告官军。刘良经过彻夜思考，态度已经转变："我是在诈你，你又何必再挖苦我呢？"他怀着复杂的心情参加了起义部队。

在极其不利的情况下，刘家兄弟指挥若定，力挽狂澜，完成了起义的各种准备。

义旗既举，刘缤部署宾客，自称柱天都部，组织起一支以宗室子弟为主的七八千人的队伍，史称舂陵兵，又称汉兵。舂陵的起义终于成功。

在对子弟兵进行初步的编队之后，刘缤令宗室成员刘嘉前往新市、平林兵驻地，向王匡、陈牧等将转述合兵的意图。大敌当前，两部农民军首领当即表示赞同，于是三支部队顺利地会合在一起。

这一联兵之举，显示了宗室武装与农民军的互补性。南阳宗室具有较高的文化素质和组织才能，熟悉政治风云的变幻，具备治国的能力，但宗室子弟纨绔者多，娴习军旅者寡。而农民军却有顽强的战斗力，意志比较坚决，其薄弱之处在于缺乏深远的战略眼光和用兵谋略。双方合作的基础在于民心思汉，南阳宗室故能应运而起。刘秀正是因为抓住了这个机遇，所以他最后走向了成功。

西班牙著名作家塞万提斯在自己的代表作《堂·吉诃德》里这样写道："有关着的门就有开着的门。"他说的"开着的门"就是机遇。

学会把握时机，是人生道路的一堂重要课程。机会之所以来之不易，就在于它转瞬即逝，不容易掌握。机会的价值，就是把握住它能够创造条件，走向成功。

机会的出现并没有规律可以查询。如果你善于抓住机会，机会就随处可见；如果你轻视机会，即使它找上门来，你的大门也是紧闭着的。

我国有名的学问家赵云喜先生对"机遇"有这么一番见解：生命的流程像一条线，机遇则是一个点，没有流程线，就没有机遇的点。换句话说，"机"是一条线的话，"遇"就是一个点。"机"不一定全部能够遇，如果想要"遇"上，就一定得有机。"机"是为了"遇"而打下的基础，而"遇"是付出"机"收获的果实。如果用具体事物来讲的话，在市场中投资的人们心中都有一个比喻，做生意就好比老鹰抓野兔

一般，市场中的机转瞬即逝。想要逮到灵活的野兔，老鹰必须飞的稳、看的准、下手狠。机遇就像那只野兔，它是活动的，绝不会静止在一个地方等待，机遇就是这样，它不会等待任何人。老鹰在空中高飞、盘旋，这些因素都是"机"，只有猛扑下来，抓到野兔的那一瞬间，才是"遇"。

"机不可失，时不再来。"这句话所有人都耳熟能详。可是许多人没有真正把握，等到机会从身边逃跑以后，才如梦初醒，恍然大悟，后悔莫及。

上帝是公平的，他把最珍贵的礼物给了每个人，那就是——机遇。只要你抓住了上帝赐予你成功的金钥匙，你就是成功者，你就是幸福者。如果你正确地面对它，积极地寻求它，并勇敢地握住它，那么，你就是一个非凡而富有的人。

平凡的人过于迷信命运，所以就随波逐流，最后被命运网住，动弹不得。能够最终获得成功的人却不然，他们相信机遇，更能抓住时机、把握时机，并以它作为自己的推动力，让自己走向成功。

关键时刻要能够展示自己

生活中总有许多人默默无闻地度过一生，有时候他们会感慨，这一生中为什么没有遇到一次能够改变命运的机会。其实机会对每一个人都是平等的，关键在机会面前，自己是不是能够主动站出来承担，能不能主动抓住机遇。

公元23年9月，王莽被各路起义军和长安居民击溃后不久，刘玄等人打算迁都到洛阳，到大城市去发展。

到大城市去发展，是大家起事的一个梦想，但大城市是个什么样，大家心里一点底儿也没有。大家本来出身于山野草泽，根本没有任何大城市生活经验，在王莽的逼迫下，大家只能拼命闯荡，才有了今天的成绩，将来会是个什么样子，谁都不知道。

经过反复考虑，刘玄等人觉得这活儿非刘秀莫属。因为只有刘秀在长安上过大学，有文化，还会打仗，也就是说，刘秀有城市生活经验。

于是，他们派刘秀以代理"司隶校尉"的身份，打前站，先去洛阳整修办公场所，做好前期准备。

这应该说是刘秀韬晦之计的重大成功。

这说明刘玄等人对刘秀有了一定程度的信任，因为迁都不是小事，做前期准备显然是个重要工作，"司隶校尉"也是个十分重要的职务；同时，他们对刘秀又不完全放心，正是因为这个职务重要，才不能让刘秀干长，先让他代理一阵子。

既要他干活，又要能够卡住他，这是刘玄一伙儿的既定方针。

"司隶校尉"是前汉武帝晚年时开始设置的监察官，秩禄二千石，负责监察中央各级干部及京畿七郡的地方干部，纠察缉捕各类重大案件，后来还兼有类似刺史一样掌管京畿地方政务的职责，职权重要而庞大。

所谓"行""司隶校尉"，即代理此职。"行"是前汉时期任用干部的一种方法，就是说某个职位出缺未补，一时没有合适人选，暂时由某个干部代理行使职权，也是一种临时措施。

更始王朝为了标榜自己继承西汉政权的统续，不仅有的官职沿用前汉官名，而且干部任用方法也是仿照前汉进行的。

不管怎么说，刘玄等人把这份重要的职权交给刘秀，说明毕竟对刘秀已经有了一定程度的信任。但刘玄等人的这种信任又是有保留的。

第三章
刘秀对你说机遇

115

其一，刘秀看起来对更始政权是忠诚的，加之刘赐、曹竟等人的庇护，现在正是用人的时候，而且刘秀也是个人才。

其二，在乱世之中，为一个政权收拾一个地方作都城，并不像攻城拔寨，只要把一个地方打烂就行了，而是要文以能治，武以能安。而在更始的干部队伍中，文武兼备的人才确实不多，像刘秀这样能云中射雕、席间挥毫的，更是打着灯笼难找。

其三，这是个实实在在的重活儿、脏活儿、累活儿，或者说是个吃力不讨好的差事，干得再好都是应该的，稍有差池就有可能被问罪。既然这活儿一般的干部干不了，也不愿干，按惯例，就是刘秀的了。

其四，在刘玄等人看来，刘秀虽然很优秀，现在也不过是可放可收的掌中之物，暂时没有什么太大的危害和威胁，让他多干点儿活也没有什么大不了的。

其实，刘秀对刘玄等人的心思心知肚明，只是没有必要、也不能把话挑明罢了。

如果把话说白了，刘秀根本没有打算得到更始王朝的绝对信任，因为刘秀根本没有打算陪更始王朝玩到底，他需要的只是更始王朝手里"光复汉室"的旗帜。真正的机会并不要太多，刘秀只要一次就够了！

刘秀接到通知，立即打点行装，召集部属，来到洛阳。

收拾整理一个城市，对刘秀来说只能算小菜一碟。但要把这个城市作为都城，刘秀也要认真对待。刘秀迅速开展工作，他首先按照前汉司隶校尉的规格配备了自己的官署和幕僚，又迅速向各有关方面发文件安排工作，认真整顿吏治和讼狱。从工作秩序的建立，到官吏的衣着装束，他完全按照汉朝的旧制来搞。很快，刘秀把洛阳打理得井井有条。

当刘秀打扫好场子，迎接更始将士进城的时候，很多洛阳及附近的老百姓跑到大街上看热闹。

大家都想知道，更始将士勇不可挡，战昆阳，下宛城，攻长安，还把王莽给切片儿，特别是跟随更始朝廷来的这一拨儿，到底是人中龙凤，还是天兵天将？

我的天啊！

当更始王朝的高级干部率领将士走到跟前的时候，大家都惊呆了：只见更始官兵仪仗杂乱无章，个个穿着五颜六色的女人衣服，头上胡乱裹着破布，简直就像刚刚打了败仗，或者抢了东西回来一样。

有一些见多识广的人见更始将士服饰仪态如此不堪，认为很不吉利，恐怕有灾祸发生，像发现瘟疫一样，干脆跑向别的地方躲开了。不少有见识的人认为，只有狼奔豕突、惊慌失措的人才能至此！

而等到刘秀司隶校尉府的干部职工走过来的时候，只见他们个个服饰整洁端庄，仪态自信威严。大家非常高兴，肃然起敬。特别是一些旧日的老官吏，激动地流着眼泪说："想不到今天还能看到汉朝官员的威仪！"

于是，很多人都对刘秀产生了敬佩、向往之情，而一些有远见的人，则把光复汉室的希望寄托在他的身上，悄悄地倾向于他。刘秀在关键的时刻抓住了机会，展示了自己的实力，得到了人们的认可。

"没有金钢钻，不揽瓷器活"。如果不能给自己的实力下定论，也不能预计势态的发展，行动起来就会具有盲目性。

在一些紧急关头，在工作或者生活上都会碰到令人头疼的问题，假设这时候，周围的所有同事都没有办法应对，你却从容不迫地解决了许多疑难问题，这样，不仅同事会对你刮目相看，你的上级更是会将你委以重任。

我们经常会听到有人举出，类似"关键时刻掉链子"的例子来抱怨，这样的员工是不会讨领导的欢心的。因为他们经常会把事情给办砸。

诸葛亮手下有一员大将叫马谡，他屡战屡胜，算得上是智勇双全的，但是却犯下了大意失街亭的错误。当时司马懿派兵攻打街亭这个军事重镇，给蜀国诸将提供了一个展示自己的良机，马谡也抓住这个很好的机会，主动请求镇守街亭。诸葛亮深知，街亭有非常重要的军事意义，提醒他："街亭虽小，干系甚重；倘街亭有失，吾大军休矣。汝虽深通谋略，奈此地无城郭，又无险阻，守之极难。"马谡一心立功，立下了生死状，但他却作战失败。致使街亭失守，诸葛亮出岐山的军事活动被打乱，马谡不但没能成功，还把自己的性命搭上了，真可谓"赔了夫人又折兵"。而同行的赵云、邓芝等将士却战绩不俗，不但没有损兵折将，还使得军资得以保全，让诸葛亮深感欣慰。诸葛亮亲自率领众人迎接，在得见赵云后说："是吾不识贤愚，以致如此！各处兵将败损，惟子龙不折一人一骑，何也？"邓芝答道："某引兵先行，子龙独自断后，斩将立功，敌人惊怕，因此军资什物，不曾遗弃。"孔明对他们赞不绝口，说："真将军也！"于是，赏给赵云五十金，还将一万匹布赏给赵云的部下。赵云不肯接受，诸葛亮对他的人品更是赞许不已，说道："先帝在日，常称子龙之德，今果如此！"

在相同的时机、相同的机会面前，马谡做事失败了，赵云与邓芝却获得了成功，一个让诸葛亮心生失望，其他人却获得了诸葛亮的佩服和重用，因此，关键时候如果能把握时机，展现自己，就能总结很多成功的经验。

关键时候的困难给人带来的考验是巨大的，因此需要付出的决心和勇气也是巨大的。有的员工有才干，但是畏惧难题，于是采取明哲保身的态度观望着，所以，在关键时候不能挺身而出，别人自然不会发现他的才能。毛遂在这方面，给这些人好好地上了一课。毛遂推荐自己，跟着平原君去楚国谈判军事政治上合作的要事，平原君和楚王商量了许久，都没讨论出结果，楚王内心有不少顾虑，不能做出决定。眼看着这场谈判就要无疾而终，随行的其他19人都全部推荐毛遂抓住时机，这可以说是他的一个机会。毛遂下定决心，按住剑顺着台阶走上，对平原君说："从之利害，两言而决耳。今日出而言从，日中不决，何也？"楚王询问仆人后，得知毛遂是平原君的家臣，不禁大怒道，说："胡不下！吾乃与而君言，汝何为者也？"毛遂被人出言侮辱，但临危不乱，提着宝剑接近楚王，凭借舌灿莲花之才，最终说服了楚王，平原君出使楚国这一大事终于大获成功。这一次与楚国的谈判，让平原君发现了毛遂的厉害，感叹道："毛先生一至楚，而使赵重于九鼎大吕。毛先生以三寸之舌，强于百万之师"，后来，他将毛遂奉为上宾。毛遂不仅有才干，而且他在这次事件中也表现出了过人的胆识，可以说是凭借自身的能力才受人赏识。

如果空有智慧、没有勇气，或者只是勇武、没有智慧，都会失败。著名思想家培根先生曾有一句名言可以于此相印证："如果问：在政治中最重要的才能是什么？那么回答是：第一，大胆；第二，大胆；第三，还是大胆。"所以，是什么能够在危机时刻让人获得上级的青睐？答案有三，但都如出一辙：第一，勇气；第二，勇气；第三，还是勇气。

可是，空有一腔热情和热血还远远不够。想在关键时刻脱颖而出，还应该了解自己和对手，这样才能百战百胜。虽然马谡勇气过人，守卫街亭不在话下，但他刚愎自用，没有摸清敌我双方的实力，也没有仔细考察地形，同时不听下属的劝告，纸上谈兵，所以一上战场就被打得落花流水。

如果能够了解自己、了解对手，做到胸有成竹的话，就能做到知己者明，知彼者智。假设你经过周全的分析，认为自己完全可以掌握时机、解决问题，就要自信地自我推荐，好好表现，获得上级的信任。如果自己经过分析之后，认为自己没有把握，就别去做打肿脸充胖子，吃力不讨好的事。假设领导安排给你的任务不能完成，也要对他讲清楚自己的短处，要知道，推辞一件做不到的事情，付出的代价比硬着头皮去做要小得多，有时也要把机会让给更有能力的人。

　　假若能终得到上级的信任、委以重任的话，一是要善于把握一些关键时机，二是要懂得创造条件。善于把工作中的普通机遇变成关键机遇。关键时刻主要有以下几种：

　　首先，对领导委派下达较大难度、较大影响的任务，能够圆满完成，领导会对下属的工作非常满意。这时候，下属应该全力以赴，把领导布置的任务按时完成，决不能按兵不动。

　　其次，当其他员工都在忙着手头上的事情，其他的任务显得人手不足的时候，就要主动分担其他任务，并把这些本不属于自己的任务按时按质地完成。这时领导就会发现你的付出，暗自留心于你。

　　再次，如果遇上了意料之外的突发任务，当上级和周围同事都束手无策的时候，要沉着、冷静地想办法解决问题，使自己脱颖而出。还有，如果一位新领导刚刚调动到你的工作单位，这种关键时刻也是展示自己的重要时机。

　　最后，当领导遇到困难时，你如果在这个时候伸出援手—解他的燃眉之急的话，一定会被赏识。俗话说的好，"雪中送炭千金难买，锦上添花一文不值"。

　　一个人能力的体现有时就在于他对关键时机的把握上。有的同事，平日里并没有什么过人之处，但他能够把自己的才干在被领导关注的场合下完美地展现出来，使得领导对他称赞有加，这些人无疑是聪明的。

只要你智勇双全，又善于在关键时刻表现自己，你就能够很容易地抓住机遇，成就自己。

专注形势　争取机遇

一个人在等待机遇的过程中，一定要紧密关注形势的变化，机遇往往是偶然的，稍纵即逝。因此，要抓住机遇，就必须有一个精明的头脑，关键时刻善于动脑筋，遇事详细地进行研究，细心地进行观察，敏锐地捕捉机会。在机遇露出苗头的时候，就要尽自己一切能力去拼搏，为自己的成功争取到最佳机遇。

刘秀以代理司隶校尉奉命率部到洛阳后，按汉朝旧制，加紧修治官府，整顿城防治安，一月之后，就取得了很明显的成绩。公元23年10月，以刘玄为首的更始政权迁都洛阳。

这时，全国人民痛恨的王莽新朝已被推翻，农民革命的主要对象已不复存在。全国的政治形势也随之出现了根本性的变化：原来在各地起兵反莽的地方长吏、地主豪强，都在这个时候相继称王，甚至称帝，准备逐鹿中原争夺天下，都想乘机盗取农民起义的胜利果实。而各地的起义军这时已失去主要革命目标，又不可能将斗争推进到一个更新的阶段，由于农民阶级既是劳动者又是小私有者，劳动者的本质决定了他们要反抗封建地主阶级的剥削压迫，要进行革命；而小生产者小私有者的身份，又决定了他们不是先进生产方式的代表，不可能提出建立比封建

刘秀对你说机遇

社会更高级的社会形态的革命纲领，因此，当他们起来推翻了暴虐的封建王朝之后，他们不可能建立起一个超越封建制度的新的革命政权和新的社会制度。他们虽然有巨大的历史功绩：推翻了旧的反动统治，改造了部分旧的生产关系，但他们的前途，不是被地主阶级政权用暴力镇压或用政治手段瓦解招降，就是在其首领的逐步蜕变或混入起义队伍的地主分子窃取了领导权之后，被利用来作为改朝换代的工具，重新建立一个封建王朝。这对广大的农民起义军来说，是历史的悲剧，也是必然的归宿。王莽被推翻后的各地农民起义军，正是处在这种转折性的十字路口上。

当时在全国影响最大、人数最多的绿林起义军，就是上述情况的典型写照。他们所建立的更始政权，其首脑更始帝刘玄，本身就是一个地主分子，原来作为旧皇族他还有反抗王莽、支持农民革命的一面。这时王莽已被推翻，他就只想凭借和利用农民起义的力量建立新的封建王朝，以使自己身居九五之尊，拥有三宫六院、嫔妃宫女数千，每日珍馐百味，穷奢极侈，尽情享受皇帝的淫乐生活。在他的更始政权中，本来就混入了不少想从农民起义中渔利的地主分子，这时加入的地主人士更多，他们聚积在刘玄的周围，为他出谋划策，施加各种影响。这些人为刘玄所重用，并相继被封为侯、王。他们与刘玄便形成为一个最高封建统治核心。那些在更始政权中担任高级领导职务的原绿林军将领，如王匡、王凤、朱鲔、张印、王常、廖湛等人，这时也满足和陶醉于已取得的胜利，大都只想巩固并扩大所掌握的权力，占有更多的财富与地盘，有的甚至放纵部属掳掠。所以到这时刘玄和他的更始政权实际上已经逐渐蜕变为封建政权。

刘玄迁都洛阳后，便任旧皇族刘赐为丞相。不久，申屠建、李松从长安派人送来皇帝御用的车马乘舆服饰，迎请他去原西汉首都长安。

公元24年（更始二年）2月，刘玄再次迁都于长安。他听从李松与棘阳地主人士赵萌的建议，遍封宗室与功臣为诸侯王。先是封宗室刘赐、刘祉、刘庆、刘歙、刘嘉、刘信等人为王，接着又封王匡、王凤、朱鲔、张印、王常、廖湛、申屠建、胡殷、李通、李轶、成丹、陈牧等元老宿将为王。刘秀因绿林军老将对他仍心怀戒备而没有被封为诸侯王。朱鲔则以刘邦曾颁令"非刘氏不王"为由，不受王爵，而被改任大司马。接着，刘玄命李轶、李通、王常镇抚关东（丞谷关以东），任李松为丞相、赵萌为右司马共秉内政。

刘玄本来就昏庸暗弱，除了知道要尽力保住自己现有的皇帝位置外，对于治国治军、选贤用人一无所能。这时赵萌献出自己的女儿给他做夫人，他就日夜和妇女饮宴后庭，沉湎酒色，朝中的大小政事都交给赵萌处理。群臣想向他奏事，他都以酒醉拒绝，实在不得已时，就派一个内侍坐在布幕后和奏事人交谈，那些老将一听不是刘玄的声音，心中十分不满，出宫就恼怒道："天下成败尚未可知，就如此放纵，怎么得了！"刘玄既已荒淫，赵萌就乘机专权，威福自行。朝中郎吏向刘玄反映赵萌专权放纵的情况，刘玄不仅不采取措施，相反大怒，拔剑击斩郎吏。此后，谁也不敢说赵萌的事。朝内腐败昏暗，在外的王侯将领则各专制一方，自行其是，任意发号施令、任命官吏。《后汉书·刘玄传》说，"时李轶、朱鲔擅命山东（太行山以东），王匡、张印横暴三辅（首都长安与周围数郡）。"所以，这时更始政权表面上占有关中、河南、山东、南阳、江淮广大地区，拥兵数十万，很多拥兵割据的地方政府长官也用汉年号，承认其中央领导地位，但实际上它只是一个蜕变了的毫无前途和生命力的政治军事联合体。

刘玄所领导的更始政权，昏庸暗弱，只知投机渔利，荒淫享乐，是绝对没有前途的。这一点，刘秀在来都城洛阳之前，早已看得很

清楚。刘玄迁都洛阳后，刘秀也知道，尽管刘玄对他已逐渐信任，但是，如果继续在这里呆下去，是根本不可能实现自己复兴汉室成就大业的宏愿的，而且由于绿林军将领王匡、朱鲔等人始终没有解除对自己的猜忌与仇视，还有可能惨遭不测之祸。所以他在代行司隶校尉时，表面上忠诚效力，政绩卓著，而实际上时常在窥伺时机，争取机会能够调任外职，独当一面。其真正的目的，一则脱离刘玄、王匡等人控制，逃出樊笼虎口，二则可得以独立发展，壮大个人势力，进而逐鹿中原，成就帝业，实现其宏伟抱负。

皇天不负苦心人，刘秀终于等到了这样的机会。

公元23年10月，刘玄为了扩大自己的领导地盘，想派一个亲信大将渡河北上，到河北地区去争取各郡县长官归附更始政权。刘玄考虑再三拿不定主意，他把这个问题同代理大司徒的刘赐商量。刘赐是刘秀族兄，便极力推荐刘秀，说刘家子弟中只有刘秀才能出众，才可当此大任。刘玄又将这事同亲信大将大司马朱鲔商量。朱鲔曾力劝刘玄杀害刘縯，他怕刘秀记恨，将来报仇，对刘秀始终存在戒心，不愿让他脱离朝廷控制独立发展实力，所以对此事极力反对。其他老将也多不赞成。刘玄为此狐疑，举棋不定。这时很可能是刘赐将消息私下告诉了刘秀，刘秀获悉后，认为这是难得的机会，一定要抓住这次机会。他得知左丞相曹竟和他的儿子尚书曹诩父子在朝内颇有实权，且受刘玄信任，便带着重礼亲自登门拜访，拜托他们父子为之保荐。结果，刘玄在刘赐与曹竟父子一再劝说下，终于任命刘秀以代大司马身分北上经略河北。

公元23年10月，刘秀接到任命后，立即以破虏将军行大司马事的官衔，拿着刘玄给的节杖，带着冯异、铫期、王霸、朱佑等少数精干随从人员，离开洛阳向北进发。他们很快就渡过波涛汹涌的黄河，进入了河北地区，开始"镇慰州郡"，声言要使河北各郡县迅速归服中央。实际上，刘秀欣然匆匆出行，并非为收服河北，让他感到高兴的是，从此摆脱了刘玄和绿林军的控制监视，如龙归大海、鸟出樊笼，今后就可"海阔凭鱼跃，天高任鸟飞"了。此后，他就开始了独树一帜、发展个人势力、争夺天下的新阶段。

河北地区，战略意义极为重要。因为南方还是蛮荒之地，西北过于偏远，中原既是粮仓也是政治中心，势力版图改变起来不容易。而河北地区也是粮仓，民风剽悍，还是很好的兵源地，更重要的是从地理上和军事上看，谁据有它，就可以居高临下地窥视、控制中原和东部地区。

目前，河北地区形势极为复杂，有三种类型的力量在那儿搅和：一是以铜马、大彤、尤来等为代表的农民起义武装本来打王莽打得红了眼，现在没了要打的目标，又不知道下一步谁能当大哥，就转身割地自保。他们浑身是劲儿没处使，心里总想着打仗。二是原王莽政权的一些地方官吏也不知道何去何从，有的逃之夭夭，有的想方设法重新联络靠山，有的则坐等观望，但是，他们在发展生产、安排民生上很无能，只知鱼肉百姓、破坏治安。三是本地或外地赶来的刘氏宗室利用人心思汉的社会心态，与各种力量结盟，打算称王称帝。这些人鱼龙混杂，但很有号召力。

公元23年10月，由于刘秀韬晦之计的成功，刘赐的苦荐和曹竟、曹诩父子力挺，加上出差到河北确实是个苦活儿、粗活儿，再有刘玄、王匡、朱鲔等人的政治眼光又实在太浅；更始王朝委派刘秀以破虏将军、代理大司马的身份到河北出差，工作目标是收复、安抚和管理那儿等原因，使刘秀终于如愿以偿。

这是更始王朝最重要、最具历史影响的一次干部任命，它终于把最鲜艳的"复兴汉室"的旗帜交给了刘秀。

第三章 刘秀对你说机遇

交给刘秀与交给别人是不一样的。任何物件都是这样，在不同的人手里发挥的作用也是不同的。从此，刘秀像浅水的蛟龙入了大海，像洞中的老虎出了深山。

这样，更始王朝在处理自己生死攸关的两个问题上，先是漫不经心地惹恼樊崇和赤眉军，现在又把战略要地河北交给刘秀，终于成就了自己的对手，铸成不可挽回的错误，也充分暴露了自己的无能和目光短浅。

刘秀可谓对自己人生中每一次机遇都牢牢地把握住了。在经略河北这件事上，刘秀敏锐地观察到了这次机遇的重要性，并且积极地争取，通过各种手段，将这次机会拿到了自己手中，从此，蛟龙入海，刘秀终于有了施展自己能力的空间，这也为刘秀后来成就霸业奠定了基础。

对于机遇的发现，需要敏锐的观察。英国细菌学家亚历山大·费莱明，自小就喜欢观察身边的事物，并且喜欢对事情刨根问底，一次他去医院，对医生问了许多的问题，医生看他聪明好学，便愉快地回答了他所有的问题，并且最后对他说："孩子，人们没有详细研究过的病症还有很多呢！"这句话给费莱明留下了深刻印象，他暗下决心，等长大了以后要当医学家，对那些没有研究过的病症进行专门的研究，解除人们的病痛。

费莱明后来攻读医学，并在大学毕业后进入圣玛丽医院从事疫苗的研究工作。20世纪40年代以前，人类还不能控制细菌的感染，并因此造成了大量的病人死亡。比如当时若某人患了肺结核，那么就意味此人被判了死刑。为了改变这种局面，科研人员进行了长期探索，佛莱明就是其中的一员。

1928年的一个夏天，因为工作困扰而选择去度假休闲一下的弗莱明回到了家中，一回到家中，他马上就投入到科研工作中。他惊讶地发现，三周前离家时被自己遗忘的一个细菌培养在皿中，长出了一团绿色的霉菌，更加令人惊讶的是，在显微镜下观察时，培养在皿中的细菌居然全死了。弗莱明对这个现象进行了深入的研究，终于发明了青霉素，拯救了无数的细菌感染者，造福了人类。

机遇经常在我们不注意的时候悄悄溜走。这就要我们在平时的日常生活中细心观察，留意每一点机遇来临时的迹象。弗莱明就是细心观察，最终才抓住了机遇，发明了青霉素。

对机遇的把握，除了详细地研究，细心地观察，敏锐地捕捉机遇外，还要有勇气和决心敢于冒风险，在实践中去抓住机遇。

意大利航海家哥伦布，在一个偶然的机会，看到了一本《东方见闻录》，从小就对航海有浓厚兴趣的他，开始梦想到东方寻找财富。后来，他带着87名水手，乘着三艘帆船，向着自己梦想的地方前进了。他们在茫茫的大西洋海面上度过了70多个日夜，期间经历了狂风巨浪，历尽艰难险阻，终于发现了新大陆。在哥伦布之前，也有人读到过那本书，在那个航海的年代，也有许多航海技术比哥伦布的要好得多，但是，发现新大陆的却是哥伦布而不是别的人，因为他勇敢地承受了风险，睿智地抓住了时代的机遇。事实也证明了机遇不是那么容易被抓住的，并不是所有人见到苹果从树上掉下来就都能得出万有引力的。

我们当代人生活在一个充满机遇的世界里，只要我们平时注意仔细观察，并且抱着敢为天下先的勇气去大胆尝试，就一定能抓住机遇，取得成功。

第四章

刘秀对你说 谋略

　　谋略源于战争和政治斗争，是中华民族一个古老而永恒的话题。谋者，是要针对眼前问题，进行分析，以得出对策及其解决方案。略者，则是要针对长远问题，进行全局性的分析，以提出对策和方案。可见谋略之事，一直贯穿发展的始终。

依据现实制定谋略

古语有云"不谋万世者，不足谋一时，不谋全局者，不足谋一域。"可见谋略对于事情成败有着举足轻重的作用。谋略的概念最早起源于军事方面，但是随着时间的推移及时代的发展和进步，谋略已经被引用到各个领域，并且在各个领域都具有极其重要的意义。这就要求我们在现实生活中，要依据现实情况，制定相应的、正确的谋略。

在刘秀争霸天下的过程中，刘秀的中心战略是远交近攻。刘秀对威胁较大的近敌，集中全力加以歼灭，对相距较远的割据者，则通使往还，使众敌彼此掣肘，互相消耗，从而加速了统一战争的步伐。

对汉军内的反叛事件，刘秀极为重视，决不假以时日。庞萌反于桃城，邓奉反于南阳，刘秀都抽调重兵，会集众将，亲自率领，前往镇压。这样做尽管暂时会影响其它战场的得失利钝，但从全局看，可使叛者覆灭，也可戒他人效尤，避免叛乱连锁扩大，并将更多麻烦消弭于萌牙之中，收到以战去战的效果。

止戈为武也是刘秀的战略思想。全国初步统一，刘秀以安定社会，恢复经济为本，力戒好大喜功，穷兵黩武，古来史家多赞之曰："止戈为武"。

建武十三年，"帝在兵间久，厌武事"，故扫陇平蜀后，"非儆急，未尝复言军旅，皇太子尝问攻战之事"，刘秀不答。西域闻中国统一，十余国尽遣侍子，派使者告以匈奴侵苦之状，愿请汉师，刘秀以天下新定，"欲偃干戈，修文德"，遂却还侍子，不肯受虚名而竟启战端。卢芳亡入匈奴，时引之寇边，十六年，芳穷窘请降，刘秀一反常例，"立芳为代王……赐缯二万匹，因使和集匈奴"，采取睦邻政策。二十七年，"匈奴饥疲，自相纷争"，臧宫、马武等大将建议乘机出击，预言："北虏之灭，不过数年"，恳求刘秀勿因"守文德而堕武事"。史家评述当时的形势也说："至于山西既定，威临天下，戎羯丧其精胆，群帅贾其余壮，斯诚雄心尚武之几，先志戢兵之日"。当时，一旦开战，就会把东汉统一战争演变为对少数民族的战争。刘秀力排众将黩武之议，坚持不肯兴兵。他答诏曰："舍近谋远者，劳而无功；舍远谋近者，逸而有终，……今国无善政，灾害不息，百姓惊惶，人不自保，而复欲远事边外乎？"自是之后，诸将莫敢轻言边事，守边之将也以保塞为要，人民息肩，国赖以宁。

刘秀用兵素以出奇制胜著称。"昆阳之役，驱乌合之众，扫滔天之敌"，率援兵数千驰击莽军中坚，破敌四十三万。是后，在统一战争过程中，刘秀"跋涉霜雪，躬当矢石"，积累了丰富的实战经验，军事指导艺术日臻成熟，从战术思想上看，计有六"奇"，六"奇"充分体现出刘秀是真正的战略家、谋略家。

一曰以攻为守。河北"四面受敌"，防守必兵分势绌，刘秀乃四出进攻，但又非平均用力。北面对彭宠隔而不围，因为"渔阳以东，本备边塞，地接外虏，贡税微薄"，得之则与匈奴接界，反速兵患，故仅派祭遵率偏师留屯良乡，虚张声势，隔断他与中原的联系，使其顾忌，无所作为；南面对淮南王李宪围而不打，四年秋"遣杨武将军马成等击宪，围舒"，首尾三年，候其大困乃在六年正月拔之；西面派邓禹率师二万人关，抚而不争；乘绿林赤眉交攻，安集怀来，得众百万；东面对梁王刘永竭力猛攻，全歼乃止。

二曰以少击众。汉军四面出师，每一战场均以相对劣势兵力监敌，幸群雄彼此独立，不相统属，兵势难合，而汉军组织严密，调动自如，各支部队相互调剂，稍补兵力之不足。群雄政权内部亦门户林立，私心自用，各派系间排陷、倾轧、坐视不救，汉军则能集中全力攻敌一路，力争主动，各个击破。刘秀还利用敌人内部矛盾，使其自相残杀。如，攻齐，令张步、苏茂相斩者免其死；攻洛阳，行反间计，使朱鲔杀李轶，敌众乖离，相互猜防，已则乘之，以少胜众。

三曰以长击短。战王郎将儿宏时，刘秀麾下有上谷渔阳突骑数千，是"天下精兵"，乃预嘱其设伏，己则率大众接战，战酣，使"汉军退却"，引敌入伏，骑将景丹率伏兵起，"纵突骑击，大破之，追奔十余里，死伤者纵横"，一战而获全胜。伐蜀一役，公孙述分兵依蜀，李宪自立为淮南王，秦丰自号楚黎王，张步起琅琊，董宪起东海，延岑起汉中，田戎起夷陵，并置将帅，侵略郡县。后又有赤眉入主关中，卢芳北连匈奴，彭宠称兵渔阳。强邻环逼，己力尚弱，欲一举夷灭如此众多的割据势力，殊非易事。故此，刘秀审度形势，用兵"深得前后攻伐之宜。

东击梁王刘永时，刘秀对刘永之东的齐地张步暂示笼络。建武二年十一月，使太中大夫伏隆持节安辑青、徐二州，"拜步为东莱太守"。俟四年已攻灭刘永，并破其支党苏茂、佼强、周健、董宪等辈之后，建武五年方使耿弇兵锋东指，移师伐齐。

关中西接陇右隗嚣，南塞巴蜀公孙述，北连羌胡、卢芳，是兵家必争之地。时"光武方事山东，未遑西伐"，暂未能以全力相争，虽先后遣邓禹、冯异以偏师镇抚，但三面受敌，势不能支。为了确保关中，屏障洛阳，刘秀乃联络西州大将军隗嚣，使节往来，以手书相闻问，赞以文王三分，许以计功割地。隗嚣遂奉正朔，"称建武年号"，遣子入侍，助汉军击定叛将冯情，破走赤眉之众，并北御卢芳勾引的羌胡，南拒公孙述，连破之，使"蜀兵不复北出。"汉将冯异方可因利趁便，得"以数千百人踯躅三辅"，稳定了关中形势。刘秀乃能"释关陇之忧，专精东伐，四分天下有其三"，略具统一之形。

"建武六年，河北初定，江淮初平，关中初靖"，齐、梁、楚、淮南、渔阳之属相继翦灭。"时山东略定，帝谋西收嚣兵"，由关中进取陇右，取消隗嚣割据一方的半独立地位。刘秀"闻河西完富，地接陇蜀"，当隗嚣之后，"欲招之以逼嚣"，乃授河西五郡大将军窦融为凉州牧，并"赐融以外属图及太史公五宗、外戚世家魏其侯列传"，与之攀前代的亲缘关系。窦融感悦，遂移书责让隗嚣，声讨其罪，刺杀其说客张玄。八年夏，刘秀"西征"，窦融率五郡太守及羌、小月氏等步骑数万、辎重五千辆东进，前后夹击，会师于高平，"遂共进军，嚣众大溃"，因定陇右。

以战去战是刘秀的又一正确战略。在统一战争进程中，刘秀深谋远虑，不仅企求扩张势力于当时，而且欲达长治久安于后世。为此目的，往往采取频繁而果断的军事行动，务求迅速解决问题，彻底根绝祸源。

时大乱方炽，地方糜烂，豪杰大姓、名族、奸猾都聚众壁堡。以关中为例，王莽之败，豪杰"皆杀其牧守，自称将军"，相沿不改。至赤眉军入据长安，"诸有部曲者，皆坚壁清野，赤眉掳掠少所得"，及刘秀遣汉军收关中，"豪杰往往屯聚，多者万人，少者数千，转相攻击"。由于郡县大姓各拥兵众，导致关中局势长期难以稳固。关东地区亦然，刘秀在一封信中提及，"今关东寇贼，往往屯聚，志务广远，多所不暇"。足见全国都是堡垒林立。

这些人妄称名号，影响政令推行；多聚兵甲，危及地方治安；纠民囤粮，削夺政府财源。他们是影响统一大局和政治安定的最危险因素，是潜在的反叛军事力量。刘玄、刘盆子虽两度粗成统一之势，终因不能

妥善处置，而致猝败。

刘秀深悉其害，遣将时都反复告诫，"征伐非在远战掠地，多得城邑，要在平定安集之耳！"决不能满足于地方大姓的表面归顺，而要消除他们据以反叛的实力。冯异接取邓禹守关中，"营堡降者甚众"，他遵照刘秀的指示，"诛击豪杰不从令者，褒赏降附有功劳者，悉遣其渠帅诣京师，散其众归本业"。即使因此而召致地方大姓不满，激成复叛，也务必做到"坏其营壁，无使复聚"。征之史籍，刘秀大将的本传中，无一不充斥着毁寨、攻岩、削壁、平堡的记载。彻底消除大姓、豪强的叛乱割据的物质基础。所以，得一郡则定险处处设营防守，长在先得地利，以逸待劳，弊在各部之间声问不通，调动不灵。汉军则"发桂阳、零陵、长沙委输棹卒，凡六万余人，"以舟师载马步军，其长在于既能休养士兵体力，又能灵活机动。因"分兵浮江"，溯流而进，绕至敌后，出其不意，攻其不备，连破荆门、平曲、江州、武阳，直抵广都，距蜀都成都仅数十里。"蜀地震骇"，"势若风雨，所至皆奔散"。公孙述闻败失色，以杖击地，惊呼："何其神也！"是役，敌险无用，己长能充分发挥，效果明显。

四曰以锐击疲。军旅相接，利在锐气。刘秀深悉一鼓作气之理，大战之先，必挫其锐气，然后乘疲疾击，一鼓而下。建武五年六月，敌合兵三万急围桃城，刘秀亲率轻骑三千，步卒数万，星夜驰援，距诚六十里坚壁不出。"诸将请战，贼亦勒兵挑战，帝不听，乃休士养锐，以挫其锋"。敌求战不得，转而"悉兵攻城"，然"城中闻车驾至，众心益固"，敌撑持"二十余日，众疲困而不能下"城，刘秀乘机以盛锐之师击已疲之敌，"大破之"。八年，攻隗嚣，刘秀先派来歙率精兵二千，绕山路远道奔袭，夺其腹地重镇略阳，"上闻之，喜甚，左右怪上数破大敌，今得小城，何足以喜，……上以为，嚣失所恃矣，亡其要城，

汉光武帝故里——三马亭

势必悉以精锐来攻，旷日久围而城不拔，士卒顿弊，乃可乘危而进"。隗嚣果然"悉兵数万人围略阳……尽锐攻之，自春至秋，其士卒疲弊，帝乃大发关东兵，自将上陇，嚣众溃走"，一战而胜。

五曰"以饱待机"。俗云兵马未动，粮草先行。刘秀用兵，颇重粮秣。建武元年，击败五校军，敌残部退入渔阳境内，刘秀派强弩将军陈俊率轻骑驰出其前，"视民间保壁坚完者，勒令固守；放散在野者，因掠取之"。实行坚壁清野。五校败军入境，果因无粮"遂散败"。八年击破西州隗嚣后，其众尽散据郡县，而兵人饥疲，流亡者相随于道，刘秀"诏于沉积谷六万斛，驴四百头负驮"，发动大转粮运，大将来歙籍以"倾仓廪，转运诸县，以赈赡之，于是陇右遂安"，残部悉降。

六曰"以逸击劳。建武二年十二月，赤眉众二十万出关，窘迫东归，刘秀勋汉将邓禹，"勒兵坚守，慎无与穷寇争锋，老贼疲弊，必当束手事吾也"，乃屯师关外，严阵以待，盛兵以邀其归路。赤眉军连月跋涉，三年正月方抵宜阳，"忽遇大军，惊震不知所为"，不堪再战，遂请降。刘秀凭籍逸劳殊势，致使"宜阳之师，不战而赤眉束手"，运

用之妙，存乎一心。

刘秀以文吏典军事的军队建设思想确属创举。他以具有真才实学和实际经验的知识分子作军队骨干，使其军事适应了东汉统一战争过程中复杂动荡的形势，收效当时，后世亦有不及此者。西晋藩王专兵，招致"八王之乱"，二京屠灭；南朝纲纪松弛，致荆州抗表，上游失踞；残唐、五代，骄兵悍将，叛服无常，割据四方。总之，武夫跋扈，荼毒百姓。有宋一代，矫枉过正，纯用猜忌为心，以文臣、学士、甚至阉宦之辈，任将职，监军旅，武将地位低下，动被掣肘，世人皆忽武、轻武、耻武，终致武备松弛，国力虚弱，强邻逼迫，外患连绵，曾不能守太平之世。远交近攻的战略，古已有之，刘秀参详古今，运用娴熟，深合其宜。以战去战，"止戈为武"，在古代是两种不同的军事指导思想，刘秀能从实际出发，因时应势，揉而用之，既不穷兵黩武，又不姑息养奸，可谓独具匠心。六奇之术，炉火纯青，蔚为奇观。刘秀堪称卓有识见的军事家。

说到谋略，还要讲到光武帝刘秀实现军事战略所采取的一些具体手段。

王夫之说："乃微窥其（光武帝）所以制胜而荡平之者，岂有他哉？以静制动，以道制权，以谋制力，以缓制猝，以宽制猛而已。帝之言曰：'吾治天下以柔道行之'。非徒治天下也，其取天下也，亦是而已矣。"这一看法是正确的。总的说，这叫"以柔克刚"，是光武帝配合军事行动而采取的策略方针。具体表现为：实施各种怀柔手段，对敌方极力加以招诱，以达到"不战而屈人兵"的目的，或者促使降附者迅速安定下来。又致力于各种分化瓦解的办法，造成敌方内部迅速崩溃，等等。

用怀柔手段对各种武装集团进行劝降。对隗嚣、公孙述的劝降，同样不遗余力。他对隗嚣原先寄以很大希望。除了使用怀柔手段"极以殊礼","用敌国之仪"来对待这个名义上的大臣，他还亲自写信说："慕乐德义，思相结纳。昔文王三分，犹服事殷。但弩马公刀，不可强扶。数蒙伯乐一顾之价，而苍蝇之飞，不过数步，即托骥尾，得以绝群。"为了笼住隗嚣，光武帝把隗嚣比作文王，比作伯乐。双方战争爆发前，光武帝的怀柔目标尽管没有最终达到，但联陇制蜀的策略却一度实现。光武帝对公孙述不抱多大希望，但仍未放弃对他的努力。建武六年（30年）关东战争结束后，他不断写信给公孙述"告示祸福。"光武帝对他是劝诫多于威胁。十一年，岑彭长驱入武阳时，光武帝又给他"明丹青之信。"十二年，吴汉大军再逼成都，光武帝又亲下诏书劝他及早悔悟，并保证其"家族完全"。表示不计较岑彭、来歙被害一事。这种做法，表现了自己的宽宏大度。尽管招降的目的没有实现，策略道义上同样站住了脚。这对公孙述内部必然发生深刻的影响，如公孙述的亲信光禄勋张隆"皆劝降"。公孙述坚持不听，二人"并以忧死。"蚤于将帅士兵"日夜离叛"的更是不计其数。光武帝这一做法，对对方是一种无形的、巨大的打击力量。

以怀柔、招降相辅相成的是对对方直接分化瓦解。如，对陇战争爆发后，利用马援、王遵等与隗嚣旧将的关系，说降牛邯及其他将领，手段十分高超。东平齐地时，引诱张步和苏茂之间互斩，迅速结束了战斗。在处理这类问题时，光武帝对情况了解得十分仔细，对症下药，效果显著。如邓禹西入关中，手下将领冯愔、宗歆二将争权相攻，冯愔杀宗歆，反击邓禹。光武帝亲自处理，他询问邓禹派来的人：情所亲爱者为谁？"答曰："护军黄防。"他仔细揣度冯愔和黄防一定无法久和，矛盾终会爆发。便告诉邓禹说："缚冯愔者，必黄防也。"并派尚书宗广持节去招降黄防。过了一个多月，黄防果然抓住冯愔，率领其军队同

来请罪。这样，不费一兵一卒，解决了邓禹的一大难题。

至于任用一些有威望的臣僚去安定某些混乱的地区，更是光武帝的拿手好戏。上面已述过他用陈俊迅速平定太山；用耿纯迅速平定东郡，用寇恂迅速平定颍川。上述这些人都是将领，下面再举些用文臣的事例：

建武三年（27年），平原郡富平县徐异卿造反，集众万余，多次对之镇压无效。徐表示："愿降司徒伏公。"伏公即伏湛，更始政权时曾任平原太守。当时天下扰乱，在他的治理下，平原一郡独得安宁。光武帝即时派伏湛出任平原太守。果然，徐异卿等"即日归降"。建武五年（29年），渔阳一带经历王莽、彭宠之乱，"寇贼充斥"。光武帝选派郭汲为渔阳太守加以治理。郭到任，示以信赏，"盗贼消散。"九年，又让他去治理乱后的颍川，任颍川太守。临行，光武帝对他寄以很大期望，说："贤能太守，去帝城不远，河润九里，冀京师并蒙福"。郭到郡，不负所托，招降赵宏、召吴等数百人，"悉遣归农"。影响所及，赵、召余党，"远自江南，或从幽冀，不期俱降，络绎不绝。"上述，都是用单纯武力镇压所难以奏效的。

如何对待大量的降附者，让他们真心归附，是光武帝采取策略的重要方面。这方面，他往往运用怀柔性的攻心战术。

如称帝前，他在蒲阳大破铜马军，降众全部收编。他把铜马军的首领封为列侯，但是，其余降众仍然惴惴不安。光武帝猜出他们担心其首领走后，后果不妙。便故意让他们的首领各自回原营带兵，自己则仅骑着马到处巡视。果然，那些降兵顾虑全部消失，并感动地说："明公推赤心置人腹中，安得不投死乎！"对赤眉军降众也有类似做法。

对敌方武力压服之后，紧接着进行政治降服，即采用怀柔的攻心战术，是一种很高明的策略，它能够迅速地稳定降服者的队伍，免至留下隐患或发生反复，对统一战争是十分有利的。

　　配合军事战略的，除了各种策略手段以外，还有一系列的政策。这些政策，其意义已不仅仅用于军事方面，更有安邦治国的重大作用。

　　谋略的用途是不可小觑的，如果能够正当地运用自身的智慧、谋略，可以使人们化解身边的难题，并且走出困窘的局面，有时，整个人类社会文明的进步也都被智谋所推动，历史的进程也由自改变，谋略的最终目的，就是要用最小的付出，收获最大的利益，而且，这样的局面也是谋略筹划者最想看到的结果。对于整个国家或者整个民族来说，谋略是与国家安危、民族存亡息息相关的要事。在战争中，谁的谋略能够胜出一筹，谁就能赢得战争的最后胜利。对于商人、企业家来说，谋略能够影响到公司的生死存亡。对于一个人的人生道路，谋略能够改变一个人的命运和前途。

　　当今时代，我们所接触的谋略已经和最初的军事谋略有了很大的差别，但是，谋略的精神实质并没有改变，仍然是要充分调动自己的一切资源，进行积极的、主动的谋划，已达到自己的目的。

　　无论是军事、政治、经济还是外交，包括我们的个人发展，都离不开谋略，谋略对于任何一个领域的重要性都不可小觑。谋略的实施要照顾到全局和各阶段的重点问题，谋略的全局性表现在空间上和时间上，就是所谓的"不谋万世者，不足谋一时；不谋全局者，不足谋一域。"

　　我们的谋略一定要符合客观的实际情况，而不是建立在想当然的基础上。只有来源于实际的谋略，才能够真正地指导我们去参与实践，那才是能够切实可行的谋略。

　　我们在现实生活中，为了追求成功，想要在日渐激烈的竞争中脱颖而出，就要依据现实情况，制定谋略并进行实施。只有将自己人生中的

第四章 刘秀对你说谋略

139

刚柔人生

刘秀有话对你说

每一步都做好了谋划，对每一次竞争，都作出相应的对策，我们才能够在社会中生存、发展，直到走向成功。

转变思路　谋求发展

正所谓选择重于努力，在我们的日常生活中，对于自己的发展要确定一种明确的规划，只有目标明确才能获得成功。但是要注意的是，时移世界，世界是不断变化的，我们的人生规划也要按照变化的情况，不断地进行适应性的调整、转变思路，以谋求发展。

我们知道，刘秀到太学学习，一方面是为了增长见闻，扩展学识；另一方面则是为了给自己谋一条出路，希望可以通过太学进阶，跻身于政界。说到第二条路，首先要好好讲一下太学。在世界的教育史上，有明文记载的、由统一的中央政府设立的第一所官立大学，就是西汉武帝刘彻设立的太学。

公元前124年，汉武帝刘彻接纳了大儒董仲舒和丞相公孙弘等人的建议，正式建立了太学，用来探讨学术问题，向青年传授知识。太学是汉朝的最高学府。

初始，太学的规模并不大，只有5名老师，正式学生也只有50余人。设立了5个五经博士（教师），分别传授《诗》、《书》、《礼》、《易》、《春秋》等儒家经典名著，每个老师教导10个弟子（太学生）。

因为名额实在太少，正式在册的学生只能由朝廷选择"年十八以上仪状端正"的高干子弟。但是，各郡国也可以选拔当地"好文学，敬长上，肃政教，顺乡里，出入不悖"的青年学子作为保送生，这些人属于没有编制的旁听生，但那时，这样的名额也不多。

这些学生经过一年的学习、考试之后，如果能通一经，就能做官，通过的学科越多，官职越高。

因为太学成为学生们从政的重要道路，所以很多人纷纷要求入学读书，所以，太学的规模日益倍增。汉昭帝时，学生人数已经达到100人；汉宣帝时，达到1000人；汉成帝时，学生人数更是激增到3000余人。

这是由于政治、经济、文化迅速发展，人人都想接受高等教育和知识熏陶的需求所致。

可是，教育不仅是一门科学，也是一门艺术，有着不可打破的规律。如果不尊重教育规律，不提高教育水平的提升和不切实解决学生的就业问题，而是一味扩大学校规模、随意增加学生人数的话，就会带来很多不良影响，比如，有人在学历、考试中作弊造假，致使教育的社会意义受到打击，甚至有些学生在毕业之后，成为社会毒瘤。

例如，王莽在辅政和篡权之后，就把太学的规模扩大到了极致。

为了笼络知识分子们，王莽一味扩大太学的学生数量，看上去好像十分重视教育，其实这只是在做表面文章，实际上是不符合教育规律的，也是不符合干部人才的成长规律的。

不管怎样，正是太学的扩招，让刘秀这一个回乡的知识分子，得到了进入国家最高学府，并接受深造的机会。

第四章 刘秀对你说谋略

令王莽没有想到的是，在扩招太学生的同时，不少太学生不是像汉武帝时期一样，凭借自己的本事来博得官位。在当时，政治阴暗、世风日下这样的条件里，一些出身卑微、没有势力的学生，在经过数年寒窗苦读后还是没有一官半职，不得不回老家去种田。在这些人中，有一些人既有知识，也有文化，最早觉醒起来，后来成为破除旧社会、建设新世界的中坚力量。

早在公元4年，王莽还在辅政，为了最终称帝，他不断拉拢知识分子，他自认高明的计划之一就是太学扩招。

他积极扩建学生宿舍，还拼命增设经学科目，增加教师人员编制。当时，每个教师一共可以招收360名学生，这样一来，太学生的数目便迅速激增，不久就扩大到万人。

懂得常理的人都知道，就是在当今社会，科技发达、教学水平日益提高的情况下，一个老师要管理几十个学生，也是个沉重的负担。

当时，一个教师要给数百名学生上课，经常分神的事情时有发生。

王莽还下令，将各地擅长不同学问，甚至是民间技艺的人，全部公费送来京城学习。他还在各郡县广泛设立太学的分校。

刘秀来到太学学习时，是跟着庐江人许子威学习《尚书》。这时，太学中老师的教学水平和以前相比早已相差甚远。

太学的老师史称博士，就是博学多能之人。博士不是教授的职称，却是一种官职，他们的责任除了教授知识外，还包括制礼、藏书、议政（包括备朝廷顾问）等等。但是，这么多任务也带来了一些好处，那就是老师并不是一味教授书本上的知识，而是在讲课时多联系实际。

这时的太学学生也是鱼龙混杂，什么样的人都有，学生的年龄、学识、家庭背景都存在着巨大的差别，也没有统一的管理制度。其实这也是没办法的事，太学的规模迅速扩大，还来不及制定严谨的管理制度。

太学的教育质量不是王莽和新政朝廷所关心的事情，他们只是想拉拢读书人而已。

这种不严谨的管理机制，在具体教学上呈现出一种僧多粥少的状况，老师和学生数目不成比例，学校只能采取以下方式进行教学：

一是进行大课教授；二是由优等生或高年级学生替老师给低年级学

刚柔人生

刘秀有话对你说

生讲课；三是允许学生把更多的精力放在自学上，或是主动提出问题，向老师询问。

实际上，这种"灵活"机制体现在学生管理上，就是宽进宽出。

当时太学的入学条件与汉武帝时期相比，不能同日而语，进入学校后，也没有统一的学制年限。如果没有犯下严重的罪行，你想在这里待到垂垂老矣也没人管。考试还是定期举行，但即使通过，也不一定有官做。

换句话说，做官不是单凭学习成绩好，要做官，还要很多限制因素。

要是学到一半，就被征召做官，或者家中有事，随时可以离开再回来。

值得一提的是，这种不严谨，可以说是所谓"灵活"的管理机制所致，虽然不利于寻章索句、引经据典的教学和研究，但却对那些不善于皓首穷经、却善于理论联系实际、学以致用的学生非常有利。

刘秀经过太学中的几年学习之后，越发感到自己未来一片迷茫，就业形势不容乐观。首先，太学生考试通过之后，以后的出路并没有保证。王莽不顾教育、教学的规律，而是一味将全国各地的优秀知识青年（有的还是老年）送到太学里面，表面是研究经学、重视教育，事实上，他是打算把这些人聚集起来，以杜绝社会上的不安定因素。毕竟，读书人对问题最容易看清楚，最容易看清他的阴谋诡计。另外，他也没有多少岗位可以提供给这些待业的太学生们。

朝廷和地方上轻松悠闲的岗位多的是，可这些职位全留给了他的心腹亲信们。太学生的数目成千上万，可每年岁试录取的名额只有100人，多数人根本不能毕业，即使有人寒窗苦读（数年、十年，有的甚至数十年）数年后，侥幸考过，进入了前100名，也大多只是被授予了一些闲散职位。其中，岁试分甲、乙、丙三科，甲科录40名为郎中，乙科录20名为太子舍人，丙科录40人为文学掌故。要想担任要职，一展身手，还不

到时候。

刘秀认为，这样继续在太学里混日子也没有什么意义。许多同学和他的想法也如出一辙。

其次，王莽当时已经篡权成功，他立即开展了全面贬抑刘氏宗亲的活动。在这方面，他成功学习了"抹桌布理论"，并将其发扬光大。其实，这个理论的本质就是，把人像抹桌布那么对待，需要的时候用来擦拭肮脏的桌子，不用的时候，就扔在地上、踩在脚下。他曾经丰富地运用了这个理论，稳稳妥妥地把自家姑妈王政君狠狠地耍了一回，在历史上，他不愧是最高级别的伪君子之一，此时，他深信自己的这一套，用来对付刘氏宗亲也绝对能获得成功。在王莽之后，历史上很有多人学习他，成功运用了这一理论，并不断完善，但运用"抹桌布理论"的翘首还是王莽。

他登基之后，心中有愧、心态复杂，于是刘氏宗亲成了他的眼中钉。不久之后，王莽下定，凡刘氏为侯者，一律降爵位为子，削去食邑，只吃自己的薪俸。过了一段时间，他又修改了规定：凡是有爵位者刘氏宗亲，一律削去爵位；在中央和地方当干部的刘氏宗亲，也要想尽办法免去职务；凡是能找到刘氏干部中的短处，一律开除官位。

在这样的政治气氛中，刘秀认为，无论自己水平有多高，知识有多渊博，也不会博得一官半职。

其三，也是最重要的一点，刘秀亲眼看到了新莽王朝的无能和凶暴，官府乱政导致百姓民不聊生，使他失望透顶。所以，刘秀决定返回家乡，重新计划自己的人生蓝图。这也正是刘秀转变思路做出了正确的选择，才有了后来的成功。

一个人的选择，决定了自己一生的发展道路，所以，做出一种正确的选择有着重要的意义。

爱迪生曾经当过报童，从未读书，在后来却使得美国的工业水平焕然一新。爱迪生几乎每天都窝在自己的实验室里，一工作起来就是18个小时。工作室就是他的家，可是，他却一点也不觉得辛苦。"我一生中从未做过一天工作"，他这么说，"我每天其乐无穷"。能苦中作乐，最后能获得如此大的成功也不意外。实际上，只要你对自己的工作抱有无限的热情，并为之不懈奋斗，最后都能成就一番事业。只要从事自己热爱的工作，就会带着满腔热血投身其中，怎么可能不获得成功？

在事业上，要更加重视选择的重要性这就需要我们转变思路，另辟蹊径。"钢铁大王"戴尔·卡耐基曾花费了10几年的时间，对一些成功发家的人们进行了细致的研究，与此同时，他也调查了一些不能成功致富的人，并进行了统计。最后，他得到了一个惊人的结论：致使一个人获得成功、发家致富最重要的条件就是他选择的事业，一个前途未卜，并且从事着自己不热爱事业的人，往往很容易和财富失之交臂，最终只能空想着获得财富，并这样渡过平凡的一生。

有一位经理，每天为公司的业务问题寝食不安、忙得焦头烂额。于是，他找到一位备受推崇的财务顾问，进行请教。他预约了这位财务顾问，只见他的办公室坐落在豪华商业街旁边的一栋富丽堂皇的大厦之中。经理走了进去，被请到了一间装修不菲的接待室中。但里面并没有任何接待人员，却只有两扇大门，一扇门上写着"被雇佣人士"，另一扇上写着"自雇人士"。

他推开写着"被雇佣人士"的大门，只见里面还有两扇门，一扇门上写着"年收超过60000美元"，另一扇上写着"年收少于60000美元"。由于他的年收入少于60000美元，所以他推开了第二扇门，却发现里面还有另外两扇门。左边的一扇门上写着"每年存10000美元以上"，

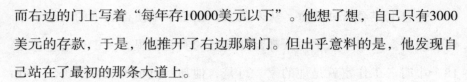

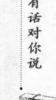

刚柔人生

刘秀有话对你说

而右边的门上写着"每年存10000美元以下"。他想了想，自己只有3000美元的存款，于是，他推开了右边那扇门。但出乎意料的是，他发现自己站在了最初的那条大道上。

在这个故事里面，那位经理摆脱不了尴尬境地的原因，是他没有主动推开人生的另一扇门。其实，绝大部分人都像那位经理一样——他们选择的门，只能带着他们回到起点。另外一小部分的人获得了不同结果，原因就在于，他们勇敢地选择推开了与自己条件不同的门。有一位智者曾经这样说："如果你一直在做你过去所做的，你就会一直得到你过去所得到的，只有做不同的事情，才会有不同的结果。"大部分人就像处在困境中的那位经理一样，年复一年，他们都被自己困在一个走不出来的困境之中。在发达国家里，95%以上的工作者都是被雇佣者。他们每年所赚取的工资不到40000美元，有着不到4000美元的存款。而在中国，情况更为不乐观。

假设你现在的工作一直不能带给你成功，那就大可不必在这上面继续耗费力气，无谓地消耗自己的实力，而应该积极地另谋出路。

从古至今，千千万万的人因为一生从事不适合自己的工作而没能获得成功。在这些失败者之中，有不少人都勤勤恳恳地工作，照理来说，他们应该获得成功，但最终却一无所获，这是为什么呢？原因就是，他们不敢放眼未来，不敢放弃自己已经辛勤耕种许久的"土地"，没有勇气另谋出路、另辟沃野。因此，只好眼睁睁地看着自己宝贵的精力虚度，宝贵的时间虚耗，却仍然没有所获。事实上，他们早就应该懂得，他们是由于没有找到适合自己的事业才不能成功的。但是，这些人宁可浑浑噩噩地勉强度日，也不愿意寻求改变。

假若你在一项事业上耗费了很多精力，却依然看不到一点前景、一点成功的可能，这个时候你就应该检讨一下：是不是自己的兴趣、

146

目标、能力与现在从事的职业不符合，自己是不是选错了目标？如果是这样的话，就应该迷途知返，去寻找和自己更符合、更容易获得成功的职业。假若你现在投身的行业一直成功无望，那就不需要再耗费自己的精力、力气，而应该在另一片沃土上开疆辟野。

当然，在你重新订立目标、改变方向的时候，一定要三思而后行，切记不可三心二意。在美国的旷阔西部，有一位成功的木材商人，他曾经在牧师的行业上工作了40年，却一直无法有所突破。他经过再三思索，认真地对比了自己的优点和弱点之后，对自己有了一个全面的认识，于是，他当即改变目标，投身商业生产。从此，他顺风顺水，最终获得成功，成为了一名富可敌国的木材商人。

两颗相同的种子，由于落下的土壤不同，一颗顺利成长，最终变成了参天大树，一颗却默默无闻，长得瘦枝细叶、营养不良。所以，周围的环境对一个人来说，影响力是不容小觑的。

如果一个人选错了职业，致使自己的才能不能全部发挥出来，实在令人扼腕叹息。可是，如果他能够意识到这一点，就算不是第一时间认识到，也仍然能够重新开始。如果能够找到正确的航向，总有一天能够获得成功。到那个时侯，他一定会发现，自己的生活和思想都焕发出了新的活力，如重获新生一般。

迂回出击　寻求突破

有些时候，我们面临的困难是难以逾越的，或者说为了克服或者取得胜利要付出很大的代价，这时，我们不妨放弃和困难的正面对决，换个思路，迂回出击，以寻求突破。这一点我们可以向刘秀学习。

刘秀、刘縯两兄弟举起义旗，一时间引起了官军的极大重视，官府发大兵来进行围剿，面对敌强我弱的局面，刘秀建议大哥刘縯选择联合其他起义军，刘縯同意了弟弟的计策，联合了起义的绿林军，一时队伍壮大，实力雄厚。革命形势一片大好，在这种情形下，刘縯、刘秀兄弟自然欣喜万分，马上加紧军事部署。

因为时间紧迫，甄阜、梁丘赐所带领的将士已经快要渡河了，另外，不少士兵还在替以前战争中刚刚过逝的亲友守丧，所以联军没有机会为了进一步的联合而举行大规模集会，或者召开庆典。刘縯、刘秀和其他队伍首领当下决定进行队伍整理，是完全符合实情的。

打仗不是纸上谈兵，作战也不是游戏，一旦双方相遇，一拳一脚都是真刀真枪。如果不小心，就会吃大亏。从古到今，战争总是有自己的本质规律的，这个规律就是，对参战双方来说，要遵守最根本的原则和守则：那就是保存己方实力，同时最大限度地消耗敌人。一切兵力武器的投入使用和灵活运用战术，都是以这个基本原则展开的。

在刚开始的几次小规模战役中，联军由于在数量上占据绝对优势，能够周全准备，就像用一只胳膊出拳攻击敌军，而另一只手空出来随时备用一样，保护己方力量。可是，打到小长安之后，他们突然遇上了甄阜、梁丘赐大军的埋伏，联军在数量上的优势立刻消失了，原先打算进行宛城攻坚战，如今计划被打乱，只有在野地里开战，所以，既不能打退敌人，也保护不了己方的随军家属。换而言之，当战况突发变化的时候，指挥官在人数众多的敌人面前慌了手脚，没能充分运用行军作战的基本规律和守则，没能带领将士保存实力，也没能消灭敌人的力量，因此，联军作战失败。

所以，当刘縯、刘秀兄弟经过这次失败之后，他们吸取教训，下定决心，在打败敌人之前，首先要整理好自己的军队。于是，两兄弟与其他联军的首领商议后，将队伍分成六个小队，订立了严格的盟约与纪律，他们宴请众将士之后，宣布原地整顿三天！刘縯、刘秀和其他的联军将领们是没有休息时间的，他们在众将士偃旗息鼓、调整自身的同时，正忙得热火朝天，紧急地协商打破困境的方案。史料记载，刘秀当时在联军的军事决议和行动里，发挥了积极的关键的作用。

虽然，他此时仍然在大哥刘縯的指挥下行军作战，但由于自己的本领突出、能力优异，已经获得了整个部队上下官员的信任与崇拜。刘秀和其他联军首领们正确地判断了军情，分析出了地方官军的弱点和致命软肋，最后决定：当下主动行动，偷袭蓝乡！

公元22年12月的一天，是农历大年三十，也就是春节前一天。在中国人传统观念中，古往今来，春天都是十分重要的，它意味着新的一年的来临，万物伊始，万象更新。所有人都对新的一年的到来充满盼望和期待。不论是王侯将相，还是平民百姓，不管你是过着金玉满堂的生活，还是食不果腹，到了这个时候，所有人都要放下手头的事情，准备庆祝一番，或是求神祭祖，除旧迎新，或是贴起春联，祈祷丰年的来到，这样的忙碌有时要从初一持续到十五，甚至到正月底才结束。

所以，直到如今还有一句民谣，形容一个人太忙了，往往说他"忙得像在过年一样"。那些驻扎在蓝乡的守护军需物品的将士们也是如此，所有人都等着新年到来。至于战事，还有其他10万大军在战场上作战，眼看起义联军已经节节败退，这场战斗看起来完全没有悬念。

除夕的蓝乡城里，所有官兵们都在忙着喝酒守岁，迎接新年，他们睡得很香甜。多日的急行军让将士们疲惫不堪，眼看明天就是新年了！所有人都很放松。就在这时一支起义联军如有神助，攻进了城中，迅速攻陷了军营和粮仓，把还在梦乡里的官兵们打了个措手不及。

第四章
刘秀对你说谋略

联军首战告捷，俘虏了不少敌人。联军将士们既兴奋，又悲伤，抓起一个俘虏，就借着火光仔细查看，是不是几天前在小长安杀害自己亲人的仇家，如果是就砍头，不是也要一阵拳脚，打得官兵哭声连天。最重要的是，这一战收获了大批宝贵的军需物品！

除夕之夜，一支没有经过正规训练的起义部队，绕过了官兵的防线，又偷偷趟过两条河，来到敌人后方总部攻其不备，获得了不俗的战绩。

第二天清晨，也就是大年初一，天还没亮，联军又一次先发制人，兵分两路，对没有准备的南阳官军发动了全面进攻。其中，刘缤、刘秀带领将士们从西南方向攻击，目标甄阜，刚刚加入起义军队伍的下江士兵们从东南方进攻，目标直指梁丘赐。

官军心比天高，在人数上又占尽优势，看见这群暴民竟在过年的时候也不停停，简直恼羞成怒；联军本来就一身是胆，加上和官军们有杀害亲人的不共戴天之仇，又有出色的军事部署，个个都奋勇杀敌。

战争情况及其惨烈。更加令战局紧张的是，这场战斗，作战双方都输不起。从联军这方来说，如果失败，10万官军在前，自己根本没有任何后路，连身后自己幸存的亲友也要毙命；从官兵这方来说，如果不能取胜，不是被乱党杀死，就是被冰冷河水吞没——身后已然没有了退路。所以，双方进行了殊死搏斗，杀声震天。激战持续到清晨时分，梁丘赐率领的士兵首先乱了阵脚，底下的士兵们四下奔逃。兵败如山倒。甄阜那边的官军们见状，也纷纷放弃抵抗，夺路而逃。联军早杀得丧失了理智，官军既然要逃跑，岂能留活路让他们去过年，所以穷追猛打，疯狂杀敌。官军们死的死，逃的逃，原本的傲气荡然无存，更别说曾经想着美滋滋地过年了。被击溃的官军们退守黄河岸边，既打不过追赶自己的起义军，想逃跑也没路可去，真是欲哭无泪。联军追赶上来，又是一阵厮杀，杀死了一万多官兵。官军中有贪生怕死之辈，纷纷跳进河中，结果又淹死了不计其数的人。有一些会水性的侥幸渡过了河，上岸后立刻四散而逃，之后怎么都不敢承认自己是官军。南阳敌军最高军政长官甄阜、梁丘赐眼见自己转瞬之间就打了败仗，还没有心理准备，就在乱军之中被杀死。

历史上把这次战役，称为"沘水大捷"。对联军而言，这次重大胜利意义非凡。

首先，联军消灭了王莽政权在南阳郡驻扎的精锐部队，同时，获得了丰富的军需物资；其次，刘縯、刘秀兄弟卓越的政治才能和军事谋略被深深地刻在了将士的脑海中，行军打仗的军事信心和实力激增；再次，联军的军事实力得到的提升，提高了原本欠缺的组织纪律性和团结作战意识，通过这次战斗，将士们认识到，作战并不只能靠一个人或者一个家庭，大家只有团结一致、拧成一股绳，再加上军事领导的正确指挥，才能获得成功！

如果将这一仗和刘秀登基大宝的其他众多战役相比较，还会发现一点，那就是沘水大捷是一个转折点，自此之后，反莽联军扭转了局势，获得了战争的主动权。

这一回，刘縯、刘秀两兄弟并没有被胜利带来的喜悦冲昏头脑，而是让部队稍事休整，就一鼓作气，继续进攻，直指南阳的郡治宛城。不难发现，刘氏兄弟此次胜利，重要的一个因素，就是选择了迂回的战略战术。

迂回的军事策略是古今中外著名的军事家都非常善于使用的计谋。所有最后能获得胜利的构思和计划，都是靠不懈思考而得出的，另外，越是细致地思考，就能获得更大的收益。

只要善于从不同角度看问题，就可以将问题迎刃而解，这也是成功者们普遍的经验。可是，失败的人往往不愿意出力，学不会灵活变动，这种欠缺使得他们不能摆脱困境。反过来，那些最后的成功者们往往能

第四章

刘秀对你说谋略

够开动脑筋、开阔思路，能使得问题迎刃而解，而不让它们成为人生路上的绊脚石。

古希腊的佛里几亚国王葛第士以非常奇妙的方法，在战车的轭上打了一个很复杂的绳结，并宣称只有真正的王者才能解开这个绳结，时间过去很多年，虽然许多人试图解开这个绳结，但是一直没有人成功。亚历山大大帝征服这片土地的时候，听说了这个故事，于是走到了这个绳结之前，在略加思索之后，拔剑斩断了这个绳结，于是，也就不存在所谓解不开的绳结了。

第二次世界大战期间，麦克阿瑟将军攻击日本时，不直接攻打日本最强的军队，而是采用迂回攻击策略。美国军队以最小损失，寻找并攻打日本军队最脆弱的地方，切断日军的补给线，使日军陷入饥饿困境，然后一举击败日军。2003年，美国在第二次攻打伊拉克的波斯湾战争中，盟军最初采取的策略也是迂回绕过伊拉克的主要城市，如纳西利亚、巴斯拉，不直接攻打巴格达，避免爆发重大战争，以一种局部战争的方式，获得了战争的胜利。

在我们的生活中，有一种前进叫转弯。天下不是所有路能够笔直向前，特别是通往成功的道路，更是充满了曲折和坎坷。如果在这时候不懂迂回，只能让自己碰得头破血流，更谈不上走向成功了。

有个年轻人立志要成为一名出色的棒球运动员，并且他也有极高的天赋。他每天勤奋、刻苦地训练，很快就小有起色。不幸的是，在一次比赛中，他的手臂严重扭伤，医生的建议是从此以后他再不能从事剧烈运动。他心情灰暗，伤心极了，但是幸运的是，后来他走出了阴影。他选择了转个弯走向成功的道路——画漫画，并且把打棒球的精神再现在画漫画上，后来，他成了著名的漫画家，他就是法国漫画大师罗博·李普莱。

刚柔人生

刘秀有话对你说

汉光武帝刘秀所敕封的天下都城隍庙

曾有一个工作非常努力的销售员，随着公司的倒闭，他也失业了。手上没有多少积蓄，一时间找不到合适的工作，现实的无情摆在面前，他感到很痛苦，觉得上天很不公平。但是他并没有气馁，后来，在妻子的安慰、鼓励下，他开始了从事自己感兴趣的行业——文学。天无绝人之路，渐渐地他开始在文坛上崭露头角，后来，一部作品带他走上了成功的顶峰，他写出了一部震撼文坛的巨作——《红字》。这个人就是美国著名作家——霍桑。

正所谓山不转水转，水不转人转。只要我们灵活一点，转变一下思路，迂回一下，就能够踏上成功之路。如果罗博和霍桑不懂得迂回，而是一味地沉沦或者逃逸，那么他们最终只会在一个角落里默默无闻。只有学会迂回，学会调整自己，改变自己，生命才会雄浑有力，事业才会奏出新的篇章。

一条路走到黑，也许能碰巧遇到成功，但是如果撞到了南墙，还不知道回头的话，就只能撞得头破血流了。换个思路，不妨迂回一下，等到绕过了障碍，你就会发现，眼前又是一片蓝天。

建立自己的"根据地"

在追逐成功的过程中，最重要的就是要有自己的根基，并依靠自己的根基，打牢基础，然后像盖房子一样，一层一层地长高，这样才能建设出结实牢固的建筑。我们要做的就是要建立自己的"根据地"，发展自己的实力，只有这样，才能增强自己的竞争能力，获得最后的成功。

刘秀兄弟揭竿而起，为了生存选择了联合其他的义军，一起进行斗争。起义联军发展到一定程度之后，终于到了选举一个名义上的领导人的时候了，但是各部分起义军各怀心事，最终鹬蚌相争，倒便宜了刘玄。其他起义将领为了排斥刘秀兄弟，就把同是刘氏宗族的刘玄推上了皇位，建号更始，定都洛阳。

上文提到刘秀想要镇守河北，却遭到重重阻挠，但刘秀并未放弃自己的想法，而是迂回出击，终究达到目的。在看似混乱的局势里，冯异作出了非常准确的决策。既然大司马朱鲔强烈反对，那再怎样去想办法拉拢这些人都是没有用的。既然刘赐那些人不懈支持，对刘秀赞不绝口。那么，也就不用再花气力去拉拢。所以，最终的事情就是要争取中间的势力。冯异经过仔细观察，发现在大臣里面，除了正反两股势力，刘玄的宠臣还有另外一派。这一派的代表人物除了刘玄的左丞相曹竟之外，还有左丞相的儿子，也就是刘玄的尚书曹诩。那个时候，他们也是刘玄面前的大红人。假如他们能在刘玄眼前多加美言，那么让刘秀到河北去招安的这件事情，可能就还有转机。

冯异对刘秀进言，一定要让曹氏父子支持自己的观点。刚好，冯异与尚书曹诩之间的关系比较融洽，从这个切入点想办法，问题的解决就会比较容易一些。刘秀听取了冯异的劝告，对这些人"厚结纳之"，把曹氏父子收做了自己的心腹。有钱能使鬼推磨，虽然曹竟与刘秀之间并不熟知，但是，看在"孔方兄"这个大熟人的关系上，再加上冯异旁敲侧击，他们就答应帮助刘秀说话。

冯异的这个建议，可以说是十分关键。朱鲔的势力代表了绿林军将士们的建议；大司马刘赐这边的发言，可以说是宗亲子弟的心生。刘玄被这两排势力弄得左右为难。这时候，不属于这两者之间的曹竟父子前来进言，这是使刘玄最后能够下定决心一个重要因素。毕竟，刘秀的实力也是有目共睹的，除了他之外，还真没有人能够适合承担招安河北的任务，另外，万一碰上坏事，刘秀在河北遭遇了意外，自己也可以推脱责任。

其实，刘玄对刘秀并不完全信任，他心理清楚把刘秀外派可能是在放虎归山。可是，又没有其他人可以承担这个任务，另外，刘秀花钱买通了刘玄的亲信——尚书曹诩，所以，29岁的刘秀还是被刘玄任命为大司马，来河北招安人马。

这时，刘玄也在谨慎思考，假如刘秀真能劝降敌人，那当然最好不过；假如他不能招降敌人，被反抗的地方势力杀死，也不是坏事，自己也能坐收渔翁之利。所以，刘玄没有派给刘秀一兵一卒。刘秀知道这项任命没安好心，却还是带着包括冯异在内，总共200余人的亲信队伍，渡过黄河，向河北进发了。

刘秀知道河北这时的形势非常艰险，可是，对他而言，如果继续待在刘玄身边的话，又何尝不是凶险万分呢，而且自己的实力完全没有地方施展，就像一头困兽一般。所以，只有挣脱出这个牢笼，才有可能翱

第四章 刘秀对你说谋略

翔于九天之上。因此，他听取了冯异的话，让冯异的好友曹竟去拉拢当朝尚书曹诩，最终，在曹诩和刘赐的通力劝说下，得以离开洛阳，前往河北招安。

这一路上，刘秀不断地苦苦思考，究竟该如何劝降，一方面，他希望能够早一天摆脱刘玄政权的控制；另一方面，他也对在河北的工作缺乏信心。

恰好，到了邺城（今河北临漳西），他在长安求学时的旧友邓禹不远万里从南阳赶来投奔自己。从一开始，邓禹就看出刘秀并非池中之物，而在邓禹这个知心好友面前，刘秀也也不遮拦自己深远的政治理想。邓禹对刘秀进言道："现在赤眉军四处作乱，掳掠百姓，根本没有什么作为；而更始帝刘玄只是平庸无能的人，遇事不能果断决定，再看他领导的那些绿林强盗，将领们一味贪财好色，想要有更好的发展难于登天，更别说勤政安民了，刘玄没有魄力压制他们，早晚要被推翻。如今，天底下也只有主公能救民于水火之中了。但是，主公虽然首先发起起义，而且旗号是复汉尊刘，却一直没有自己的势力。我觉得，如今主公应当先扩充自己的实力，延揽人才，收服人心，救万民于水深火热之中。才能得到万民拥护，到时候，以主公的英雄才智，再去统一大业，必定触手可及。"

刘秀听完，喜不自胜，这番话简直是醍醐灌顶，给自己规划了未来发展的精确步骤。因此，之后刘秀一直视邓禹为自己的良将益友，安排他在自己的内府居住，甚至和他彻夜商讨政治大事，同榻而卧。

此外，冯异也曾经对刘秀这样说过："自从王莽篡汉，夺得政权之后，每天颁布不同的政令，百姓根本不知道如何是好。如今主公奉命招安河北，当务之急就是让百姓恢复到以往有规律可循的生活状态。主公应该在各郡各县安排管理的官员，并听取百姓的建议，完善一些不合理的政令，只要这样，人心一定会向着主公。"刘秀听完冯异、邓禹这些人的话，对自己的未来充满了信心。

所以，刘秀四处宣慰，体验民风民情，同时，大开官府，使得新莽政权时堆压的冤案错案得以昭雪，一些无辜人员被大批释放，王莽新政时期的苛捐杂税也被免除；另外，汉时的官职称呼也被全力恢复，刘秀还对当地官员进行论功封赏。他平时兢兢业业，比州牧、太守还要认真地对待日常公务，百姓们对他爱戴有加。这种好名声一传十、十传百，许多郡县的百姓，一听说刘秀要来，都载歌载舞、夹道欢迎。但是，刘秀从来不让百姓出钱出力，不仅如此，他还要求自己的军队成员不可以扰民。经过几个月苦心经略，河北终于重现光明，刘秀对此十分满意，也觉得自己就要有所作为了。

从此以后，刘秀在经略河北的过程中，他根据治国在于得贤、得民心者得天下的历史经验，着重抓住以下两点：一是争取民心，二是广招贤才，即邓禹所说的"延揽英雄"，通过这两方面来发展壮大自己的实力。

为了造成声势、扩大影响并吸引地主阶级中的人才和广大的民众归附自己，他经常打出两个旗号，一是利用绿林军推翻王莽统治的巨大声威，说自己是更始政权的破虏大将军兼大司马，人们见此就会想起他在昆阳大捷中的威名。二是打出汉朝宗室的招牌，说明自己是刘邦的后代子孙，并以复兴汉室为己任，号召人民归服于己。

在具体活动上，他一反过去"钦差（大臣）出朝，地动山摇"高高在上只摆威风的作法，每到一地即深入下去切实工作。所到各郡县，即召见当地二千石长官、长史、三老（乡的官员）、官属，下至具体办事的佐史，了解吏治情况，考察他们的工作，并根据政绩表现代表中央给予升迁奖赏或罢免降级处理；对于优秀的人才，则将其吸收到自己队伍中来。

他了解到当时人民最痛恨的是王莽实行的苛政和官吏酷虐、民多冤屈。所以他所到之处不仅接见各级官吏了解吏治民情，而且派人去清理

司法部门的狱案，平反冤案，释遣囚徒，惩处贪官，为民伸张正义。并宣布废除王莽的各种苛政，恢复汉代的官名，遵行汉时旧法。他自己不能亲自去的属县，也派随行官员去代为巡视处理。

他在邯郸时，就曾派冯异、铫期到各属县去安抚百生，平释冤囚，审查官吏，慰问孤寡。由于刘秀采取了这一系列活动，解决了吏民最关心也是长期以来最感到痛苦的问题，因而深受吏民的欢迎，并赢得他们的拥护。因此，不少英才志士都慕名归附。后来，王郎势力迅速扩张占有不少郡县时，那些有远见卓识和军政雄才的杰出之士，如吴汉、贾复、盖延、耿纯、王梁、耿况、耿弇、任光、邳彤、刘植等人，都坚决不附王郎势力，不顾妻子父母遭杀的危险，从各地投奔到刘秀的集团中来。其中有的人甚至将自己聚集的数千武装或整个宗族、宾客都一起带来归附于他。这些人都是难得的文武贤才，刘秀都将他们团结在自己的身边，用其所长，各得其所。这些对他此后创建东汉王朝，都起了决定性的奠基作用。

这样，刘秀在离开洛阳和进入河北以后，在不到一年的时间里，便积聚了一批优秀的军政贤才，拥有了一支人数可观的由自己独立支配的军队，形成为独树一帜的社会势力。河北之地，也成了刘秀打天下之初的根据地。

正所谓无本不立，古今中外成大事者，都有自己成功的坚实的根基。我们在自己的发展过程中也要建立自己能够依靠的坚实基础。

一个国家，想要获得发展，要有自己的立国之基。一个企业要想获得发展，就要有建设之本。同样，个人想要获得发展，也要有自己的立身之本。这就是我们要说到的根基。

翻开近代中国革命史，我们发现，在八一南昌起义胜利后，革命部队并没有认识到根据地的重要性，也就没有确立自己的根据地，因此，在战斗中，打到哪里算哪里，战斗只能是不停地转移撤退。而毛泽东冷静地分析了形势，指出了根据地的重要性，于是在秋收起义成功后，在井冈山建立了红色革命根据地，终于，中国的红色革命有了自己的根基，依靠着根据地进行发展，使革命队伍不断发展壮大，并走出了以农村包围城市的正确革命道路。共产党领导的队伍先后发展了九大根据地，以这些根据地为依托，最终取得了革命斗争的胜利。

国家发展之初，要建设根据地；一个企业的发展之初，也要建设自己的"根据地"。在企业发展之初，要建设自己的原料基地、生产基地和销售基地等等，只有这些根基得以稳固地建立，企业才能大胆地发展自己，在日益激烈的竞争中，获得竞争的主动权，进而获得成功。

一个人要想获得长久的发展，就要找到属于自己的"根据地"。在某一个方面打下自己扎实的发展基础，确立自己的根基，并以此为依托，进行扩展性发展。只有有了这个稳固地的根基，才能在发展中没有后顾之忧，放手去参与竞争。

正所谓根基稳固才能长久，一颗种子，一定要先扎下根，才能向上生长，而且在生长的过程中，一定要不断地把根向下扎，建立一种牢固的根基，才能长成参天大树。一栋建筑，想要建设得高，也要打下坚实的根基，只有这样，建筑物才能安全、坚固。同样我们要想获得一生的成功，也要首先发展自己的根基。

远交近攻的对外谋略

第四章 刘秀对你说谋略

远交近攻是源于军事的一种战略思想，现今已经演变成为一种待

人、处事的一种手段。远交近攻就是要充分利用各竞争对手之间的矛盾，在其中运筹帷幄，将自己能够取得并牢牢控制住的利益先夺取过来，然后再向其他的利益进行攻取。

刘秀在经过了苦痛的煎熬之后，终于建立了自己的政权，于是如何兼并其他割据势力，统一天下，就成为了名正言顺的话题。刘秀先是通过软硬兼施，采用一打一拉的方法，收服了赤眉军，然后恩威并施，收服了赤眉军的人心。但是几个主要将领，如樊崇、逢安习惯了当年的叱咤风云，忍受不了守着田地过日子的生活，暗中策划谋反，被发现后，予以死刑。

赤眉军这支当年首举造反大旗、横行一时的流民军终于被彻底收服了。消灭了心腹大患赤眉军，刘秀便开始将重点移到东线。

刘秀定都洛阳，只占有黄河一带的中原地区，且其周围被众多的割据势力包围着：东有梁郡的刘永、青州的张步、东海的董宪、庐江的李宪，其中，刘永势力最为强大；西有天水的隗嚣，据有陇右地区，毗连巴蜀，靠近关中，拥有十多万的兵力，他的向背，是守住长安的关键；西南有成都的公孙述，结交关中的吕鲔、张邯等地方豪强，窥视江陵；北有彭宠，占有广阳、上谷、右北平诸郡，并与匈奴、张步等连衡；南有田戎，占据着南郡、夷陵。

这些割据势力，各霸一方，互不统属，对中原地区形成包围之势，其中威胁最大的是靠近帝都的关东豪强。隗嚣曾遣将士堵击赤眉军，有功于汉，又受邓禹的封爵。蜀郡的公孙述与中原相隔甚远，道路阻绝，暂时与洛阳无妨。要先定关东、后攻陇蜀，由近及远，各个击破。消灭军事割据，这将是更为激烈的战争。

赤眉军虽降，但关中盗贼蜂起，各据一隅。拥兵多者万余人，少者数千人，让关中三辅的百姓苦不堪言。既能清除盗贼匪患，又能安抚百姓，刘秀清楚这样的重任只有冯异可以胜任，便派冯异留守长安。冯异屯军上林苑中，号令远近，先抚后剿，以逸待劳，击败延岑的进攻，斩首千余级，先时归属延岑的诸营首领，皆来归附冯异。冯异在关中，安定民心，平灭匪患，多次击退公孙述的进攻，使他东进的计划无法达成。知人善用的刘秀，可以放心地着手清理割据力量了。

首先刘秀要消灭的便是盘踞睢阳的梁王刘永。在更始帝刘玄称帝后不久，前梁王刘立的儿子刘永便跑到洛阳求封，刘玄当即封刘永为梁王，以睢阳为他的国都。后来群雄并起，刘永看到大家纷纷自立称王，他也于建武元年（公元25年）十一月，在睢阳称帝号，以周建为内辅，佼强、董宪、张步为外屏，占据济阴、山阳、汝南等28城，几乎包括了青、兖、徐三州。

建武二年（公元26年）三月，光武帝曾遣虎牙大将军盖延偕同更始帝降将苏茂东征刘永。苏茂随盖延东征，不肯受其节制，分兵自去，杀了淮阳太守潘蹇，派人向刘永称臣。刘永拜苏茂为大司马，封淮阳王。盖延拔下襄邑，取麻乡，羽书上奏苏茂反叛。光武帝因长安局势紧张，彭宠作乱北方，无兵可派去增援盖延。如今形势不同了，光武帝决意一举消灭刘永。建武三年（公元27年）春，光武帝派驸马都尉马武、骑都尉刘隆、护军都尉马成等骁将，率大军前往，听盖延的调遣。诸将合力，一路东进，直逼睢阳。几经战阵，双方相持不下。

盖延把围攻睢阳的汉军分成两部，一部继续攻打睢阳城，一部尽收野麦，作为军粮。城中得不到补养，粮草殆尽，守兵恐慌。盖延见城中有隙可击，于是搬出营中所储藏的肉食，犒劳将士。汉兵饱餐，养足精神，静待夜间攻城。之后一举夺下城池。盖延乘胜进攻，刘永仓皇逃往虞城，不料虞城的官吏见刘永失势，起兵反攻，把刘永的母亲、妻子都抓起来杀掉了。刘永吓得魂飞天外，只好带着几十个随从继续逃命，逃往谯郡。

盖延乘胜进攻，攻下薛城，杀了鲁郡太守梁丘寿。彭城、扶阳、杼秋、萧邑不战而下，举城归降。刘永的28城，已有三分之一归附盖延。苏茂、佼强、周建听说虞城有变，立即率领联军三万余人赶来谯邑救刘永。他们合兵反攻盖延，两军激战于沛国的西部。盖延身长八尺，弯弓三百斤，素以勇力闻名。他搭弓射落"刘"字大旗，刘永军一阵骚动。盖延趁机发起猛攻，大破刘永军。士卒溃败，遁没溺死者多半，苏茂逃向自己的老巢广乐，佼强、周建护着刘永，奔至湖陵。盖延收抚众城，平定沛、楚、江淮各地，在沛县东泗水亭的旧址上，修建高祖庙，置啬夫、祝宰、乐人。

睢阳拿下，眼看东线大局已定。盖延便前去收复沛、楚城邑。没想到睢阳却又起了波澜。四月末，睢阳城中的官吏据城反叛，将梁王刘永迎回睢阳。睢阳又重新落入了刘永的手中。盖延得报，立即率马武等将士再次将睢阳团团围住。

吴汉原本在河北镇压檀乡军和五校军，斩俘十余万，将农民军在各地修筑的营垒尽数平毁。然后又奉命收取南阳，连克数城，只是在新野因为放纵部卒烧杀抢掠，激起汉将邓奉叛变。不过很快，他又在新野黄邮水大破楚黎王秦丰，挽回了面子，接着又陆续镇压了五楼军、铜马军、五幡军等各处农民军，击降了青犊军。忙完河北战事，吴汉奉命协助盖延等人消灭东浅最大的割据政权梁王刘永。

吴汉先围攻广乐（今河南虞城），刘永派大将周建率兵十万来解围，吴汉亲率骑兵迎战，但吃了败仗，吴汉的坐骑中箭，把他摔了下来，幸亏部下救援及时，才保住了性命。但是他的膝盖受伤，不能站立，也无法行走，只好回营修养。部将忧心忡忡地对他说："大敌当前，您却不幸受伤卧床，大伙儿都没信心了。"吴汉一听，怒气冲冲地从床上爬起来，把伤腿狠命地裹了一裹，出帐巡视兵营，并杀猪宰羊，亲自举酒犒劳士兵。也许是酒精起了作用，不善言辞的吴汉居然即兴作了一次演讲，他举杯说："贼兵虽然多，但都是些只会劫掠的小小盗贼，打赢了就争抢胜利果实，各不相让，打输了就当缩头乌龟，不管别人死活，没一个是仗义节烈的大丈夫。现在正是博取封侯之赏的好时机，大家一起努力干吧！"将士们见主将安然无恙，信心倍增，士气大振。次日早晨，苏茂出兵围攻吴汉。吴汉率领士卒迎战，大破敌军，苏茂等人带领残部逃往睢阳。

吴汉入城安抚后，留杜茂、陈俊居守广东。自己率大军追蹑周建、苏茂踪迹，直奔睢阳以援助盖延。

吴汉赶到睢阳之后，盖延更是如虎添翼。从四月到七月，睢阳已被盖延包围了一百多天。睢阳本来物资就不怎么宽裕，经盖延、刘永折腾几个来回，现在再加上苏茂、周建的残兵败将又躲进来，粮草供应就更加紧张。

而吴汉、盖延又安排一部分士兵把睢阳城周围的庄稼以及能吃的野草都全部收割干净，并严格地包围监视着睢阳城，避免城内的刘永军溜出来弄粮食。不久，刘永的士兵们都饿得面有菜色。

又过了一个月，眼见大势已去，无法坚守，刘永、周建、苏茂只得派精锐奋力突围，他们也弃城逃走。刘永走到半路上，与苏茂、周建等人失散。他手下只剩了不多的一些部将，吴汉、盖延等人一路紧追不舍。这样前无逃路，后有追兵的境况，彻底让刘永的军队丧失了信心。刘永手下的一个部将庆吾趁机杀了刘永，带着他的人头到汉军营地请降，庆吾因此被封为列侯。刘永的庞大势力终于被剿灭了。

从刘永最后的结局就可以看出他的失败是必然的。刘秀在河北时也常常身临绝境，而身边的人仍然忠心追随，个个都竭尽全力辅助

第四章 刘秀对你说谋略

汉光武帝陵雄伟的
神道阙门

刘秀，最终才得以扭转颓势，而刘永得势时前来阿谀奉承的人数不胜数，而大难来时都立即作鸟兽散。最后还被自己的下属砍下头拿去做了投降敌人的礼物。

苏茂、周建二人逃到垂惠后，拥立刘永的儿子刘纡为梁王，刘永的部将佼强退守西防。至此，盖延大军初步平定了沛国、楚国、临淮郡等地区。

把守睢阳的刘防，闻听哥哥刘永毙命，就开城归降。东方最强大的割据势力刘永被消灭。在吴汉、盖延以及其他将士的努力下，刘秀的东线战场大获全胜，沛国、楚国、临淮郡等广大地区被纳入了刘秀的版图内。

刘秀在决定战略对手的先后的时候，选择了刘永做第一个对手，体现了一种远交近攻的军事思想，这无疑是正确的对外策略，从而赢得了胜利。

在远交近攻中，要充分分析自己眼前的形势，充分分析各方间的矛盾，要利用矛盾夺取自己能够获得并牢牢掌控的利益。远交近攻一词，最早出自《战国策·秦策》：范雎曰："王不如远交而近攻，得寸，则王之寸；得尺，亦王之尺也。"

　　远交近攻是范雎用来说服秦王的一项计策。其中心思想就是对于敌方的联盟，要充分予以分化瓦解，在其联盟关系破裂之后，再一一进行击破。在整个过程中，要奉行对于距离自己远的国家要进行联盟交好，对于距离自己近的国家要进行攻打。这样可以以自己力量消灭分化了的敌人的力量，并且自己攻占的地盘能够全部划归自己的国土，然后将自己从近处获得的力量充实自己。在消灭的"近攻"的对象之后，"远交"的对象就成为了新的攻击对象。"远交"的目的就是为了避免树敌过多而采取的外交手段。

　　军事上的远交近攻发展到我们现今的为人处事中，运用到我们今天的社会竞争中，就是要我们对竞争中所有的竞争对手之间的矛盾关系进行分析，对于和自己利益直接相关的竞争者，要首先在竞争中将其打败，对于其他的暂时涉及不到自己眼下利益的竞争者可以进行联合，共同对付主要的竞争对手，当然至少要使其不参与进来帮助自己眼下的对手。这就是远交近攻策略的运用手段。

　　社会生活中也自觉或不自觉地上演着远交近攻的策略。"人无千日好，花无百日红"，"外来的和尚会念经"等俗语，都曲折地反映出远交近攻的社会意识。我们在竞争中，也可以利用远交近攻的谋略，合纵连横、纵横捭阖，谋求自己的发展。

第四章　刘秀对你说谋略

给别人留有余地

　　大度是一种修养，是一个人健全人格和健康心理的体现。大度也是

一种气质，是一个人幸福生活的前提。得饶人处且饶人，对别人的错误宽容一点，给别人留点余地，也就给自己留下了余地，只有这样才能在自己的发展之路上留下从容转身、进退自如的道路。

刘秀经略河北，经过艰苦的奋斗终于平定了王郎之乱，兵进邯郸。不久之后的一天，邯郸城里风和日丽，兵将们擦刀磨剑，练兵演习，百姓各自忙于田耕。汉室旌旗和刘秀大司马的旌旗高高飘扬在邯郸城头，猎猎作响。刘秀自入城邯郸以来，丝毫没有放松演练阵法，依旧严肃军风军纪，不抢掠百姓半根针线。废除了王郎旧制，颁布新文书，抚慰吏民，免除苛捐杂税，恢复农业生产，深受百姓好评。很多郡县吏民感恩戴德，不辞远道带来特产与美酒回敬刘秀兵将，可谓"民心可爱"，军民一家亲。也有昔日叛贼前来负荆请罪的，刘秀见后均好言安慰，不加刑罚，反而表彰他们知错能改，给予嘉赏。

目前这里虽是一派太平盛世，但公务却相当繁忙，一个政权的更迭，很多过渡的管理事务要整理，以邓禹和冯异为首的将领更是异常忙碌。负责搜查王宫殿堂的校尉冯异任务也很繁杂，有一天，他在整理所获王郎的文书时，发现了很多吏民在王郎控制期间，与之私通的信件。其中有归附王郎的降书，有诋毁大司马刘秀的奏疏。

冯异感到事态严重，忙带着这些东西请刘秀亲自过目，让刘秀对这些朝三暮四之徒严加处治。不料刘秀看也不看，大手一挥，命冯异当众一把火烧掉。冯异虽有疑虑，但军令难违，只得命手下取来火把，亲自将文书当众烧毁。熊熊火光照在前来观望的吏民脸上，忽闪忽闪发亮，等一大堆文牍化作像黑蝴蝶一样上下翻飞的灰片时，大家立刻踏实下来，郡县吏民纷纷下跪，那些害怕大祸临头的人泣涕如雨，不打自招地高呼：多谢大人不杀之恩。

刘秀深知王郎在邯郸自立为天子期间，或出兵威逼降服周围不肯归顺的郡县，或用高官厚禄利诱吏民，各处郡县或是由于受骗，或是为了贪图功名利禄，才效力于叛贼。如今王郎已灭，他们识时务，投靠自己，如果自己不计前嫌，充分争取到这些力量，收服民心，就能不断壮大自己的军事力量，那样，重振刘氏江山就指日可待了。

刘秀一脸轻松的笑容，把吏民一一扶起，面对着火光，意味深长地说："诸位放心，有些人当初受到王郎蒙蔽，才误入迷途，酿下大错，其中情有可原，理有可恕，谁也不必斤斤计较。如今王郎已灭，让火焰烧掉这文书的同时也烧掉诸位心头的不快。自今以后不再追究，还望诸位赤心一片，以诚相待！"

回宫后，冯异不解地问："大司马为何不趁这个机会，将叛贼查个水落石出，斩草除根，彻底肃清反叛势力，而要将文书当众销毁？倘若有人贼心不死，以后再生事端，如何应付？"

刘秀轻轻一笑："将军有所不知，邯郸初定，人心不稳，如果我看了文书或者将文书保存起来，吏民就会心存芥蒂，对我们不信任。况且民心要用软办法安抚，刀剑硬拼硬杀只会失去民心。当今之际，只有稳住民心，我们才能坐稳这邯郸城。"

冯异恍然大悟，佩服得五体投地："大司马不但英勇善战，而且谋略过人，胸怀宽广，属下实在是佩服，佩服！"

自此刘秀声名大振，吏民知道大司马能容忍，不计前嫌，都真心诚意地追随于他。壮丁纷纷入编，军力大增，粮草充足，衣食无忧。经过努力，刘秀团结到一切可以团结的力量。终于应了他说的：大着肚皮容物，立定脚跟做事。

《菜根谭》里说："路径窄处留一步，与人行；滋味浓时减三分，让人嗜。此是涉世一极乐法。"这句话是说，为人处事要给他人留余地，不可一个人独享好处，把事情做绝了，以免自己下不了台。

　　相传，北宋宰相韩琦在定武操练军队时，曾经在夜里加班办公，一名侍卫手持蜡烛，替他照明。由于时间过晚，加上侍卫困乏，那个侍卫一不小心，用蜡烛把韩琦鬓角的头发给烧去了一些，韩琦没有多言，就用袖子胡乱地擦了擦，就继续伏案办公了。过了一会儿，他猛然发现替他拿蜡烛照明的侍卫已经不是开始的那位，韩琦怕统领侍卫的官员对开始的那个侍卫动用私刑，就马上派人把那位侍卫和长官都找来，对着二人说"还是继续让他替我掌灯吧，我想，他已经学会拿蜡烛了。"

　　第二天，军中的将士们都听说了这件事，纷纷佩服不已。照理来说，侍卫掌灯时走神分心，把统帅的鬓发给烧了，本来就是犯上失职，韩琦就是责打也不为过，即使不责罚，抱怨几声也在所难免。可是，他不仅一声没吭，还因为怕侍卫受到牵连鞭挞，而全力帮他说话。他这种宽容，比鞭打和责骂更能使侍卫改正自身的缺点，全力做事。同时，韩琦是部队的统帅，这件事情的影响非常大，一传十、十传百，整个军营都知道自己有位宽容的统帅，都想跟着他出生入死呢。

　　可见，对人遇事应该怀有一颗宽容之心，得饶人处且饶人。只有这样，才能赢得别人真心诚意的尊敬与合作，才能获得开启成功之门的钥匙。

　　在现实生活中，一旦遇到竞争，我们也要学会宽容，得饶人处且饶人。应该和对手公平竞争，而不是期待对手被困难所打败，甚至有意给对手下障碍，我们应该把精力放在充实自己，而不是击垮对方上，并且，应该尊重自己的竞争对手。如果一个人能在竞争中保持宽容大度，那么他的品德一定是高尚的，这样的人自然会受到所有人的尊重，包括他的对手。世界首富比尔·盖茨也曾经说过："以宽容的态度对待失败者正是硅谷成功的关键之所在。"

　　如果，一个人为人处事心狠手辣，不给对手留任何退路，到最后，往往第一个走投无路的就是自己。

曾经有这样一个古希腊神话传说：相传，太阳神阿波罗的儿子法厄同每天都驾驶着豪华精美的太阳车，恣意驰骋在蓝天之上。当他驾着马车来到一处悬崖峭壁上时，恰好碰上了驾驶月亮车的骑手。月亮车当即想避开他另寻他路，没想到，法厄同倚仗太阳车辕粗、力大的优势，一直紧紧直追，不给月亮车留下任何一条退路。

法厄同正幸灾乐祸地看着月亮车摇摇欲坠时，没想到他自己的太阳车也是万分危险，甚至没有了掉转车头的余地。前进不得，后退无门，走投无路之下，只有眼睁睁地看着自己葬身火海之中。

法厄同之所以落得如此田地，原因就是他恣意妄为，心狠手辣，不能宽容处事。

做人一定要给对手留出退路，这在表现自身的宽容大度之外，还给自己预留了一条后路。

给别人留三分余地，就是给自己留三分余地。宽容大度，不要凡事赶尽杀绝，你自己也会有周旋的机会，在突发事情来临的时候，你还可以从容不迫地应对，让自己进退自如，不费功夫；凡事不留一丝转机，就好比下棋进入死局之中，即使不会输，也永远不可能获胜。

第四章
刘秀对你说谋略

第五章

刘秀对你说 用人

人才是发展之本，是最具有竞争性的资源，作为领导，想要获得成功，就一定要看到人才的重要性，要以人才为本，发掘人才，吸纳人才，任用人才。然后，运用自己的才能管理人才、驾驭人才，将其才能充分发挥出来，协助自己走向成功。

善于驾驭人才

一个人想要获得成功，就要依靠人才的辅佐和帮助，人才作为当今社会竞争的根本因素，可以说是决定着竞争的最终成败。人才很重要，作为领导要善于驾驭人才，驭人有道的领导，才是成功的领导。

对于光武帝的善于用人，叶适曾评论说："大抵光武材过诸将，而以气柔之；高祖（刘邦）材不及诸将，而以气挫之。这一看法，很有见地。光武帝就是用"柔"的办法，约束住诸将，使诸将听从他的驱使，效果是十分显著的。"光武以绳墨待诸将，诸将亦能以绳墨从之"。

首先，他经常对将领部下，以各种方式表示关怀、信任以及给予特殊优宠等手段，加以笼络。

刘秀初起兵，王霸前来攀附，他热情表示："梦想贤士，共成功名，岂有二哉！"到河北之后，原先在颍川投靠的人中只剩下王霸一人，刘秀亲切对他说："颍川从我者皆逝，而子独留，疾风知劲草。"耿弇、景丹从上谷、渔阳南下归命，刘秀高兴地说："当与渔阳，上谷士大夫共此大功"。贾复带军在真定与五校大战，不幸身负重伤，刘秀听说后，马上关切地表示：听说他的妻子怀有身孕，如果生下女孩，我的儿子就娶她；如果生下男孩，我的女儿就嫁给他，"不令其忧。妻子也"。将领邓晨回京师，光武帝对他"数谯见，说故旧平生为观"。朱佑年轻时在长安曾经和刘秀一起买蜜合药，刘秀当上皇帝后，特意送他白蜜一石，以表示不忘旧时交往。铫期有病，光武帝"加赐医药甚厚"。冯异来京师朝见，光武帝对着满朝文武大臣的面，极力称赞他"披荆棘，定关中"的功劳，赐以珍宝、衣服、钱帛。又特意下诏表示他不忘冯异在患难中对他的一片情意："仓卒芜蒌亭豆粥，滹沱河麦饭，厚意久不报。"来歙主动来归附，光武帝十分高兴，脱下自己的衣服给他披上。他夺取洛阳成功后，光武帝大摆酒宴庆功，让他单独坐在一处，"在诸将之右"。原下江兵将领王常，一贯忠心耿耿，光武帝经常在朝廷上表扬他"心如坚石，真忠臣也。"而且同样是"与诸将绝席"，以表示特殊优宠。窦融举河西来归，光武帝让他"就诸侯位"，对他的赏赐恩宠，"倾功京师"。

　　当有的将领由于功高或权大表现出某种担忧时，光武帝的反应则是完全的信任。如寇恂守河内，勋劳卓著，有人劝他说："上新即位，四方未定，而君侯以此时据大郡，内得人心，外破苏茂，威震邻敌，功名发闻，此谗人侧目怨祸之时也。……今君所将，皆宗族昆弟也无乃当以前人为镜戒"。寇恂听后，深以为然，便故意称病不视事。后来光武帝南下河内，准备进攻洛阳，寇恂向他提出，要求随军出发，光武帝说："河内未可离也，"坚决不同意。寇恂只好派侄儿寇张、外甥谷崇带突骑跟着光武帝打仗，光武帝很是高兴。冯异平定关中之后，"自以久在外，心不自安。"乃上书表示愿意返回洛阳，侍候左右。光武帝不同意，后来果然有人上书报告，说是冯异"专制关中，斩长安令，成权至重，百姓归心，号为'咸阳王'"。光武帝特意把这份报告送给冯异看，冯异看后，不觉出了一身冷汗。赶紧上书表白说："受任方面，以立微功，皆自国家谋虑，愚臣无所能及。……而况天下平定，上尊下卑，而臣爵位所蒙，巍巍不测乎！"光武帝看后，立即下诏安慰他："将军之于国家，义为君臣，恩犹父子，何嫌何疑，而有惧意？"又如，建武四年（28年），光武帝命令耿弇进攻彭宠。耿弇因为自己的父

第五章　刘秀对你说用人

亲耿况仍然在上谷，他的功劳又和彭宠相同，只不过没有叛变罢了。加上自己的兄弟没有一个留在京师，担心会遭到怀疑，不敢进军，上书表示愿意回洛阳，光武帝知道他的意思，便下诏书对他说："将军出身举宗为国，所向陷敌，功效尤著，何嫌何疑，而欲求征？且与王常共屯涿郡，勉思方略。"耿况也感觉心内不安，为避免疑忌，就派耿弇的弟弟耿国"入侍"，光武帝很满意，进封耿况为隃麋侯。直到第二年彭宠复灭后，才派使节迎他到京师来，诏书亲切地说："惟况功大，不宜监察从事。边郡寒苦，不足久居。其诣行在所（即天子所在地）。"

光武帝通过上述种种办法，换来了将领们对他的衷心拥护，并愿意死心塌地为他效劳。如邳彤，在河北归附刘秀以后，王郎设置的信都王抓住了他父亲的弟弟以及妻、子，然后写信威胁他："降者封爵，不降族灭。"邳彤流着眼泪说："事君者不得顾家。彤亲属听以至今得安于信都者，刘公之恩也。公方争国事，彤不得复念私也。"后来因为汉军夺回信都，他的家属才免于死难。又如李忠，也在河北归附刘秀，当信都再度被敌方夺占以后，他的老母妻子全部落入敌手。刘秀知道后，马上对他说："今吾兵已成矣，将军可归救老母妻子。"还帮他出主意："宜自募吏民能得家属者，赐钱千万，来从我取。"李忠听后，感动万分，跪在地上坚决表示："蒙明公大恩，思得救命，诚不敢内顾宗亲。"后来也因为更始帝派将夺回信都，李忠的家属才得以保全。上例说明，光武帝用"柔"的办法驾驭诸将，远比"挫"的办法高明得多。

用"柔"的办法驾驭诸将，还尽可能地满足诸将的正当要求，尽可能地给予各种实惠。

如建武元年（25年），封耿纯为高阳侯（封国在今河北高阳东），封国处在涿郡郡内，建武六年（30年），光武帝命令耿纯等侯就国。耿纯心中有顾虑，为什么呢？在这之前，他曾任东郡太守，郡内有涿郡太守朱英的亲属，因为犯法，耿纯把他们处死了，现在，让他回到属于涿郡的高阳国，自然是感到心中不安，恐怕遭报复，便上书说出自己的顾虑。光武帝下书答复他说："侯前奉公行法，朱英久吏，晓知义理，何时当以公事相是非！然受尧舜之罚者不能爱己也，已更择国土，令侯无介然之忧也。"便改封他为东光侯（封国在今河北沧县东南）。这一做法是很妥当的。耿纯的忧虑是正常的，但不见得正确。光武帝给他指出了这一点。倘若不如此，就会伤害涿郡太守朱英。但是，矛盾隔阂毕竟存在，也应预防万一，给予改封便不会使双方关系有任何恶化。当然，光武帝主要还是偏于耿纯这一边，不过语气很婉转就是了。

他对诸将的实际利益，是尽量满足的，建武二年（26年），大封功臣为列侯，大国四县。臣僚指出："古帝王封诸侯不过百里，……今封诸侯四县，不合法制。"光武帝回答说："古之亡国，皆以无道，未尝闻功臣地多而灭亡者。"他封景丹为栎阳侯（封地是景丹家乡）时说："今关东故王国，虽数县，不过栎阳万户邑，夫'富贵不归乡，如衣绣夜行，'故以封卿耳。"又"令诸将各言所乐"，诸将皆占美县。河南太守颍川人丁琳独要求封本乡，光武帝问其原因，丁綝回答说；"綝能薄功微，得乡亭厚矣！"看来他想衣锦还乡，光武帝满足他的要求，封他为新安乡侯（新安乡在颍川定陵）。

用"柔"的办法驾驭诸将，又表现在对将领的过失，给予尽可能的宽容和关怀。

光武帝还注意调解将领之间的关系，避免他们之间发生冲突。

建武二年（26年），将领贾复在汝南，其部将于颍川杀人，颍川太守寇恂依法捕杀。贾复听后十分恼火，觉得自己和寇恂并列为将帅，他丝毫不留情面，搞得自己很被动。由怨生怒说：下次见到他，一定亲手把他杀了。寇恂知道后，不和他一般见识，处处避开他。手下人很抱不平，表示要处处保护他。寇恂说："不然。昔蔺相如不畏秦王而屈于廉颇者，为国也。区区之赵，尚有此义，吾安可以忘之乎？"他下令属下各县准备好丰盛的酒菜，等待贾复军队的经过。贾复率军来到时，他亲自到路上迎接。为避免冲突，寇恂借口有病提前离开了，贾复喝了酒，越想还是越气，打算带兵去追寇恂，无奈手下人全都喝得烂醉，只好作罢。光武帝知道后，便作了一番安排，他派人去召寇恂，寇恂来了以后，看见贾复已经坐在里面，还是想避开他。光武帝连忙拉住他的手说："天下未定，两虎安得私斗？今日朕分之。"经过一番劝说，贾复气全消了，和寇恂"并坐极欢，遂共车同出，结友而去。"这种做法，完全是和稀泥，对光武帝来说。为了争夺他的天下，谁对谁错，一切免提。从前廉颇有个负荆请罪，如今贾复不知是否知悔？并且，光武帝是根据自己的需要来调解将领之间的关系的。而对朱浮和彭宠的关系，不仅不调解，反而极尽挑拨之能事（后叙）。总之，其目的在于为我所用而已。

对自己手下将领的反叛，光武帝则表现出深恶痛绝，而且一般都亲自征伐，如对邓奉、庞萌就是如此。至于彭宠，只是因为地接边境，军力上无法顾及，加上臣下谏阻而罢。这种做法，大概可算是从反面驾驭将领的另一种方法吧！

他对将领总的要求是："人情得足，苦于放纵，忘慎罚之义。惟诸将业远功大，诚欲传于无穷，宜如临深渊，如履薄冰，战战兢兢，日慎一日。"将领们如能诚惶诚恐，他这个专制帝王就容易发号施令了！

光武帝不仅善于驾驭诸将，还善于任用他们。突出之处，就在于根据各人不同的特点，尽量发挥其长处。

贾复，是一个拼命三郎，作战中总是奋勇向前，能打恶仗，"诸将成服其勇"。光武帝经常用他冲锋陷阵。由于贾复为人气性急傲,"好陵折等辈。"有司打算调他去担任都县都尉。光武帝不允许,说;"贾督有折冲千里之威,方任以职,勿得擅除。"不过,光武帝也因为他容易轻敌,"敢深入,希令远征,"即不让他自己单独带兵远出打仗。正因为如此,贾复"少方面之勋"。而贾复好在不"论功自伐",不标榜自己,光武帝也说:"贾君之功,我自知之。"这样,贾复当然安心其所,尽出其力了。

岑彭,深知水战。大司马吴汉,擅长步击。在伐蜀战争中,二人意见不同发生争执,光武帝明确地把指挥权交给岑彭,这是很明智的。如果拘泥于吴汉的地位,很可能还有新的分歧出现。那样,岑彭的特长必然得不到充分发挥,出现的困难也不容易及时解决,战争的发展就会受到影响。所以上述事态一经发生,光武帝就十分明确果断地加以解决,这是他知人的高明之处。至于岑彭遇害后,让吴汉代替指挥,那是因为事发突然,而吴汉恰在夷陵,离得最近,势不得然。又先前岑彭的胜利进军,已为伐蜀战争的胜利奠定了基础,最后的决战,吴汉是可以胜任的。不过,光武帝却是一再告诫他不可轻敌,时时关注着战局的发展,及时发出指示。这与他放手让岑彭去指挥作战,显然是不太一样的。

将领李忠,为人"好礼修整",也是一个儒将。他在王莽时曾任新博属长(即都尉),受到当地官吏和百姓的崇敬信赖。光武帝鉴于南方海滨一带初定,尚有不少武装残余拥兵据土,而且那里文化习俗落后。比如丹阳,"越俗不好学,嫁娶礼仪,衰于中国。"光武帝特意拜李忠为丹阳太守,去安定治理那个地方。他到郡后,先对那些拥兵据土者加以招降,不服者则坚决镇压。不到二三月,全部平定。尔后,他拿出自己的一套,"办起学校,习礼容,春秋乡饮(即饮酒之礼),选用

明经。"结果郡内欣然从风，开垦的土地增多了，主动向国家登记户口的流民数达五万余人，由于政绩突出，后来经三公奏课，为"天下第一。"这正是光武帝用人的高明之处。

类似的例子还有很多：他考虑到河内地理位置极其重要，便选派有"牧人御众之才"而又"文武备足"的寇恂去坐镇。邓禹入征关中，无法控制部下，威望受损，关中一片混乱。光武帝改派士兵们都愿意跟随，而又"能御吏士"的。"大树将军"冯异去代替他。王霸为将，"善抚士卒"。光武帝"以霸晓兵爱士，可独任，拜为偏将军"。上述种种，说明他是本着因材施用的原则用人的。

光武帝还熟悉将领各自的性格和心理特点，更好地加以运用。如建武二年（26年），南方未定，劲敌很多，光武帝准备分派将领出征。召集将领分配任务时，他先是故意不开口，犹豫了好大一会儿。然后，突然把令檄重重地向地下一敲，大声问："郾最强，宛次之，谁当击之？"贾复这个拼命三郎，先已经急了，这时果然马上被激奋起来。率然回答说："臣请击郾"！光武帝马上高兴地说："执金吾（即贾复）击郾，吾复何忧！"这是激将法的成功，也是光武帝洞悉诸将不同性格和心理的结果。

有一些将领在某些地方有很高的威望，又有治理才能，光武帝往往也充分发挥他们在这方面的作用。

如陈俊，既是一位"手接短兵，所向必破"的猛将，又是一个善于理政的文才，他作战有勇有谋。建武元年（25年），随光武帝进功败退入渔阳的五校兵。他建议用坚壁围困，"以绝其粮"的办法来解决。结果，实现了"不战而珍"的目的。光武帝十分满意地说："困此虏者，将军策也。"之后，他被任命为太山太守、行大将军事，专门打击与张步勾结的地方武装势力。再后，配合耿弇共破张步，声威卓著，在东方享有极高的威望。当时，琅邪（山东诸城）一带尚未平定，光武帝就把他调任琅邪太守。陈俊一到，"齐地素闻俊名"，所有武装势力统统自动解散。不用大动干戈，就平定了这一地区。光武帝十分高兴，特意下诏书给他说："将军元勋大著，威震青、徐，两州有警，得专征之"。琅邪平定后，陈俊注意"抚贫弱，表有义，检制军吏，不得与郡县相干。"当地百姓十分满意。八年，陈俊屡次上书，表示愿意参加对陇、蜀的战争。光武帝当然舍不得他离开琅邪，上诏书亲切地对他说："东州新平，大将军之功也。负海猾夏，盗贼之处，国家以为重忧，且勉镇抚之。"让他一直任到建武十四年（38年）为止。

寇恂，建武二年（26年）由河内太守转任颍川太守。在位期间，他"修乡校，教生徒，""盗贼清静，郡中无事，"深得民心。七年，随光武帝西击隗嚣。后来，颍川一带盗贼群起，光武帝忧心忡忡地对寇恂说："颍川迫近京师，当以时定，惟念独卿能平之：耳，从九卿复出（寇恂当时任执金吾，为九卿之一），以忧国可也。"寇恂到颍川后，"盗贼悉降。"事后光武帝准备让他返回，当地百姓抚老携幼跪在路上恳求，要求让他留任颍川，光武帝答应了，效果很好。

景丹，是从上谷郡来归的突骑将领，原籍冯翊栎阳（陕西临潼东北）。建武二年（26年），弘农郡（今河南灵宝北）被武装势力头子苏况所攻破，郡守被活捉，搞得人心惶惶。光武帝想起景丹在这一带威名远扬，弘农郡的郡守原来就是他的部下，就打算让景丹兼任该郡郡守。尽管当时景丹正患疟疾，浑身发抖，还是连夜召见。对他说："贼迫近京师，但得将军威重，卧以镇之足矣。"景丹只好抱病前往，不幸十余日后病逝。

利用这些在某些地区享有威望的将领去治理该地区，由于他们为众望所归，所以收效很显著。这也正是光武帝的高明之处。

对于一些希望从政的将领，光武帝一般也给他们有实践的机会。

如邓晨，"好乐郡职"。光武帝就先后拜他为太山太守。汝南太守。在太山时，"吏民称之"，在汝南时，"兴鸿郤陂数千顷田，汝土为殷，鱼稻之饶，流衍宅郡"。耿纯，建武二年（26年）返回京师，顺便向光武帝提出要求："天下略定，臣无所用志，愿试治一郡，尽力自效。"光武帝笑笑说："卿既治武，复欲修文邪"？便拜他为东郡太守。耿纯到郡，视事数月，"盗贼清宁"。在郡四年，深得东郡民心。后离开该郡返回京师，又随光武帝东击董宪。途经东郡时，当地百姓老小数千人，跟在光武帝车驾后面，流着眼泪恳求说："愿复得耿君。"光武帝不觉感叹说："纯年少被甲胄为军吏耳，治郡乃能见思若是乎？"建武八年（32年）、东郡、济阴一带盗贼群起。光武帝马上想起耿纯"威信著于卫地"（即东郡），派他带兵进入东郡。结果，东郡一带听说耿纯来了，"盗贼九千余人皆诣纯降"，大军不战而还。光武帝便命令耿纯继续担任东郡太守，"吏民悦服。"这是光武帝善于用人的一种良性循环。

光武帝善于驾驭、任用诸将，不仅保证统一战争的顺利进行，而且使得君臣关系融洽，内部矛盾减少，这在历朝的开国皇帝中，是不多见的。

对于人才的合理任用，需要一个领导的识人之才，而对于人才的驾驭，则体现出了领导的能力和手腕。人才作为一种珍贵的资源，怎样利用才能发挥出其最大的能量，就是作为领导者驾驭人才需要考虑的问题。

《三国演义》中有这样一个故事，曹操远征汉中，其手下有三位大将，但是这三位大将向来关系不好，他们是张辽、李典和乐进。三位大将性格各不相同，并且相互之间关系也不好，但是曹操却让这三人一起出征。出征结果取得的胜利，这在常人看来是不可思议的，这同时也体现着曹操驾驭手下的能力。

三位大将中，张辽性格豪迈、胸怀宽广，并且对曹操的命令能够坚决执行。李典"素与张辽不睦"，但是曹操知道他识大体，并且也容易受到豪杰的感染。对于乐进，曹操知道他比较摇摆，甚至有些怯战，但是，如果张、李二人最终达成一致的话，乐进是不敢违抗的。

曹操就这么将三员大将派了出去，并定下以攻为守的指令。在战时，张辽勇猛顽强，一心冲杀，但是有时略显冲动。李典于他不和，就会不时和张辽唱反调，这却恰好打消了张辽的冲动，张辽也会考虑更加完善的计划。而一旦张辽是对的，那么李典也就会从大局出发，完美地配合张辽。剩下一个略显胆小的乐进，就起到了最后的谨慎作用。于是三人齐心协力，把不可一世的吴军打得七零八乱，一战令"江南人人害怕，闻张辽大名，小儿也不敢夜啼"。

曹操不仅用了他们的勇猛，还用到了他们之间的相互关系，从各方面相互制衡，让他们既能够防止贸然决策，又能够防止畏缩不前，由此战例中可以看到曹操择人任势的高超艺术，曹操驾驭下属的手段也是值得我们现代的领导学习的。

现代管理学说明：对人才良好的驾驭，使其形成合理的人才分配，这样能够在有效的管理下，使人才个体释放出最大的能量。一个组织的效能，固然决定人才的素质，但更有赖于领导对于人才的驾驭。科学的人才配置和管理能够使人才扬长避短，产生超越个人能力的力量。

作为领导的管理者，一定要学会驾驭人才，将人才的潜力充分发挥出来，只有这样，才能保证自己的发展，才能在竞争中获得成功。

真诚付出　用人如友

　　善用人者用人就好像交朋友，真诚的领导往往能够获得别人的真心辅佐，而成功的用人者，总是和下属保持着一种真诚的友谊。对于这种关系的确立，只有我们付出自己的真诚，才能得到别人的真心。

　　来歙是刘秀的远房亲属，在刘縯、刘秀起兵反对王莽时，来歙曾因为是刘秀的亲属被王莽搜捕差点处死。幸好来歙平时爱好结交宾客，他门下的宾客们把他从监牢里救了出来。更始帝即位后，来歙在他手下任职，并追随入关。可惜刘玄并不是识才之人，来歙多次出谋划策却始终没被采纳，灰心之余便辞去了官职。来歙的妹夫汉中王刘嘉延揽人才，把他请到汉中。更始帝事败，来歙劝刘嘉归附光武帝刘秀。于是，两人一起到了洛阳。

　　刘秀在便殿见到了来歙，高兴得连忙起身相迎。看到来歙一路风尘仆仆，身上的衣裳已经有些破旧了，当即解下自己身上的锦袍给来歙披上。这一举动一下子让来歙心里无比感动，虽然刘秀现在贵为天子，却依然将自己作为亲人看待。对于刘嘉、来歙的才能，刘秀是深知的。他下诏任命刘嘉为千乘郡太守，跟随自己征战各地，又任命来歙为太中大夫，留在身边为自己出谋划策。

　　当时刘秀正忧虑如何收复陇西、巴蜀，来歙便主动说："我曾和隗嚣在长安相遇。这个人开始起事的时候，以拥汉为名。现在陛下圣明的品德盛大兴旺，我希望遵奉您威严的命令，拿着您的手书作为信物，前往陇地，隗嚣必然乖乖地来归顺您，那么蜀地的公孙述自然灭亡，不值得谋划了。"来歙便作为使节多次联络隗嚣，对隗嚣在成都公孙述和洛阳刘秀之间选择投靠刘秀起了重要作用，来歙和隗嚣二人之间的友好关系维持了很长时间，直到隗嚣又转而投向了公孙述。

建武八年（公元32年）春，来歙率两千多人袭取略阳，他们伐山开道，从番须、回中直达略阳，采取"黑虎掏心"之法，深入敌后，斩杀隗嚣守将金梁，趁机据守这座城池。隗嚣得知略阳被占领，忙派大军围剿，经过两个多月惊心动魄的血战，来歙以两千之众，独自抵抗隗嚣的四万大军，临危不乱，据守危城。刘秀趁机使用"中心开花"战术，并且辅以政治攻心策略，一举将隗嚣的主力击溃，使其受到致命的打击，濒临绝境。在这一战役中，来歙为打开陇西大门，夺取战役的全局胜利，起到了关键性的作用。

略阳之围解决之后，来歙听说刘秀在高平，连忙赶去拜谒。刘秀特地置办酒宴，慰劳、赏赐来歙，并且单独给来歙设置席位，排位在各位将领的上首。为了褒赏来歙平陇的丰功伟绩，刘秀还当众给了他特别的赏赐——丝缣一千匹。来歙不明白刘秀的赏赐是什么意思，问道："陛下，这是何意？"刘秀大笑："这不是给你的，这是朕送给表嫂的！没有她这样的贤内助，今日你又如何能为国家立下如此大功！"来歙红着脸拜谢，在场的众将领全都忍俊不禁。

后来，来歙在攻打蜀地时遇刺身亡，临死前还不忘为国举贤。刘秀接到他的遗书，伤心得痛哭流涕，策书曰："中郎将来歙，攻战连年，平定羌、陇，忧国忘家，忠孝彰著。遭命遇害，呜呼哀哉！"来歙的遗体被运送到洛阳后，刘秀身披缟素，亲自临吊送葬。还因来歙有平羌、陇之功，特改汝南郡为征羌郡。

前文提到，贾复与寇恂关系不和，事实如此。现在作出详细叙述。

执金吾贾复虽然骁勇善战，却对军纪并不太重视，他拿下郾城后，入镇汝南郡的首府上蔡县附近休整，准备休息几日就班师北还。在休整期间，贾复纵容手下人在当地烧杀抢掠，让当地的百姓苦不堪言。此时坐镇颍川的是太守寇恂。寇恂为人正直，爱民如子，听说这样的情况义愤填膺，立刻下令将犯法的将领收监拷问，确定他们是贾复的部下，且在当地干了不少抢劫欺凌百姓的勾当后，寇恂按军法准备将这些人处死。寇恂身边的人大惊失色，纷纷劝道："大人，这些人是贾复将军的手下，不能因为这种事跟他结仇啊！"寇恂大怒："我不管是谁，谁欺负了百姓，就该受到处罚，不然法威何在？就是贾复犯了事，我也绝不饶他！"寇恂毫不客气地将这几个将领绳之以法。

脾气火爆的贾复得知消息，气得拍案大骂："寇恂这家伙居然敢杀老子的兵！贾某与他同朝为官，如今却被他无故侮辱，今日不见则已，一旦让贾某撞见，老子亲手宰了他！"几天后，贾复率大军班师北归洛阳，正好路过颍川。按照朝廷规定，大军班师回朝，地方官员要前去款待劳军的。寇恂很清楚以现在的情况，如果见面，贾复这个火爆脾气的家伙说不定会做出什么事来。寇恂并不想跟贾复发生正面冲突，只好避免跟他见面。他姐姐的儿子谷崇不理解，问道："舅父，他是大将，我也是大将，到时我带剑跟在您旁边，就算有什么事，也足可以抵挡了，为什么要怕见他，白白让人家看不起？"

寇恂说："你这话就错了，当年蔺相如不怕秦王，但是为了国家，见廉颇来了，还愿意退避，他知道先公后私，难道我竟不能做到吗？"

谷崇听了才明白寇恂的良苦用心。于是，当贾复的大军到达的时候，寇恂故意装病没有出面，但是下令各地官员大设酒宴，好好犒劳贾复部下的将士们。贾复见不到寇恂，没法发作，手下又被好酒好菜地招待，一个个喝得烂醉如泥，即使贾复想为难寇恂也没法施展，只好恨恨地离开了。

寇恂随后派外甥谷崇为信使，赶到洛阳将实情禀报。了解前因后果之后，由于对这两人都十分看重，刘秀有心为他们调解，于是马上召寇恂入朝觐见。寇恂来拜见刘秀的时候，恰好贾复也在殿中。贾复一见寇恂前来，心里自然很不痛快，可是碍于在刘秀面前，他也不好发作，只好起身准备避开寇恂。

刘秀让寇恂前来就是为了给他两人调解，当然不能放贾复走，赶紧叫住了贾复："天下未定，你们两员大将怎么能先斗起来了？今日朕就充当一次和事佬，这个面子你们想必是要给的。"贾复听了，心里也有些惭愧，没有说话。旁边早有人铺设宴席，刘秀对着两员爱将举起酒樽："来，朕与你们同饮一樽，你们以前有什么冤仇就都算化解了。"

有皇帝亲自出面调解，天大的怨气也消散得差不多了。于是，贾复和寇恂都放下心结，君臣三人并坐酣饮。酒宴终了，贾复与寇恂共乘一辆车出了皇宫。寇恂与贾复二人终于言归于好。

贾复以前潜心学问，又是一员猛将，上了战场就完全不顾性命地拼杀。在射犬聚与流民军、青犊军的激战中，双方从清早就展开了激烈的厮杀。经过半天的激战汉军开始显出了败相，刘秀赶忙命都护将军贾复率领精锐的骑兵预备队上阵。贾复一上阵，马上稳定住了战局。双方一直杀到正午时分，难分胜负。

刘秀见状，认为汉军锋锐已疲，不可再战。他下令鸣金收军。贾复率众回到阵中，刘秀对他说："贾都护，将士们已经很疲惫了，吃完午饭再打不迟。"贾复竟当场拒绝："先击破贼人，然后再吃不迟。"

他不等刘秀应允，头也不回地拨马带人向前猛冲。此时的青犊军也早就疲惫不堪了，以为彼此都会休息完再战。没想到汉军却又忽然间冲杀过来，青犊军顿时阵脚大乱。贾复冒着飞箭流石，一马当先冲杀过

第五章
刘秀对你说用人

去，毫不在乎自己受伤。将士们见都护将军如此英勇，不禁热血沸腾，全都受到了鼓舞，无不以一当十，拼死冲上前与敌军拼杀。结果青犊军被打得大败，狼狈逃走。青犊军的主力基本上已经被消灭。不久，赤眉、上江、大肜、铁胫、五幡五部联军全线溃败。

此次贾复的剽悍骁勇让全军将士佩服，刘秀却开始为贾复的安危担心起来，贾复的勇敢让他很高兴，可是这样一个"拼命三郎"，恐怕会常常受伤。贾复是文武全才，刘秀要是将来得了天下，治国安邦是少不了他的。照他这样拼命，如果战死在阵中，真是太可惜了。

果然，在真定与五校流民军的激战中，贾复身中十二处重伤，情况很危急。听说贾复受伤，生命危在旦夕，刘秀非常焦急，对诸将道："本王之所以不让贾复独当一面领兵，就是担心他太过骁勇，不顾及自己安危。我不能就这样损失了我的一员虎将呀！诸将听了，都十分感动。军情紧急，不能久留。刘秀将伤势危急的贾复留在真定养伤，自己则亲率大军北上，继续追剿窜入幽州境内的流民军。

幸而这次贾复大难不死，最终还是康复了。贾复骁勇固然是好事，可一到战场搏杀，就完全是一副拼命的架势，全然不顾自身安危。自从那次重伤后，除了随刘秀征剿檀乡兵外，刘秀很少命他远行出征，因此贾复少有独当一面的功劳。大将们聚在一起常常会谈论起各自的战功，贾复因无功可说，总是独自坐在一边，神情黯然。作为战将，这种失落感常常搅得贾复心中隐隐作痛。刘秀明白贾复的心情，在这时候常常都会说："贾将军的功劳，别人不知，朕知道！"

与耿纯事件相同，刘秀也为其他将领家属的安危担心过。当信都由于内奸投降被王郎占领后，城中有不少将士的家属都被下狱关押起来。刘秀派李忠前去营救，因为那些被抓住的家属中也有李忠的母亲和妻子。可是李忠对刘秀一片忠心，顾不得家人安危，却先把信都内奸（在自己军中的亲弟弟）杀死以立威。刘秀得知后非常焦急，担心李忠不顾自己家眷的安危，明确下令让他以救老母妻子为先，并下令任何人如能解救李忠家属的，"赐钱千万，来从我取"。

祭遵患病，刘秀得知后"诏赐重茵，覆以御盖"，在封建时代，刘秀能将御被送予下属，对下属而言是无比荣耀的事情，祭遵由此受到的激励自不待言。后来祭遵逝世，身为一国之君的刘秀身披素服来为祭遵送葬，哀痛得不能自己，让身边的侍卫们都忍不住也跟着落泪。祭遵下葬之后，刘秀又亲自到坟墓去吊唁，慰藉祭遵的家属。

这样的事情对于刘秀太过平常，邓晨、李通、卓茂等重臣去世的时候，刘秀也都与皇后一起亲自为他们送葬。

刘秀生性节俭，对功臣们却毫不吝啬，不但高官厚禄，而且常常给他们丰厚的赏赐。马武曾由衷地感叹道："远方来进贡的宝物珍玩，陛下都先将这些珍宝给列侯分发下去，自己所剩无几。"可见刘秀对人之真诚无私。

用人就好像交朋友。交朋友时，获得朋友真心的唯一方法是先学会做对方的朋友。要知道，友谊不是凭空掉下来的，它需要培养浇灌才会不断成长。朋友靠友情浇灌，当他静默时，你的心仍要倾听他的心。友谊无需过多言语，所有的思想、愿望、希冀皆在无声的喜悦中发生，并在朋友间共享友爱、忠诚、信义……用人也是一样的道理，只有真正的设身处地的为对方着想，不断地用自己的真心实意去和人才交流，感动人才，将心比心，最终才能得到人才的真心。

把纯洁的友谊加诸在金钱上，这样的人在生活中随处都能见到。这些人非常看重权利和物质条件，对有权有势的人曲意奉承，以求获得庇佑；看到财大气粗的人，就一味附和讨好。这些人不管是非黑白，平日里结交的都是些酒肉朋友，互相奉承，为虎作伥，追求物质，为了追求

金钱而聚在一起，同流合污。

这种建立在金钱和权势上的友谊容易交结，可是，这样的朋友得来容易，失去也容易。这些朋友们结交的基础是权利和金钱，他们在饭桌上互相吹捧，十分自私，也十分虚伪，彼此之间并不会真诚付出、也不会互相帮助，这样的"友谊"是不可能天长地久的。

在用人的过程中，也不能够单纯地追求利益，只是领导和人才的关系如同利益关系一样是脆弱的。利益建立起来的关系，能够轻易地被利益打破。所以我们看中的更应该是一种心灵上的交流，在领导者和人才之间，搭建一座心理上相互沟通的桥梁，只有这样，才能让人才对自己死心塌地的追随。

在我们生活中，一些所谓的"朋友"之间，会遇到这样的情况，当自己取得了一定的成绩、有了荣誉之后，就会有人殷勤地表示友好；而当我们遇到挫折和困难时，打电话都找不到人。这种人都是讲求实用主义的，有用就是朋友，这种态度是可鄙的。有的人对那些于自己有用的"朋友"，就千方百计地加以笼络，对暂时用不上而将来有所求的"朋友"，则滑头滑脑，若即若离地维持着；对曾经有用、今后不再有用的"朋友"，则置之脑后似乎不曾相识；对那些过去有恩于自己，后来陷于困境需要他帮助的，则忘恩负义，有的甚至趁火打劫、落井下石。

有些领导在用人时同样存在这样的问题。一个领导，在拥戴人才的时候，把人才捧在手心，在不用人才的时候，就丢在一边，甚至像古代的帝王，许多都是要大杀功臣。这样的领导会让人才心中存在很大的阴影，其他的人才看到这种情况，也就不会再主动地来为领导服务了。像刘秀一样的领导，总是把人才放在自看中的位置，对人才的看中从来没有因时代的变化而改变，向贾复这样的猛将，因为过于勇猛，刘秀反而担心他的生命安危，甚至不惜阻止他出战，一直对其爱护有加。在天下平定之后，论及功劳，却并不因为没有军功而小视贾复，反而经常对大家说："贾复的功劳，我心里知道。"这样的领导，怎么能不真正地感动下属，让下属为之抛头颅、洒热血，鞠躬尽瘁呢！

用人者不能仅仅靠着一点小恩小惠对人才进行管理，而是要付出自己的真情实感。古语有云，锦上添花易，雪中送炭难，患难之中才能看见真情。交友需要谨慎，择友更要讲求缘分。能够互相帮助、互相提携，共同直面人生的困境，从而共同获得进步的才是真正的良师益友。一朝交友不慎，可能会抱憾终生。

用人者同样要明白患难见真情的道理，要对自己的下属，待之以真情，真诚地付出，用人如友，这样就会得到下属的真情回报，共同创造出属于自己的天地。

知人善任

知人善任就是要做到知人和善任两个方面，作为一条众所周知的古训，千百年来在认识管理中，被领导者不断地追求，但是真正实现的却并不在多数。能否做到知人善任，关系着事业的兴衰成败，因此应该引起领导的高度关注。

信任无论在什么地方都是非常重要也是非常可贵的，不过，在权力面前，大部分人是很难信任别人的。尤其对手握兵权的将军，很少有君主能够真正放心。要是再加上别有用心的人的挑拨陷害，结果或是忠心耿耿的臣子被真的逼反，或是被革职、杀害，只有少数深谙其中规则的

第五章 刘秀对你说用人

人才能保全自己的官职和性命。这样的事情无疑也困扰着刘秀和他手下的众干将领们。

冯异在民间素有"大树将军"的美称，这个称号的来源，是由于冯异平日待人接物总是刚正不阿、进退有度。如果在他出行的道路上，遇到其他将士们，不论官职高低、战功大小，他总是把车停在一旁，给别人先让路。在刘秀行军打仗的过程中，每征服一处，按营扎寨后，将领们总会围拢起来，纷纷论功行赏。而这个时候，冯异却往往不参与其中，而是经常一个人坐在大树底下，所以，军中官兵们就送给他一个雅号——"大树将军"。打败王郎之后，刘秀对下属部队进行整编，也重新整编了将领们，使他们的统属部队更加完善。在对官兵们进行民意调查的时候，很多军士都表示争先恐后地要求加入"大树将军"统领的队伍，因此，刘秀便越发地赏识和重用冯异了。

冯异接替邓禹担任西征军将领，配合刘秀剿灭了赤眉军后，就一直镇守在关中地区，负责清理流寇，治理安抚百姓。冯异手中只有两万杂牌军，却完成了这个极其艰巨的任务。而从建武四年（公元28年）秋天开始，冯异不仅不再需要刘秀养活他，反倒把节省下的粮食源源不断地送往洛阳，有力地支援了全国其他战场。从此，原本形势最差的关中，不仅不再让刘秀担心，反倒安如磐石，成了他最放心的地方。于是，冯异在关中一待就是三年。

由于长久居外担当要职，冯异内心颇不自安。于是上书表明心迹，说自己思念朝廷，希望能被召回，以亲帷幄。光武帝因其职责重大，不同意他回来。

可惜，刘秀信任冯异，其他人并不这么想。由于一件事，冯异被卷入了危机中。建武五年（公元29年）十二月，关中发生了一件震动三辅的大事。长安令因贪赃枉法、鱼肉百姓而犯法，被冯异按律处死。本来，按照刘秀赋予他"专断关中"之权，先斩后奏也完全合理合法。这本是一件正常的政务处理，却给朝廷中的一些无所事事之人提供了口实。有人马上上书弹劾："冯异在关中专横跋扈，独断专行，未经朝廷允许就擅杀长安令，心怀不轨！"甚至还有谣言，冯异在关中一带深得民望，关中百姓都称他为"咸阳王"。

弹劾冯异的奏章送到刘秀御案上，堆积如山。刘秀根本不相信冯异会造反，可单凭这信任无法服众，弹劾冯异的不是一个两个人。所以，刘秀专程派一位与冯异从无瓜葛、忠正耿直的大臣宋嵩为使者，到长安去见冯异，调查此事。宋嵩临行前，刘秀将所有弹劾冯异的奏章都交给了他，让他带给冯异，还专门对他作了交代。

冯异得知刘秀派特使前来，忙亲自迎接，得知竟是前来调查自己的罪行的，冯异吓了一跳。他扪心自问，自己并无不妥之事，但是眼下一定要让朝廷知道自己的忠心，所以赶忙跪下向宋嵩请罪，将自己这几年在长安的情况详细地汇报，并解释了斩杀长安县令的前因后果。

庆幸的是，刘秀挑对了人选，宋嵩确实是一位心怀正义的忠臣。他没有受朝中流言的影响，只看到一路上，关中的百姓们生活安乐富足，官吏们忠于职守，井然有序，这一切无疑都表明了冯异的政绩。

冯异将事件如实道来，确实入情入理，没有丝毫不合法令之处。宋嵩确信冯异是个恪尽职守的忠臣，亲手将冯异扶起，并将刘秀让他带来的奏章交给冯异。冯异看到这些奏章，心里十分惶恐，他知道自己一直在外面，会有人猜疑，只是没想到竟然有这么多人弹劾自己，而且弹劾的罪行又如此的严重。幸好皇上还是相信自己的，否则也不会将这些奏章交给自己。

在送走了宋嵩之后，冯异决定还是回洛阳一趟，去拜谒一下三年没有谋面的刘秀。于是，他上书给刘秀，请求到洛阳朝请述职。

建武六年（公元30年）正月，冯异入京朝见。刘秀为了给冯异树立形象，下令举行朝会，当众召见他。刘秀见到冯异非常高兴，忙着让中黄门赐座，自己又对他嘘寒问暖，态度很是热情。刘秀知道此时要让众人明白自己对冯异的态度，所以，他要将冯异的功绩好好夸耀一下，让朝廷里的新晋官员们认识冯异这个元老级的人物。他扫视了一下群臣，然后将冯异介绍给群臣："这位是我起兵时的主簿，为我披荆斩棘，平定关中三辅，解除了我的后顾之忧，功劳很大呢。"几句话点明了冯异的资历和功劳，让新晋官员们一下子明白了冯异的地位。刘秀说完，又派中黄门赐给冯异珍宝衣物钱帛等。

然后，刘秀对冯异说："芜蒌亭的豆粥，滹沱河的麦饭，我现在都没有忘，只恨没有可以报答的。"冯异说："我听说管仲对齐桓公说，'希望你不要忘了我用箭射过你，我不要忘了大王用囚车装过我'，他们两人有着这样特殊的感情，互相勉励，终于雄霸天下。我现在希望皇上不要忘了河北，我也不敢忘了皇上对我的恩情。"

君臣都吐露心声，冯异终于松了一口气，他知道皇帝始终是站在自己这边的。这件事也算告一段落了，刘秀便和冯异讨论进攻陇、蜀的事情。刘秀准备采取先抚后攻的战略平定陇西和巴蜀。占据陇西的是隗嚣，当初刘秀让将军邓禹和冯异进攻关中的时候，对隗嚣采取了拉拢的手段，但是，当刘秀约他一道进攻盘踞巴蜀的公孙述时，隗嚣只说自己兵单将寡，竟托词拒绝，实际他这时已经准备起兵反对刘秀了。

所以，刘秀需要听取冯异的意见，看看他对攻取陇蜀有什么建议。冯异早就知道刘秀必然要拿下这两处，便想借此机会离开长安这个是非之地，领兵攻打陇西，为国效力。冯异说道："我看隗嚣和公孙述两人分据西南，非大加惩创，终难降服，我虽然没有什么才能，但愿意为国家效力。"

刘秀还是放心不下关中三辅的安全问题，说："长安是陇蜀的枢纽，最是紧要，你不可离开，实在不得已，我会亲到长安，调度兵马，先行伐蜀。"两人探讨进兵计划，直到天色黄昏。此后，刘秀几乎天天召冯异一起共饮畅谈，过了十多天，才放冯异回长安。

等到冯异准备回关中的时候，刘秀为了表明自己的充分信任，让冯异安心，干脆让他把妻妾、儿子等家眷全部带到长安去。看到皇帝对自己如此地信任，冯异感动异常，他决意更要守好关中这个重地，以报答皇帝的知遇之恩。

后来冯异又参与了破延岑、公孙述、隗嚣、卢芳等战役，后积劳成疾，终于病倒在军中，建武十年（公元34年），冯异在军中病逝。

冯异出身儒生，又通晓《孙子兵法》，文采出众，武略也不差人分毫，不仅屡建战功，在云台诸将中雄姿勃发，位于先烈，同时，在治理郡事物方面，也是政绩突出，当时他在治理关中时，素有"怀来百姓，申理枉结，出入三岁，上林成都"的好民风。他在带兵驻扎关中三年的岁月中，大部分当地百姓生活如常，完全不知道这里还有军队出没。像岑彭、寇恂一样，他也是为官清廉、爱民如子的一代良将。

这样的贤臣却差点毁于谣言和他人的妒忌，幸好冯异遇到了刘秀——一个能真正信任他的君主。否则，他的一片忠心恐怕早就被付诸流水，一代良将也将抱憾终身。同时，这也体现出刘秀知人善任，待人真诚的一面。

善于带兵打仗的人，总能根据作战的需要，考虑到每个人的能力差异和大小，因材而用，赋予他们不同的任务，从而发挥他们的最大效益，绝不会抱怨自己的军中无材。因此，用人如用器，贵在取其长而避其短。

俗话说"尺有所短，寸有所长。"一个人的能力再全面，也会有其

第五章
刘秀对你说用人

所不能，一个人无论多么平庸，也总会有其特长。

在企业经营中，这样的事情也是屡见不鲜。人都有自己的长处和短处，在从事经济活动的过程中，需要各类人才充分发挥各自的长处和优势。管理者要学会用人之长，避人之短。将各种不同的人才放在最适应的岗位上，让他们发挥自己的最大效用，在相应的岗位上相互配合，就能实现企业整体经济效应的最大化，这也是管理者应该好好学习的学问，现代社会更应如此。

有一个故事：一次工商界各地精英齐聚一堂，几位不同行业的老板在会上讨论自己的经营心得，其中一位说："在我的员工里有这样的三位，不成气候：一位整天抱怨，斤斤计较；一位整天杞人忧天，总是担心公司生产中会发生安全事故；还有一位就更别提了，整天迟到早退，在外面不务正业，我打算开除这三个人"。另一个老板听完，思考了一阵子，说："既然你打算开除他们，就干脆把这三个人送到我的公司吧！"

第二天，这三个人来到新公司报到上班，新老板开始给他们分配岗位：做事斤斤计较的那位，被安排负责管理产品质量；担心工作安全的那位，被调去管理安保系统；至于喜欢在公司外面的那位，就被派去进行商品宣讲，每天不在公司坐班，而是外出接触不同的客户。三个人一听，这样分配职务，满足了自己的兴趣爱好，不禁都摩拳擦掌，决心要在新的岗位上做出一番事业。这三人工作一段时间之后，公司的各项营运指标都取得了很大突破，生意蒸蒸日上。

水不激不跃，人不激不奋。怎样使不同性格的人在岗位上发挥最大作用，用人者扮演着乐队指挥的角色，起着至关重要的作用。出色的管理会用人所长，容人所短，让智者尽其谋，勇者尽其力。

清末明相曾国藩认为，在识别人才之后，还需要有用人之智，即将人才用到最合适的位置，发挥他的长处。为此，曾国藩曾有过一番见解，他说："如果将良药用在错误的病症之上，效果还不如一般的药来得好，如果将贤能之人放在不恰当的职位上，作用还不如那些庸人来得大。这个道理，就好比质地坚实的木梁可以用于攻占城池、冲破城门，却不能用来堵小小的洞穴；强壮的水牛可以用来耕田，却不能用来捕捉老鼠；千里马可以用来送信，却不可以用来看守闾门。如果用价值千金的宝剑去砍柴的话，效果还不如一般的斧头；如果用古老的宝鼎去耕田的话，效果还不如一般的犁。只要找到合适的时间、良好的环境，普通人也能发挥巨大的作用"。因此，这个世界并不缺乏人才，关键是有没有发现人才的慧眼。作为领导者必须慧眼识人，知人善任。

曾国藩的这番话，其目的就是要告诉管理者，知人善任，用人如器，如果能看到每一个人身上的长处，把他放在最合适自己的岗位上，每个人都能发挥最大能力和效用。

善于发现人才

人才作为一种资源，在竞争中有着举足轻重的作用。想要成就一番事业，必须延揽一批英才、奇才为自己所用。要求得人才，就要有求才若渴的心情和伯乐相马般锐利的目光，要在每时每刻留心人才的闪光点，要善于从小事上发现人才。

自古以来，皇帝是至高无上的，没有人敢对皇帝不敬。但是有个人竟然敢把皇帝关在城门外，坚决不给开门，还指责皇帝如此这般那般的不对。这个人不是什么皇亲国戚，也不是权倾朝野的权臣，只是一个小小的城门官，他叫郅恽，这个被关在门外的皇帝就是汉光武帝刘秀。估计也只有刘秀会被关在门外，也只有刘秀的时代才会有这样严守原则的官员。这一切都只因为刘秀是一个贤明的君主，他知道什么样的人是真正的贤臣，什么样的人应该得到重用，而不会为维护自己皇帝的尊严而给冒犯自己的人治罪。

郅恽，字君章，他十二岁丧母，研习《韩诗》、《严氏春秋》，通晓天文，擅长谶纬之术。王莽代汉时，郅恽看不惯王莽篡位以及新朝的乱政，上书王莽说："当今的天象表明，汉朝江山气数还长，上天告诫你，应该本分地做好臣子，可以转祸为福。你不能违天命窃王位，自己给自己找麻烦。上天是你的严父，臣民是你的孝子，父亲的教诲不能废除，子民的话不能不听，请你仔细地考虑一下。"王莽大怒，当即下令将郅恽逮捕入狱，指派宦官近臣威胁郅恽承认自己精神失常。郅恽毫不理会，直到遭遇大赦才重获自由身。由这件事就可以看出，郅恽是个硬骨头，原则性极强。

新莽灭亡，天下纷乱的时候，郅恽在苍梧山隐居。后来他游历到江夏一代，以教书为生。正好赶上所在郡县推举孝廉，他被荐为上东城门即洛阳城东面北头门的门官。

东汉光武帝建武年间，刘秀曾颁布过一条法令：都城之门，二更后要严闭，任何人也不准开城门，违令者，军法论处！此时正是郅恽担任洛阳城门官，负责掌管上东城的城门。结果刘秀却自己违反了这条法令。

刘秀虽然是皇帝，平日却节俭有加，没有什么繁杂的兴趣爱好，只是偶尔喜欢外出打猎，聊以消遣。有一次，刘秀来到洛阳郊外打猎，兴致大好，一直到了夜里，这才和随从一起驾车返回都城，这时，所有的城门都已经关闭了。他们来到东门前，刘秀命人让守门的官员打开城门，好让皇帝入城。没想到守卫郅恽听到这个名字，却仍是闭门不开。

随从只得悻悻而归，光武帝认为，郅恽是没有认出自己的名字，就又派随从去城门前，召来郅恽，向他说明皇帝亲归，命其赶紧打开城门。

　　过了一会儿，汉光武帝亲自策马立到桥边，让人举起灯笼火把照着自己，料想这次看见皇帝还敢不开门？不料，郅恽依然死活不开门，他说："夜里看不清楚，按朝廷的规矩不能随便开门。"刘秀无奈只好绕到东中门叫门，这次很顺利，一说是皇帝的御驾，城门官二话没说，赶紧打开门接驾进城，刘秀这堂堂皇帝才算能进城回宫。

　　应该说，郅恽弄得皇帝很没面子，作为郅恽，知趣一点，到此为止，也就可以了。然而此人却有个犟脾气，第二天，他上了一道奏章，将刘秀又批评了一顿，奏章的内容是这样的："从前文王不敢玩乐游猎，因为他时时刻刻忧心老百姓，可是陛下却前往遥远的山林游猎，并且夜以继日地游玩，这对江山社稷会产生什么影响呢？将如何对国家和祖宗交代？如果陛下不能以此为戒，实在令臣下担忧。《诗经》告诫人们切勿徒手打虎，切勿涉水过河。如果陛下不能以此为戒，实在是令臣下担忧。"

　　从奏章的口气看，显然他知道昨晚叫门的是天子，这不是和皇帝有意"过不去"吗？然而，刘秀看了奏章，不但昨夜受委屈的气没有了，反而感慨这个城门官确实是个敢谏之臣，不但没有惩罚郅恽，相反，赏赐他布帛100匹。同时，把负责东中门的官员贬到一个县里去当县尉了。刘秀觉得郅恽敢于直言进谏的行为极有风骨，便召见了他，一番详谈之后，刘秀很惊讶郅恽的学识，觉得这是个不可多得的人才，德才兼备，便不再让郅恽看守城门，而是让他担任太子刘疆的老师。

　　西汉名将李广也曾经遇到过和刘秀类似的事情。有天夜晚，他同样是晚间归来，同样遭到霸陵尉的制止。然而，两个看门官的下场却截然不同。前者被奖，后者被杀。李广被重用重新领兵后，执意把亭尉要到

自己军中，最后找了个借口将他杀了。与刘秀相比，在老百姓心中一直印象极好的李广实在是心胸太狭隘了。

刘秀的臣子在他面前大多敢说"不"。主明臣直，自古皆然。假如刘秀不听逆耳的忠言，时常责罚甚至杀掉直言进谏的人，谁还敢在他面前说半句实话直言呢？剩下的恐怕只有一片"吾皇圣明、万岁"的阿谀之声了。裴矩在隋炀帝朝是个佞臣，而到了唐太宗手下却成了一个谏臣，便说明了这个问题。刘秀是个愿意接受别人意见的人，能听得进去劝谏，并不是唯我独尊的人，用从谏如流来形容他是并不夸张的。

后来的郅恽依然没有让刘秀失望。郭皇后对光武帝刘秀不满，以至于发展到了后来被废。郅恽作为臣下，调停于光武帝刘秀、郭皇后和太子之间。郅恽对刘秀说："我听说夫妻之间的事情，儿子不能干涉，臣下更不能干涉皇上。有些话，我是不该说的，但是，还是请皇上能够恰当处理此事，以免被天下人议论。"

郭皇后被废，太子却依然还是郭皇后的儿子刘疆，郅恽便对太子说："你长久地处在被人疑虑的位置上，对皇上来说，有违孝道，对于

天下都城隍

保全自己也很不利。再说，自古子以母贵，母以子贵，太子应当从容引退，奉养母亲，这样即使是当今皇上也会赞赏你的。"刘疆听从了郅恽的劝告，坚决要求将太子之位让出来。

正因为郅恽的指点，郭皇后和太子虽被废黜，但都得到了很好的归宿。太子被封为东海王，郭皇后被封为王太后，避免了历代经常出现的夺嫡斗争，使郭皇后和太子得以保全性命和尊荣，继任的太子刘阳也得以保存自己对哥哥友爱的形象。

而这一切都源自于一个夜晚，洛阳城门外，刘秀吃了闭门羹而意外发现了这样一个贤臣，进而被肯定重用带来的结果。

可见，人才是我们竞争中最有利的资源，所以，发现人才，求得人才就是作为领导的用人者一定要十分注意的一个问题。历代成功的领导，无不是求贤若渴，无时不忘发掘、寻找人才。

唐朝一代明主唐太宗在执政时，就非常注重发掘人才，求贤如渴。他曾专门让大臣封德彝推荐人才。一段时间之后，封德彝并没有向唐太宗举荐什么人才，唐太宗不高兴了，就责问封德彝，封回答说："皇上，真的不是我不尽心，而是当今的人才都被网络尽了，没有什么出众的人才了。"唐太宗听后生气地说："君子任用人才如同使用器皿，懂得各取其长。古代明君难道都是向前朝借用的人才吗？分明你不能发掘人才，却谎称没有人才，你这是蔑视一个朝代的有用之才。"太宗一席话让封德彝无地自容。正因唐太宗不断挖掘人才，太宗一朝，日益强盛，形成了"开元盛世"。

许多的领导非常看重别人手中的人才，而不注重对自己拥有的人才进行挖掘，这也是一种错误的人才观。领导完全可以发觉自己的内部人才，"唤醒"那些"沉睡的人"。在自己的团队内部，设立各种激励制度，将人才的潜能充分地激发出来。在自己团队的内部发掘出更多的人才。

　　现代社会的竞争实质上是人才的竞争。作为一个管理者如何在最短的时间内发现人才、利用人才、开发好人力资源，关键是学会在自己团队的内部发掘人才，而不应该一边感叹人才难求，一边又使周边的人才无处发挥，却一门心思扑在从团队之外再去招揽人才。在用人之时，应该明确最大限度地发挥团队中每个人的长处，而不是盯着每个人的短处。如果一心盯在别人的短处上，就会看不到那些人身上的闪光点，这样的话，自然不会提供给身边的人可以发挥的舞台，那么，他们的能力就得不到很好地发挥。

　　就像唐太宗说的，用人如器。管理者要用人之长，回避他的不足。将一个人的优点发挥出来，这样就能够找到更多的人才。而用人者如果只是将自己的目光放在人才的不足之处，那么，人才的定位就是一个缺憾的弱者，这样就不能发掘出人才真正的能力，也就错失、埋没了人才。

　　用人者只要用心，在细节上注重对人才的发掘和培养，就会发现，自己身边是人才济济，用人之长，才能在竞争中才能获得优势。如果用人者不注重人才的发掘和培养，最终会发现自己身边无才可用，在面对问题时，没有人能够帮自己解决，更不要说取得成功。

广纳贤才

　　人才资源是现代竞争中最宝贵的资源，是竞争中的核心竞争力，小至一个团队，大到一个国家，人才问题都直接关系到发展的兴衰成败。

在竞争中，人才的重要性越来越得到人们的普遍认同。这就要用人者重视人才，广纳人才。我们一起来看刘秀是如何广纳贤才的。

"打江山容易，守江山难。"每一个马上纵横，取得了天下的皇帝，都会思索以后如何治理天下。早在更始帝定都长安时，军帅将军李淑就曾上书进谏道："陛下定业，虽因下江、平林之势，临时济用，不可施之既安。宜厘改制度，更延英俊，因才授爵，以匡王国。"奏书非常明确，借用农民战争取得天下，但治理天下需用才士。更始帝不但不听，反而把李淑投进了大狱。得天下难，失天下易。距李淑上书不到十个月，更始帝便尸首分家，埋冢荒野。

教训是活生生、血淋淋的。光武帝不仅经历了更始王朝覆灭的全过程，而且与之有千丝万缕的联系，他不能不慎重从政。光武帝十分赞成李淑的谏言，即位以后，大肆招揽各地贤才。

刘秀早就听说伏湛是汉家旧臣，一代名儒，立即征召到洛阳，主管内职，拜为司直，使其典定旧制。得知张纯博学，亦公车相请。张纯，字伯仁，京兆杜陵人，父为成帝侍中，少袭爵位，哀帝、平帝时为侍中，敦谨守约。建武初期，旧的规章典制都已经遗失了，刘秀经常就此向张纯询问。祭祀宗庙、婚礼冠礼、丧葬等礼仪，几乎都是张纯正定。光武帝敬重张纯，拜为虎贲中郎将，数次引见，一日或至四次。

建武二年（公元26年），刘秀召见通《论语》、《孝经》的范升。范升诣阙进宫，拜为议郎，迁博士。他上书辞让说："臣与博士梁恭、山阳太守吕羌俱修《梁丘易》，两臣并考史，经学深明，而臣不以时退，与恭并立，自知不能相称，惭负二老。诵而不行，知而不言，不可开口以为人师，愿推博士以避恭、羌。"光武帝"敬其尊贤，数语引见，每有大义，辄见请问。劳心下士，屈节待贤"。

刘秀一边劝退功臣，一边大批地起用文吏。光武帝认为，文吏们对

封建典章规范十分熟知，而且道德水平高，非常适合参与国家政事。建武六年、七年，刘秀连续两年颁布政令，命令各地官员积极推选贤能之人，到京城参加统一考试。并且实行了"征辟"制度，这就是下令征召有才之人为官，地方公卿和郡守也能自行"辟"用才得之人做为幕僚。在这份诏书之中，刘秀严苛地规定了选官的范围：第一，一定要才得出众，身家清廉；第二，知识水平一定要非常突出，最好是知晓经学的博士；第三，深知各种法律条例，而且可以依法办理公务；第四，才干和德行都必须是出类拔萃之辈，并且在突发事件之时，必须临危不乱，能够有所作为。各地官员提拔人才，一定得严格地按照这四条标准进行，如果有人任人唯亲，一定要受到惩罚。

为了收纳更多文化素质高、政治修养高的官员，光武帝曾经多次走遍全国、访求名贤。像他在长安求学时的同窗名士严子陵、周党、王良、王霸等等。严子陵、周党、王霸都淡泊名利，不愿意入朝为官。王良则留下来担任郡太守，后来晋升为大司徒司直，他性恭俭，清廉有名。他的妻子身着荆钗布衣，亲自操持家务，简朴得和当年做平民时一样。

卓茂，是南阳宛城人，是汉末闻名四方的儒生大家，他博学多闻，对《诗》、《书》、《历法》等知识水平都很高，而且素来以宽厚闻名，深受读书人的尊敬和仰慕。刘秀即帝位后不久，就派人招揽这位闻名全国的大学者，并且亲自前去迎接，将当时70多岁的卓茂奉为太傅，封褒德侯。过了几年以后，卓茂去世，光武帝亲自驾车，穿着素服，为他送葬，以表示自己的尊重。

光武帝礼贤下士，求贤若渴，确实网罗了一大批品行端正、廉洁奉公的有用人才。

除了求贤，光武帝的另一项重要的事务就是革除弊政，建立新的制度。

由于多年战乱，百姓流离失所、死伤无数，能够耕田的人非常有限。而很多豪强贵戚人家却豢养着许多奴婢，不但影响着劳动力的平衡，他们还经常虐待奴婢。奴婢在主人家过着凄惨无比的生活，挨饿、毒打更是习以为常，甚至被当成牛马在市场上公开出售。而这些奴婢很多本是平民，或是因为土地被豪强侵占被变卖，或者在战乱时被劫持为奴。大量的劳动力被如此荒废和虐待，严重影响国家的稳定。于是刘秀从他迁都洛阳后不久就开始连续不断地发布解放奴婢的诏令，使大批奴婢获得了自由。他还颁布了很多禁止主人虐待奴婢的法令，宣布杀害奴婢和杀害平民判处同样的刑罚。奴婢的问题得到了很大的缓解，国家的生产力也渐渐恢复。

西汉中期以来，随着政局的不断变化，冗官泛滥、闲职过多的现象日益严重。由于要养活只吃饭不干事的冗官，黎民百姓的负担日益沉重。

公元30年6月，光武帝下诏宣布全国裁减官吏，合并机构。于是这一年之间，全国合并了十个郡、四百多个县，裁减官吏数万人。为了节省国家的开销，刘秀清除了一些不需要的冗官，连大司徒府中的司直一职，也省去了。

除此之外，刘秀还对文职之外的国家财政支出进行一番改动，他决定裁军。建武六年（公元30年），在大批量下令裁撤官吏的同年十二月二十七日，刘秀又下诏进行裁军，他规定："军士中凡是年轻力壮之人，应当立即罢除轻车、骑士、材官、楼船和相关的军吏，回到家乡进行农业生产。"建武七年，刘秀再一次下诏裁军。大批的壮年劳力得以返乡，从事农业生产。这样一来，既使得国家军费开支得到减少，又为农业生产提供了宝贵的、数量可观的劳动力。

第五章 刘秀对你说用人

刘秀的这些深得民心的措施自然使更多的人才愿意为他出谋划策。在现代，人才的重要性，使得发掘吸纳人才也愈发显得重要。我们在竞争中就是要突破一些限制，打破条条框框，唯才是举，只要是人才，就可以吸纳进自己的队伍，广纳贤才，为自己的发展积聚力量。

齐桓公也是一位广纳贤才的明主，他深知人才对于一个国家、一个国君来说是多么重要。在齐桓公身边，有贤相管仲辅佐，管仲为齐桓公争霸做出了巨大的贡献。但是其并不满足，他觉得仅有一个管仲还不行，他还要发掘更多的人才，于是齐桓公决心广纳贤才。

为了招揽人才，齐桓公命人燃起火炬，将宫廷内外照得一片光明，这种做法一方面是为了造成一定的声势，另一方面是为了便于能够在人才到来时，即使是晚上也能够马上接待。但是奇怪的是，整整一年时间里，人们除了在路过的时候发些议论、看看热闹之外，没有人前来进谏，这让齐桓公和众大臣莫名其妙。

终于有一天，一个乡下人来到宫门口请求见齐桓公。侍卫问他有什么才能，乡下人回答说："我能熟练地背诵算术口诀。"侍卫觉得好笑，但是也没办法，于是报告了齐桓公。齐桓公也觉得十分好笑，于是回复乡下人说："念算术口诀的才能太浅陋了，你还是回去吧。"乡下人非常坦然地说："这里的火炬点燃了整整一年，没有一个人前来，这是为什么？我觉得这是因为大王的雄才大略已经名扬天下，贤才们虽然想要为大王尽力，但是又害怕自己的才干达不到大王的要求而不被大王接纳，所以都不敢前来。""今天如果大王因为我浅薄的才能而接见我，并且对我以礼相待，那么天下人就会知道大王是真的求才若渴、礼贤下士，那么那些有真才实学的人才没有了顾虑，一定会前来的。泰山不排斥一石一土，所以成就了自己的高大；江海不拒绝涓涓细流，广纳百川，才有了自己的浩渺深邃。古代那些圣明的君王，就算是面对农夫樵夫，也会去向他们请教，不断地集思广益，才最终使自己更加英明的啊！"

齐桓公听完之后，深有感触，马上用隆重的礼仪接待了这个乡下人，这件事传出去之后，各地贤才纷纷前来。齐桓公依靠着这些人才，让自己日益强大。

一个人想要获得成功，就离不开人才的帮助；一个团队想要在竞争中胜出，也一定离不开人才的辅佐；一个领导若真心求贤，就必须有诚意、礼贤下士，以宽广的胸怀接纳人才。

第六章

刘秀对你说 管理

管理是一门高深的学问，更是一门深刻的艺术。一个优秀的管理者，能够巧妙地运用自己的管理艺术，胸有成竹地举一纲而动全目，游刃有余地进行管理，能够让下属将工作能力充分地发挥出来，使得自己的团队获得最大、最好的发展。

要稳定内部关系

攘外必先安内，这句话是很有道理的，没有稳定的内部环境，怎么能安心地在外部开展竞争。所以要非常重视稳定自己团队的内部关系，尤其是在有合作伙伴介入的时候，更要注意和合作伙伴关系的稳定性，只有这样，才能集中全力，对外竞争。

刘秀兄弟二人起兵之后，将目标放到了大一点的城市——湖阳，经过一番厮杀，起义军最终攻取了湖阳。攻克湖阳之后刘缤大开筵席，庆贺攻克湖阳之胜利。然而，左等右等，新市兵和平林兵的几位领导人一直迟迟不见踪影，刘缤派人几番催促，王匡和陈牧等人才姗姗来迟，个个面色忧郁，显然是满腹不快。喝过几杯闷酒以后，王匡终于忍不住怒气，砸了手中酒杯，指着刘缤大声嚷道："刘伯升，你不公平！"

刘缤大吃一惊，说："王兄此话怎讲？"

王匡说："你们得到的财物，远远超过我们所得，这就是不公平。如果公平的话，应该把所有财物都归到一处，按人头进行平均分配。"

新市兵和平林兵虽然没有抢到和刘氏宗亲相当的财物，但是，他们人员较多，如果按人头重新分配的话，无疑要分去一大部分的物资。刘稷当下怒道："或多或少，都是大家凭借自己本事所得，我们各尽所能，你们自己所获不多，就想来分我们的东西，你们真是不讲道理！"

王匡这些人本来就没有打算要同宗亲们讲道理，他们就是觉得分赃不均，心生不服。王匡冷笑着说："你们不想平均分配也无妨，只要让我们去抢樊重家的财物，那我们也不逼迫你们平均分配。"

刘縯虽然对樊重深恶痛绝，但不管怎么说，他都是自己的外公，自己虽然得不到外公的支持，也不能让外人夺取，于是斩钉截铁地答道："这事万万不可，樊氏乃我外家，绝不能抢。"

王匡和陈牧一听这话，勃然大怒，立刻请辞，说："既然如此，诸君便好自为之。"说罢愤愤而出，王凤、马武随即也跟着离开。行至门前，王匡回身，狠声说道："看来平心静气的说是没有用了，我们只能强取了。"

刘稷素来贵族气重，本来就对这些农民武装心生鄙视，此言一出，更是对这些农民深恶痛绝，当即对刘縯出言劝说："一路下来，都是刘氏子弟在前冲锋。能够攻占湖阳，也都是刘氏子弟的功劳。这些穷寇，既不能同患难，也无法共富贵，作战无比消极，现在分起战利品却唯恐落于人后。看刚才王匡等人的意思，他们很有可能对我们不利，不如我们先下手为强……"

刘縯此时却仍然对农民武装力量充满期待，就对刘稷说："依你所看，这些人是出于什么目的才造反？天下是姓王还是姓刘，跟这些人本来就毫无关系。依我看，还是匀出些财物给他们，权当息事宁人。"

刘稷不平地说："他们一出口，我们就乖乖奉上，怎么能对这些人如此示弱？如果开了这个先例的话，只会助长他们的气势，使他们越来越矫揉造作。再说，如果我们就这样让出所获得财物，又怎能向刘氏子弟和宾客们交代？"

刘縯一时也不知道如何是好，就看向刘秀，说："以文叔之见，当如何应对？"刘秀也直直地望向刘秀，目光中全是期待。他和刘縯此时

都无法说服对方，因此刘秀的建议就显得尤为重要。

刘秀能理解刘縯的想法，于是他回答道："我在长安读书时，曾做过商贾买卖。虽是商贾属于贱业，却和兵法有着暗通之处。司马迁《货殖列传》中记载：'贪贾三之，廉贾五之。'如果一味贪婪，而吝啬，这样的商人能赚三倍，而不贪图一时之利的商人，却能够赚五倍。依照常理，越是贪婪吝啬的商贾，应该能赚取越多利益才是，可往往事与愿违。这又是为什么呢？原来贪贾只知取，而不知予。廉贾既知取，又知予，更知予即是取。"

刘縯感叹地说："好一句予即是取。三郎知我心也。"

刘秀又说："但凡能成大事者，皆为大度之士，而事情往往败于寒陋小人。昔日高祖捐四万斤金与陈平，就不曾不问其出入，裂地数千里，分封给韩信、彭越，更是毫无痛惜之心，遂能灭项羽而有天下。反观项羽，虽勇猛无敌，却吝啬小气，部下有功当封爵者，项羽握其所封印信，把玩不舍，直至棱角磨平，犹舍不得给予，终落得乌江自刎，身败名裂的下场。"

刘秀看看刘稷，又说："如今，王匡等人开口索要财物，这是好事一件，只要给他们一些财物，他们便会继续替我们卖命，最应该害怕的，是他们明明有所求，却不肯挑明，却在暗地里阴谋诡计。如果我们此时起了内讧，即使打败了王匡等人，也会让四方豪杰寒心不已，认为我们没有容人之心，到时候，就没有人肯来投奔我们了。"

刘稷一听这话，也是辩驳不能。刘縯喜出望外，说："他日云蒸龙变，欲有所会，岂与琐琐者较哉！区区钱财，不足爱惜，所抢财物，索性悉数相赠，以安彼等之心。"

于是，刘秀就挨家挨户地收敛了刘家子弟和宾客所得的财务，并将其中大半送给新市兵和平林兵。王匡等人此时正在酝酿谋反，只见刘秀不仅亲自前来慰问安抚，还给他们带来了超出预期的财物，不禁大悦，假意推脱了一番，最后还是全数收入囊中。

凭借金钱的魔力，就避免了一场军事危机，第二天，六部合兵而进，向着宛城进发。

刘秀成功地运用自己的手段，将内部矛盾化解于无形，成功地团结了内部的关系，使得合作伙伴之间保持了最初的稳定关系，保证了自己的团队在竞争中没有内讧现象的发生，在起义初期，保证了自己的生存，并为自己以后的发展打下了基础。

古人的政治统治中有"攘外必先安内"的政治主张，讲的是汉代景帝时期，面对着匈奴犯境和国内藩王林立的情况，在北御匈奴和国内削藩孰先孰后的问题上，大臣晁错提出的一种政治主张。晁错以政治家的眼光说服了汉景帝，最后选择继续和匈奴和亲以稳定匈奴关系，而将注意力集中到国内的削藩上。结果，汉景帝的削藩之举除去了内忧，加强了中央集权，增强了国力，使得大汉朝实力空前强盛，雄厚的实力为后来汉武帝对匈奴动武、解决边患创造了条件。

攘外必先安内的政策对于管理者有着重要的意义，它要求管理者要注意团队内部的团结和稳定，只有在稳定的情况之下，才能够集中力量对外进行竞争。

这种情况尤其在有合作伙伴的情况之下显得尤其重要。合作伙伴之间的关系，是靠彼此的利益关系来维持的，在利益关系发生摩擦的时候，很容易就会造成合作伙伴的关系不和，这时就会给竞争对手以可乘之机，使得自己在竞争中遭受损失。这就要管理者具有明确的大局意识，将整体的竞争利益做为首要考虑的问题，在合作中，不计较小的利益得失，以获得整体竞争的胜利。

第六章 刘秀对你说管理

用共同愿景指引发展方向

在一个团队中，管理者要确立一个明确的共同愿景，共同愿景就像一座灯塔，始终为团队的发展指明前进的方向，会指导自己的团队向着统一的目标前进，并且最重要的是共同的愿景能够激发出团队中每一个成员的积极性，从而促使团队的发展。

刘秀自从受更始帝刘玄之命，前去安抚河北时，就已在他的心底暗藏下统一天下的志向。邓禹在邺城，曾向刘秀提出他对天下形势的认识，其中提到："更始虽都关西，今山东未安，赤眉、青犊之属，动以万数，三辅假号，往往群聚。更始既未有所挫，而不自听断，诸将皆庸人屈起，志在财币，争用威力，朝夕自坑邸已，非有忠良明智，深虑远图，欲尊主安民者也。四方分崩离析，形势可见。明公虽建藩辅之功，犹恐无所成立。于今之计，莫如延揽英雄，务悦民心，立高祖之业，救万民之命，以公而虑天下，不足定也。"

邓禹的这番议论，实际是要刘秀准备统一天下，成就帝业。刘秀对此非常赞同，正透露了他要实现"威德加于四海，"统一天下的心迹。只是刘秀当时还势单力孤，还不便于表露出来。

当刘秀基本清剿完河北农民军的主力，河北大体安定，而且，寇恂、冯异又在温县大败更始军以后，刘秀以河北为根本的意图已经实现。河北、河内无论是在经济上，还是在军事上，都可以保证刘秀的势力可以在以后发展。这样，刘秀占据一方，称帝的社会条件便已具备了。

在刘秀经营河北时，如前面所述，一个以南阳、河北豪强为基础的军事集团，已经紧紧围绕在刘秀的周围。因而刘秀称帝，也具备了雄厚的支持力量。

从当时社会形势上来看，由于更始帝刘玄的昏庸，他占据长安后，完全没有号令天下的能力。各地割据势力纷纷同更始政权对抗。自从更始二年，王郎在邯郸称帝后，其它地方割据势力也纷纷称帝。如建武元年春正月，"平陵人方望立前孺子刘婴为天子，更始遣丞相李松击斩之。"割据势力不仅立汉朝宗室为皇帝，并且，一些强大的割据势力，公然抛开汉朝宗室，自立为皇帝。如建武元年夏四月，"公孙述自称天子。"在割据势力或拥立汉朝宗室，或自称为帝的形势下，正名号，对刘秀进一步发展其势力来说，就是至关重要的。

不过，更重要的是，刘秀在河北、河内的成功，主要是依靠当地豪强势力的支持。而这些豪强之所以全力支持刘秀，是因为他们看到刘秀有卓越的才能，他们依靠刘秀，正是打算在刘秀一旦即皇帝位后，会使他们将来在政治、经济上，获得更多的利益。

可是，刘秀在平定河北后，对于这些问题，起初并没有明确的认识。他只是注意到他自己的军事实力和处境，所以对即皇帝位一事，并没有急于去做。正如他自己所说："寇贼未平，四面受敌，何遽欲正号位乎？"在这种意识支配下，他对自己的部将要求他称帝，一再加以推托。如在温县大捷后，刘秀的部将就"议上尊号。"当时马武首先提议说：

"天下无主。如有圣人承敝而起，虽仲尼为相，孙子为将，犹恐无能有益。反水不收，后悔无及。大王虽执谦退，奈宗庙社稷何！宜且还蓟即尊位，乃议征伐。今此谁贼而驰骛击之乎？"

第六章

刘秀对你说管理

但刘秀坚决拒绝了马武的要求。他对马武说："何将军出是言？可斩也！"并且，把他的意图晓喻众将领。当刘秀由蓟返回，到达范阳时，刘秀的部将又一次集体上奏，要求刘秀称帝，又遭到刘秀的拒绝。

对于刘秀只考虑到自己所具有的实力，而没有顾及到"正号位"的社会影响，尤其是没有考虑到随他征战的豪强阶层利益的作法，刘秀的部将耿纯及时提醒刘秀说："天下士大夫捐亲戚，弃土壤，从大王于矢石之间者，其计固望其攀龙鳞，附凤翼，以成其所志耳。今功业即定，天人亦应，而大王留时逆众，不正号位，纯恐士大夫望绝计穷，则有去归之思，无为久自苦也。大众一散，难可复合。"耿纯的建议，确实打动了刘秀，使他感到在河北大体平定的条件下，不及时即皇帝位，就会丧失河北地方豪强的支持，也会使随同他征战的南阳、河北豪强军事集团开始动摇。正是基于这种原因，刘秀改变了他缓称帝的意图。

一些支持刘秀的豪强，为了争取刘秀尽早称帝，利用当时人们对谶言的迷信，来证明刘秀即皇帝位的合理性。如刘秀年轻时在长安太学学习的同舍生疆华，就从关中带来《赤伏符》，其中说："刘秀发兵捕还道，四夷云集龙斗野，四七之际火为主。"这句谶言隐含的意思，据唐人李贤解释说："四七，二十八也。自高祖至光武初起，合二百二十八年，即四七之际也。汉火德，故火为主也。"刘秀是对谶言极其迷信的人，他当然对此深信不疑。刘秀手下群臣，也借《赤伏符》中的说法加以劝进。他们都说："受命之符，人应为大，万里合信，不议同情，周之白鱼，曷足比焉？今上无天子，海内淆乱，符瑞之应，昭然若闻，宜答天神，以塞群望。"

刘秀即皇帝位，即符合众望，又适应符命，所以在当时人看来，是再合理不过的了。这时占据长安的更始政权还存在。刘玄也是以汉朝宗室的身份称帝的。刘秀有了《赤伏符》符命作依据，他称皇帝，同长安的更始政权对抗，也就可以毫无顾及了。因而，《赤伏符》的炮制，既为刘秀继统蒙上了神秘色彩，同时，也促使刘秀尽快称帝。

建武元年（25年）六月，刘秀选择鄗城作为即皇帝位的地点。他事先"命有司设坛场于鄗南千秋高五成陌。"已未日，正式在鄗城即皇帝位。在即位的大典中，举行了"燔燎告天，禋于六宗，望于群神"的仪式，表示自己成为上天认可的天子。并在即位仪式上宣读了祝文，其中说："皇天上帝，后土神祇，眷顾降命，属秀黎元，为人父母，秀不敢当。群下百辟，不谋同辞，咸曰：'王莽篡位，秀发愤兴兵，破王寻、王邑于昆阳，诛王郎、铜马于河北，平定天下，海内蒙恩。上当应天地之心，下为元元所归。'谶记曰：'刘秀发兵捕不道，卯金修德为天子。'秀犹固辞，至于再，至于三。群下合曰：'皇天大命，不可稽留。'敢不敬承。"

刘秀的告天祝文，对于他自起兵以来所建树的功绩，作了陈述，而且，引证谶语，说明他即皇帝位的合理性，公开声明要平定全国。所以这一祭天祝文，成为刘秀要统一天下的宣言。

这个宣言是刘秀集团的共同愿景，这一愿景将他们紧紧地凝聚在一起。

此情此景，后人可以想象刘秀心中那种君临天下的激动和感慨。三年之前，他起于白水之滨，奋寡击众，举弱复强，仗空节而北徇燕赵，颠沛垂死，仅依二郡而苟活，几番曲折，终于称雄海内。感慨之余，刘秀心中至深的悲伤却无人知晓：父亲早逝，大哥遇难，二哥二姐战死，妹妹嫁给镇守荆州的李通，远在南方。母亲也在儿女起兵时病逝乡里，宗族中人代为收殓。慎终追远为人生大事，而子女忙于军旅，无以尽孝，这种人生的遗憾长留心间，难以忘怀。在今日的盛典上，刘秀已是举目无亲。

刘秀即位之后，改元建武，大赦天下，改鄗城为高邑。这一年是公元25年，刘秀年仅30岁。他成为东汉王朝的开国君主，后人称之为

第六章 刘秀对你说管理

刚柔人生

刘秀有话对你说

汉光武帝刘秀二渡伊水至此——重渡沟

光武帝。

共同愿景这个概念是由彼德·圣吉在《第五项修炼》一书中首先提出的，也是其所描述的五项修炼之一。作为管理组织和企业的先进方法和手段，得到了大家的认可和赞同，被誉为"21世纪的管理圣经"。共同的愿景实质就是大家共同期待的景象，也是人们最终共同持有的意向和景象。他的建立能发出一股较强的感召力，创造出众人一体的感觉，同时遍布组织的全面活动，而使各种不同的活动融合到一起。这样的景象无疑是任何单位和组织追求和期望的，此种工作的氛围可以展现每个成员的个人才华，形成强大的合力。

在刘秀的发展过程中，刘秀本着一种韬光养晦的精神，一直不急着称帝，这在一定程度上，是刘秀的发展之道，但是其中也存在着弊端，那就是不能满足自己的团队中所有人的愿景。正所谓攀龙鳞、附凤尾，在刘秀的手下中，都是为了辅佐刘秀称帝，以使自己能够作为开国功臣来获得自己的奋斗成果的，刘秀的坚持不称帝，将会大大损害下属的积极性。到最后认识到这一点之后，刘秀就不再犹豫，终于称帝，让自己的下属有了共同的愿景，于是稳定了人心，激发了下属的斗志，最终能够统一乱世，获得成功。

共同愿景，能够使团队的所有成员有归属感、有署名感。团队的每位成员都能找到自己在团体中的定位，发现自身的价值和应承担的责任，团队成员也会感到，自己是属于整体之中的一份子。共同愿景，能够使团队的所有成员都具有敬业奉献的精神，乐于投入，敢于奉献。因为，在这样的集体中，工作已经不单纯地是一种维持生存的手段，而上升到了另一个高度，俨然成为了一种道德责任，在这样的工作环境中，工作起来充满激情、乐趣无边，每个人也能从中体会到自己的价值。共同愿景，能够使能团体之间的每个成员关系融洽，在这样的团队里，每个人都会把团队的责任当做自己的责任，把周围的同事看作是一起实现共同愿景的奋斗伙伴，是利益共享体。

适时提出企业的发展目标，是领导者的重要责任。无论面临什么样的困境，领导者都要让自己的下属对未来充满希望，用共同的愿望给下属指引发展方向，如果做不到这一点，就不能称得上是合格的领导。

"柔"术管理

以柔克刚，源于老子的思想。汉代自开国开始便一直比较推崇道家的思想，顺其自然，休养生息。所以，"柔"道是中国传统思想中非常重要的一方面。将"柔"道运用于管理，让被管理者都发自内心地拥戴、赞赏管理者，最终获得成功。

在中国历史上，刘秀是少数能将"柔"道应用到方方面面，且运用得炉火纯青的人。可以说他是一位以柔统一天下、以柔治国的皇帝。

刘秀坐稳江山后，同他的先祖刘邦一样，衣锦还乡。在家乡舂陵大宴乡亲时，同族见当上皇帝的刘秀一点不忘本，还惦记着老家的亲人，都很高兴。大家一边喝着他带来的宫里好酒，一边互相聊着天，其乐融融。借着酒劲，刘秀的一些同族的长辈女眷忘了对皇帝的畏惧，晕乎乎地笑着对刘秀说："文叔你小时候就行事稳重谨慎，性格柔和讲信义，这才有今天这样的成就啊！"刘秀听后，大笑着说："诸位尊亲，你们有所不知，朕如今治天下，还是要走柔和宽厚、正大光明之道啊！"

正像刘秀的族中女眷所说的，刘秀从始至终都在贯彻着一个"柔"字，这不是刻意，而是他的性格使然。

在刘秀跟随哥哥刘縯起兵的初期，由于刘縯和刘秀的才能出众，又极有威望，让新上台的更始帝刘玄害怕他们兄弟以后发展壮大了，会取代他的位置，于是，在绿林军将领朱鲔以及李轶等人的协助下他杀害了刘縯。这其实是因为刘縯过"刚"，锋芒毕露，而招来别人的嫉恨。刘秀则与哥哥相反，一直以"柔"示人，在众将领中一直显得很低调。所以，绿林军和刘玄对刘秀并不十分忌惮。

而刘秀在逐渐壮大起来之后，依然是以"柔"作为主要的行事风格。但此时他的"柔"已经不是绝对的示弱隐忍，而是变成对敌人是柔中有刚、刚柔并济，对待亲人下属、对待百姓依然是以柔为主。

战场上，刘秀习惯尽量以最小代价换取最大胜利，即使在己方占绝对优势的情况下，他也尽可能不战而屈人之兵。他平定河北时，靠坚壁清野击败铜马军，却以单骑慰劳20余万降军的怀柔政策真正收服了那些彪悍的流民军；在夺取洛阳时，刘秀忍下杀兄之仇，劝降仇人朱鲔且封以高官，以后也一直没有加害朱鲔。在刘秀的影响下，他的得力爱将很多也学会了尽量先采取劝降的方法，尽量减少损失来取胜。比如岑彭，他劝朱鲔献出了洛阳，担任征南大将军时劝降了交趾州牧邓让、江夏太守侯登、武陵太守王堂、长沙相韩福等很多人。邓禹劝服了占据陇西的隗嚣归附刘秀。甚至连以嗜杀勇武著称的吴汉也曾劝降过更始尚书谢躬的副将陈康。当冯异出征关中时，刘秀特意嘱咐他："这次出征的目的不在于攻城略地，而是为了解救被赤眉军凌虐的关中百姓，主要的目的是安抚稳定人心。"

在对待周边少数民族政权时，刘秀也是尽量以"柔"相待。统一全国以后，刘秀把所有的精力都用在了治理国家，恢复国计民生上。为了保证自己能够全心改善国力，刘秀对待匈奴采取守势，把边郡的居民迁入内地，他这样做的目的，一方面是厌恶战争杀戮，但是，最主要的目的还是珍惜人民。其实，对待敌人，一味动用武力并非就是上上之策，如果能够施行仁义之举，有时也能收到更好的效果。后来，匈奴分裂为南、北两部分，南匈奴就主动要求依附汉朝，并且希望能通过和亲加强两方关系，刘秀应允了匈奴和亲的请求。建武二十七年（公元51年），北匈奴出现灾害。臧宫、马武立即上书刘秀，主张乘匈奴"人畜疫死，旱蝗赤地，疲困无力"之时，派他率领五千骑兵，扫平大漠，刘秀对于这份上奏，却没有批准。他回信告诫，说战争并不是什么好事，它对民生的伤害实在太大。原本百姓就被多年的战乱所扰，颠沛流离，民不聊生。如今天下初定，百姓们还没能安居乐业、休养生息，实在不适应再为了出兵匈奴而大费周章、劳民伤财。

虽然刘秀的天下是在马背上征战得来，可是，他登基之后却崇尚儒学，推广仁爱，反对战争。这也是他和其他"马上天子"之间的不同。实际上，刘秀从小就是温柔仁厚之人，没有大多数白手起家、戎马一生的皇帝那样性情猛烈。当时起兵，是由于处在乱世，杀伐征战，也是不得已而为之，因此，一旦登基之后，刘秀就又恢复到以往崇儒任文的温柔性格之中了。

　　"柔道"二字，不能简单地拿纵容豪强来理解。从当时地主阶级舆论来看，许多人认为刘秀的政治措施不是柔而是严了。例如第五伦即认为刘秀"颇以严猛为政"，《后汉书》的作者范晔在《循吏列传》序亦言："建武永平之间，吏事刻深"，其他人提到刘秀的治道时，也多用"苛刻"、"严急"、"严察"、"明察"等字眼来形容，郑兴甚至说："今陛下高明而群臣惶促，宜留思柔克之政。"可见依照当时人的看法，认为刘秀的用人、行政并不是"柔"、而恰恰是"不柔"。这种"不柔"正是东汉初期政治之所以比较清明的原因所在。史书上说，在刘秀及其继承者明帝统治时期，"朝无威福之臣，邑无豪杰之使"。虽然未免言之过甚，但当时政治毕竟还是比较好的。如果把刘秀的统治说得太坏，是不合事实的。

　　至于刘秀所说的"柔道"究竟是什么意思，应当包括哪些内容？我们可以参照《后汉书》的注者李贤对"柔道"二字的通释，李贤说："柔剋，谓和柔而能立事也。"这个解释用在"柔道"上也照样可以。"柔道"的意思就是用温和的做法以达到自己的政治目的，使统治取得成功。谈刘秀的"柔道"，仅仅从字面上解释是不够的。必须从他的实际行事中，从他各种言行的联系中得出结论。刘秀所行的"柔道"，主要是对人而言，我们可以从他对各阶级、阶层以及各式各样人物的态度和措施中得出结论：在已往每个封建朝代建立以后，都存在专制皇帝怎样对待开国元勋的问题。刘邦对于几个拥有地盘和武力的诸侯王采取了翦除的办法，他这样做，不但蒙受"兔死狗烹"之讥，并且还带有很大的危险性。刘秀则不这样，他对于开国元勋采取了只给以高爵厚禄而不让他们参预军国要政的办法，这样做，口头上是为了保全功臣，不令他们"以吏职为过"，实际上是为了防止他们专横跋扈，危害君主权力。这是刘秀行使"柔道"的一条典型措施。

刘秀虽然设置三公等高级官职，但不让他们掌管决策大权。所有重要的政务都集中尚书处理，做尚书的人官职既小，资历亦低，因此比较容易使唤。此外，刘秀还通过降低高级官员的俸禄，提高低级官吏的俸禄等等办法，来缩减上下级官吏间的财富差距，以体现公平，达到治理国家的目的。

对于一些属于地主阶级的知识分子，刘秀的治理方法是推崇经书学习，扩充太学教育的方针，给这些人投身政治活动，开辟了一条道路。同时，他还鼓励各地推举有气节的人士，鼓励这些人为自己建立的政权出谋划策，尽忠尽责。此外，刘秀本人也十分礼贤下士，任人为善，还常常能够破格任用一些足智多谋，清廉为官，办事效率高的官员，并将这些人委以重任。

对于割据一方的敌人，避免轻易动用武力，尽量用说服、拉拢、利诱、分化等各种办法，促使其投降；对于拥有实力的仇人，也不念旧恶，争取为我所用。遭遇危机时，使用容忍退让的办法，度过难关，伺机反击，消灭对手。这一条是最名副其实的"柔道"。

对于外部敌人，采取退让妥协态度，所谓"量时度力"，"柔远以德"。先防御，后用兵。

对于广大农民及其他劳动者，采取休养生息政策，已如前述。

在立太子的问题上，刘秀的处置是成功的。他先立郭皇后所生之子刘强为皇太子，后来发现阴皇后所生之子刘阳甚为聪明干练，因此，又改立刘阳为皇太子。刘阳即后来的明帝，他能够"遵奉建武制度"，史称明帝"尤任文法，总揽威柄，权不借下，值天下初定，四民乐业，户口衣食滋殖，断狱得情。"故永平之政与建武并称，同为东汉治世。所以刘秀改立太子之事，应当看做是他平生最成功的事情之一。他虽然改易了皇后和太子，但都是在和平状态中进行的，并没有引起骨肉之间的

第六章 刘秀对你说管理

纠纷与内讧。这是刘秀行使"柔道"所取得的成果之一。

刘秀所施行的"柔道"，主要并不是自己对别人"柔"，而是借此柔化臣民。刘秀很注意从思想领域柔化臣民，他提倡不事二姓的忠君思想，实际上，从他自己的行事看，并不是这么一回事。例如当王郎因战事不利，遣使向刘秀谈判投降条件时，使者"称郎实成帝遗体"，刘秀当即说了一句十分坦率的话，他说："设使成帝复生，天下不可得，况诈子舆者乎？"这就是说假若成帝真的复生了，刘秀也不会把天下让给他。当然，刘秀对复生的成帝，不仅不会把天下让给他，并且还会鸣鼓而攻之！你看刘秀对于其故主刘玄不是也以干戈相见吗？总之，刘秀所提倡的"忠"，只是让臣民忠于自己，而自己却不能忠于任何人。封建统治者一向都是这样欺骗臣民的。

尽人皆知，刘秀是极力提倡谶纬的，可是实际上刘秀本人并不怎么迷信。在这方面刘秀也说了一句坦率话，当"建武三十年，群臣以天下统一，奏请光武封泰山，昭告上帝"时，刘秀回答说："即位三十年百姓怨气满腹，吾谁欺，欺天乎！"可见刘秀本人并不认为有一个主宰一切的"上帝"，要我们必须服侍奠祭他。刘秀所提倡的所谓谶纬之术，说到底不过是愚民的手段而已。

当然，以上所申论的主要并不是刘秀治天下的"柔道"，而是刘秀的行事，只有根据刘秀的全部行事，才能客观地衡量和评论他。

刘秀施行柔性的管理，值得当今的管理者借鉴。柔性管理充分体现了对于被管理者社会身份的尊重，柔性管理区别于传统的，靠制度严格约束的刚性管理，实施上刘秀的柔术治国和当今的柔性管理有着一定的差距，我们要讲的是刘秀独特的一种管理方式，为了加以区别，我们称之为柔术管理。

柔术管理，就是要运用自己的宽厚仁义的思想感染下属，让下属充

刚柔人生
刘秀有话对你说

222

分体会到自己的人格魅力，让自己的管理变得更加容易接受。

如何让下属全心全意为自己做事确实是一门艺术。衣服就好像每个人心理上的防御，就好像一层盔甲，是对外界的一种防御。如何脱掉这层盔甲，困扰着许多的管理者。一些管理者选择进行一种刚硬的管理，结果使得被管理者更加戒备，对管理措施更加抵触。而另一种就是实行柔术管理，管理者如太阳一般温暖着被管理者，让他们丢掉所有的盔甲，一心为管理者做事。

如果管理者能让每个员工都能从内心赞赏他的品格。那么他就可以轻轻松松地管理任何人。要达到这种境界，管理者必须塑造自我的品格，以柔术进行管理。

针对问题　对症下药

在我们日常生活中，会遇到各种不同情况，一些本来堪称经典的教条，可能在变化了的情况下变的不再适用。当这些情况发生时，我们就要学会随机应变，并且最关键的是要找准问题的根本、对症下药，对变化的问题加以解决。

刘秀在太学游学时期，除了学习知识和观察天下形势之外，并不十分热衷于其他的事情。刘秀高卧太学，不求闻达，无奈世事总是不由人。刘秀离家之日，并没有带太多的钱，而是尽力多地留给了长兄刘縯，以供他养客之用。

没想到长安米贵，居大不易。刘秀到太学上课只有一年，身边已经没有什么现钱，本来他可以给家中写信讨要生活费，或者去长安的一些

第六章　刘秀对你说管理

223

旧友家里去借，不过，经过再三思考，刘秀还是下定决心：自力更生、自谋出路、自食其力。

刘秀把目标定在会市上。会市是太学东北处开设的集市，在每月朔望两日，也就是初一和十五开展，太学生们这时候都可以在这里做些小买卖，这是官府允许的，而他们买卖的，大多是各自故乡的土特产品，还有就是经书传记、笙磬器具等等学习用具。每当集市开放的时候，四下望去，摊位林立，人潮涌动，比肩接踵，好不热闹。

刘秀与其他人的想法可不一样，他可不想摆摊，摆个地摊赚的钱根本无益？如前文所述他想要买来一头驴，搞搞出租运输的物流生意，原来，从太学到会市的途中，有着很长的一段路，这些做生意的同学，都要把货物给运过去，物流生意绝对有需求。想到这里，刘秀沾沾自喜，可是，他手头上的钱，就是买头驴也不够，于是，他找来同宿舍的室友韩子，要他和自己搭伙买驴。韩子家境也十分贫寒，一开始听刘秀这么说，断然拒绝了他。刘秀却没有退缩，而是向韩子描绘了一幅美好的前景，我们可以诙谐地来描述他们俩之间的对话，大概是这样的：咱俩先合伙，凑钱买一头驴，出租给别人搞运输。等赚了本钱，就给驴买辆车配送，然后就改出租驴为出租驴车。等本钱更多了，再把规模进一步扩大，弄两辆驴车，一辆做生意，一辆咱们自己坐。

韩子听到后，激动不已，叫道："等我有了车，每次出门都坐。想上车就上车，想走路也要让车在后面跟着。"

刘秀笑了笑，说："冷静下来，我还没说完呢，好事还在后头。等生意更加好的时候，我们就成立一支驴车运输队，把咱们的驴车队伍整合，进入市场，这就叫上市。你说，到时候我们该有多威风。"

金钱的诱惑，又有何人能够抗拒，韩子马上掏出全部身价，支持了刘秀的想法。两人合资买来一头驴，再让仆从牵去会市，帮人搬送货物，自己就坐在那里收工钱。

刘秀的预想果然大获成功，出租驴这一行业一经推出，生意很快就火爆异常。但是，马上就有许多人跟风。一时间，长安驴贵。这个行业的入门槛实在太低，只要有头驴，谁都能入行。

让人更哭笑不得的是，俩人买来的黑驴突然死了。不用劳驾福尔摩斯，这案子也一眼就能破：有好事者看他们生意那么好，眼红嫉妒，所以故意投毒杀驴。刘秀苦笑一番，他们想到长安也有恶势力。可是，驴死不能复生，刘秀的生财之道破灭了。刘秀倾尽自己所有积蓄，将钱赔偿给了投资的韩子。虽然韩子再三推辞，刘秀还是执意要他收下，韩子也就只能收下了这些钱。

虽然刘秀的第一笔投资就这么竹篮打水一场空，但是，生活要继续，还是要积蓄赚取生活费，还好，在南阳同乡朱佑的身上，刘秀很快就发现了新的生财之道。朱佑，字仲先，南阳宛城人，父亲很早去世，只留下他和母亲二人过生活，家里十分贫寒。来到太学读书是他好不容易争取到的机会，朱佑也格外刻苦，因为只有如此，他才能改写自己贫苦的人生。他的认真程度，比起当时的太学优等生邓禹来说，简直是有过之而无不及，所以，即使刘秀来找他，朱佑也都要先温习完，才肯和他开始谈话。

刚进太学的时候，由于经济困境，朱佑也曾经做过卖药的小买卖。按常理做医生的话，生意总还是可以度日的，何况，朱佑卖的是祖上流传下来的药方，药到病除。但是，他的生意还是一天不如一天，这时，朱佑也只能选择关门大吉了，还对自己说：君子固穷而已。

刘秀却偏偏对这个卖药的方法动了心，他来到朱佑的寝室，和他商量共同卖药的事宜。朱佑这时早就没有发财的梦，指了指墙角堆着的药说，你要卖？全部拿去。刘秀二话不说，拿了药就走，等他再来的时

候，手上药都没了，却变成一大袋钱。

朱佑大吃一惊，扔下手里的书本，跑到门外迎接刘秀。刘秀笑了笑，说："朱兄为何前倨而后恭？为我多金乎？"

这就是刘秀，他总能和人保持适当的分寸，恰到好处，可以随时调戏他人，但又不至于让人觉得尴尬。朱佑红着脸，只有笑笑。刘秀调侃一番之后，严肃地说道："你知道你的药为什么总没人买吗？"

朱佑一脸天真："不知道"

刘秀答道："因为，你的药太苦了。"

朱佑满脸不屑，说："良药苦口，自古的道理就是如此。"

刘秀笑着说："穷则变，变则通，你不求变化，怎能致富？"说完便把钱分给他就要走，朱佑来不及穿鞋，就一直追着刘秀跑了十几里地，终于追上他，向他讨问卖药秘诀。刘秀说："我没有什么秘诀，也就只是在你的药里加了些蜂蜜，投其所好而已。"朱佑大感失望，说："只是这么简单？"刘秀笑道："你与我之间最大的区别，你自己还没发现吗？"朱佑想了良久，也没想出答案。刘秀手一挥，拂袖就走，远远留下一句话：你卖的只是药，我卖的却是味道。

这就是所谓的对症下药，当然故事中讲的不是刘秀的医术问题，而是说刘秀针对药苦无人问津而改变制作工艺的问题。针对不同的问题采取不同的处理方法；针对特殊的问题，采取特殊的处理方法。这就是我们要说到的对症下药。

我们在谋求发展的过程中，会遇到各种各样的问题，就好像朱佑卖药一样。良药苦口利于病，是千古不变的道理，但是现实情况就是，人们不喜欢苦涩的药丸，刘秀就是抓住了人们变化了的心理，将蜂蜜和进药里，针对药苦没人买这种现实情况，对症下药，解决问题，这就适应了变化了的情况。我们再看一则华佗治病的故事。

华佗是东汉末年著名的医学家，他精通内、外、妇、儿、针灸各科，医术高明，诊断准确，在我国医学史上享有很高的地位。华佗最有名的地方，就是他在给病人诊疗时，会根据病人不同的病症，做出不同的判断，进行不同施治。有一次，两个人一同来找华佗看病，两人的病症一模一样：头痛发热。但是华佗在分别给两个人诊了脉，进行了诊断后，却开出了不同药方：一个人给开了泻药，另一个给开了发汗的药。

两人看了药方，都感到非常奇怪，忍不住问道："我们两个人生病的症状相同，病情可以说是一样的，为什么要吃的药却不一样呢？"

华佗解释说："你俩生的病表面看起来是相同的，但是那只是病症的表象，其实一个的病是由内部伤食引起的，而另一个的病却是由于外感风寒，着了凉引起的。针对你们俩人的不同病因，我当然得对症下药，让你们用不同的药进行不同的治疗了。"俩人在喝了药之后不久，身体也都康复了。后来，就有了"对症下药"这一成语，主要就是用来比喻采取措施时，要针对不同的情况，从而从根本上正确地解决问题。

在我们现实生活中，也会遇到这种问题。我们认为是千古不变的道理在许多时候就会产生变化，在面对这些变化的时候，就要冷静地分析问题，针对问题的根本，对症下药，药到病除，切不可盲目遵循教条，不思变通。

分享利益　稳定管理

优秀的管理者善于从下属的切身利益出发，找到他们真正想要的东

西。他们并不过分看重自己的利益，而是懂得和下属分享自己的利益。通过分享利益，稳定自己的管理和统治。

古往今来，无数帝王的经验告诉我们，开国功臣们往往付出了心血平定江山，这些功臣良将却往往不得善终，抱憾千年。这样的结果，不但让在历史中抛头颅洒热血的功臣死不瞑目，而且，也让这些君主留下了不好的名声。

例如，春秋时期的吴王阖闾、夫差父子和名将孙武、伍子胥就是后世传诵的经典。在成功打败楚国以后，孙武毅然决然地辞去了官位，最终保全了自己的性命，得以善终。而伍子胥却还想着为国家社稷继续出力，最终落得身首异处的下场。

再比如，汉高祖刘邦也因为屠戮功臣，而最终被史书所诟病，被后世的人们所非议。其实，刘邦又何尝想对这些重臣们痛下杀手？他是最清楚手下功臣们的才学能力的了。战争时期，他们在飞扬的战火中跟着自己出生入死，帮助自己登上了皇位，可是，平定天下之后，这些人恰恰成了对子孙后世地位的最大威胁。所以，为了给子孙后代们扫清障碍，他不得不开始着手扫除这些功臣良将。张良聪明地提前给自己布置了后路，他效仿范蠡，辞官告劳，隐居山林，不理政事，最终保全了自己性命。萧何也预见了这一点，不惜用贪赃枉法的罪行来抹黑自己的品德声望，最终也得以善终。其他的大部分功臣们就没有这样的眼界，他们或是贪图权势、或是迷恋荣华，虽然有着赫赫战功，比如韩信、彭越等人，功高盖主，最终都逃脱不了被冤杀的命运。

刘秀熟读史书，对于这些事情当然也是了然于心、左右为难、困惑惆怅、寝食不安。既不想让皇权别落，也不想以怨报德。他朝思暮想，终于想出了一个两全其美的方法：那就是把大部分功臣都放在闲职之上，不让他们接触过多权利，再另觅贤能之人进行国家政事的治理。

刘秀这样做，是出于三方面的考量：首先，这样做可以避免功臣功高震主，以防止发生皇权被他人掌控的局面；其次，这样做可以杜绝功臣居功自傲，欺上瞒下，扰乱国家的治理，并且也能保全君臣之间的情谊；最后，这样做还可以提拔新鲜人才，杜绝这些功臣们通过培养自己的势力，祸乱后任君主统治。

此后，刘秀开始了一番政治大换血活动。

建武十三年（公元37年）四月，大司马吴汉回到都城。不久之后，蜀郡太守张堪派人把曾经公孙述制作的瞽师、郊庙乐器、葆车、舆辇等御用品全部整理完备，之后送到洛阳。虽然此时刘秀已经登基13年有余，但是由于一直忙于平定战乱，他还真没花心思准备这些器具！这下，御用器物的配备可以说是得来全不费功夫。可怜公孙述，"辛苦了半世，却为他人做了嫁衣"，真是下场惨淡！

刘秀却喜出望外，他亲自主持朝会，大肆封赏宗室、功臣、外戚，并专程设宴，款待功臣良将。这次分封的规模，远远超过了11年前的那次封赏，新封者、增封者共计365人。其中，刘氏的宗亲子弟，以及樊、郭、阴等三外姓宗亲总共有45人封王、封侯，其余还封赏了320名功臣。

刘秀以为，邓禹功劳最高，给予最大的封赏是理所当然的，就加封他为高密侯，食邑高密、昌安、夷安、淳于四县，又将邓禹的胞弟邓宽封为明亲侯。功劳排在邓禹之后的是吴汉，就将其封广平侯，食广平、斥漳、曲周、广年四县（与建武二年相比，维持不变）。东汉时期，人臣封赏的最高规格就是享受四县之地的俸禄，刘秀也依照这个规定进行加封。另外，还封赏了不少此时仍然健在的功臣，比如贾复、耿弇、寇恂、盖延等人，皆就食一县。

另外，刘秀也没有忘记虽然客死异乡，却为征西、征南战役打下汗

马功劳，为国家统一和自己登基建立了卓绝功勋的冯异、岑彭、来歙三人，刘秀特意封赏了他们的后代。比如，他将冯异的长子阳夏侯冯彰立为东缗侯，食邑三县，次子冯诉封为析乡侯。将岑彭长子岑遵封为细阳侯，另外，还封岑遵之弟岑淮为毂阳侯。将来歙之子征羌侯来褒维持原来的封赏，又特意加封来歙之弟来由为宜西侯。

这么一来，共封赏了冯异的两子，还有冯彰、冯诉二人，冯氏总共得封四县，一门两侯。岑彭、来歙家族也得封两侯，也得食两县。至于其他不在世的老臣，比如祭遵、铫期、景丹、耿纯等，刘秀也一一对他们的子孙进行了加封。

封赏群臣之后，刘秀又对邓禹、贾复等人说道："诸位爱卿，你们这么多年以来，随朕讨伐征战，颇为良苦！如今终于平定了天下，朕不想继续劳苦各位。治理国家一事，繁琐吃力，颇易出错，如果一旦犯错，朕要惩罚你们于心不忍，又不能徇私枉法？不如你们回家和家人享受天伦之乐，好好颐养天年，岂不是美事一桩？"

"说话听声，锣鼓听音"。邓禹、贾复等人都是明白人，听完之后，当下就明白了刘秀的想法。筵席结束以后，邓禹、贾复立刻打道回府，和自己的家人商量要事，过了几天，他们二人上交奏折，要求辞官告老，以列侯身份免职回家，不再管理朝廷政治，而只一心进行儒学研究。

有邓禹、贾复二人作出了表率，耿弇、盖延、朱佑等人也纷纷效仿。他们迫不及待地将自己的大将军、将军印绶上交，表示自己愿意以列侯身份名职，不再进行军政事务的管理事宜。

看到功臣们"深体朕意"，刘秀不禁深感欣慰。没过多久，他就颁布了正式的诏令，宣布从此以后，废除左、右将军之名，立威大将军、虎牙大将军、建义大将军之类没有实权的职称。至于耿弇、盖延、朱佑等将领们，全部加封特职，返乡颐养天年。

这样一来，之前还掌握权力的功臣们，就全都一下成了没有正式权力的"国策顾问"。功臣们之中，只有高密侯邓禹、固始侯李通、胶东侯贾复三人还不时参与国家政事。邓禹等三人常常受到刘秀的召见，和现任的官员们一起讨论国事，其他的功臣们，都一律不得干预政事。

由此可见，刘秀在处理功臣的问题上，保持的是这样的想法："用高官厚禄豢养起这些功臣良将。只要他们不参与谋反、不参与叛乱，能够约束家人遵纪守法，就能够颐养天年。如果这些人和家人子弟偶尔有小错误，朕都能够宽容对待。毕竟你们对朕打下江山立下了汗马功劳。"另外，他还特意下令："各地向朝廷进献的贡品，必须先赏赐功臣列侯，然后剩下的才归皇室成员享用！"这样一来，刘秀既收服了人心，稳定了朝政，也顺利地取回了将领和文官们掌控的兵权和文权。

功臣问题一经解决，刘秀就开始把自己的工作重心转移到国家的日常管理上面来。俗话说，"创业难，守业更难。"经过了腥风血雨好不容易打下了江山，守住这方秀丽天下却更要兢兢业业。要想使天下稳定、和谐进步的话，后续的工作必不可少。如果想找回大汉朝往日的繁荣与昌盛，要想使汉朝威震天下、四夷惧怕，一国之君必须有所作为！

管理者在获得了成绩的时候，一定不能自己独享利益，而是要和下属分享，只有这样，才能稳定自己的管理，并促使下属为自己获得更大的利益。就像刘秀建国之初一样，首要任务就是将自己获得的利益和自己的下属进行分享，以稳定自己的统治。

利益分享是现代管理中常见的一种管理模式。一位石油大亨拥有很多油井，他非常关注油井的效益。而且，当他到各地的油井视察时，发现情况并不像想象的那么好、各处的油井都存在着浪费现象、并且各处

刚柔人生

刘秀有话对你说

的管理者也对此漠不关心的现象。老板对此十分生气。很快，这位老板解雇了一大批浪费严重的人，试图改变局面。但是事实是，情况没有得到丝毫的改变，反而因为他对员工痛下杀手，使得公司的管理陷入了被动。

穷则思变，老板进行了细致地分析和调查，最终想到了一个好办法。在一次会议上，他找来了所有的工头，并当众宣布，"从即日起，各油井的利润中有30%归该油井的工头支配。"

这项决策最直观的表现就是，油井的老板会损失自己三成的利润。但是，在政策施行后，油井的工头变得更加积极，也会更加拥护老板的管理，于是产量提高，浪费现象减少，人力资源也得到了充分的发挥，在年终结算的时候，老板发现，那一年是有史以来经济效益最高的一年。

能够和下属分享利益，是一种智慧的管理方式，利润的分享，会带来许多的好处。

首先，利益的分享有利于各种决策的顺利推行。当管理者和下属分享利润时，下属自然会站在管理者的角度上思考问题。如此一来，管理者只要稍加引导，下属就能理解管理者的做法，然后有效地配合管理者的工作。

其次，这样能够有效减少下属的不满情绪。如果管理者独占了好处，那么，下属稍有委屈，就会抱怨，导致不满情绪大面积滋生，会造成内部的不稳定。而经过利益分享之后，下属就不会产生类似的抱怨和不满。他会觉得管理者的管理制度是为了集体的利益考虑。这时，为了包含在集体利益中的自己的利益，就是不用管理者过分的监督，下属也能自觉地完成任务。

另外，利益的分享能够有效地杜绝浪费。下属能够参与到利益的分配中，就会形成一种主人翁的意识。当他们看到浪费现象发生时，就会觉得是在浪费自己的资源，从而加以阻止，这样一来，下属就会充分利用资源减少浪费现象的发生。

管理者的利润共享制度能够充分发掘下属的积极性，从而使得自身的竞争力不断提高，进而抵御竞争中的风险，获得竞争的成功。

领导要以身作则

身为领导，在下属面前起着一种榜样的作用，如果用人者自己都不能够以身作则，那么对下属就不能形成约束力，所以，用人者首先要做到以身作则，不因私废公，为下属树立好良好的榜样，这样才能够得到下属的信任。

光武帝委以重用的官员中有一些酷吏。所谓酷吏，就是那些以残酷的刑罚维持统治的官员。在中国历史上，酷吏可以说是每朝兼备。当司马迁写《史记》的时候，还曾经专门设立过一卷《酷吏列传》记载这些刑罚，当时收录了天下闻名的10位酷吏。据史记记载，汉朝时的酷吏一般都还比较公正。司马迁笔下，堪称古往今来酷吏第一人的郅都就是公正不阿的官员，他不接受熟人的馈赠，义正言辞地拒绝亲戚的请求。这些酷吏使用重刑，从不向恶势力低头，如果有人敢违法乱起，即使豪门贵族，他们也敢于痛下辣手。郅都执法严格，甚至连列侯宗室听到他的名字，也要惧怕三分，把他称为"苍鹰"。可是，这些刚正不阿的酷吏们，几乎都不得善终，郅都是由于得罪藩王，以至于太后硬要皇帝斩了他；另外一位有"虎冠之吏"之称的王温舒下场更是凄惨：被人诬告，

结果被诛灭五族。

据《后汉书·酷吏传》记载，光武朝酷吏的代表人物有二，一是董宣，二是樊晔。

董宣，字少平，系陈留郡国（今河南省杞县南）人。他文采卓绝，为人秉直，精明聪慧，被大司徒侯霸所赏识。侯霸向光武帝推荐此人。董宣应荐为官，颇有政绩，从一个普通官员，慢慢升迁为北海（汉代诸侯国，今山东昌乐县西）相，相当于当时一个郡的太守。

董宣就任北海相之后，发现自己管辖范围之内，武官公孙丹仗着自己家中是当地大姓贵族，就横行霸道、鱼肉百姓。一次，公孙丹打算破土动工，建造一座豪华的宅院，就派人找来一位阴阳先生，进行占卜，预测吉凶。阴阳先生胡诌一通，说新宅房基不吉利，如果房子建成之后，家人会无端横死。公孙丹深信不疑，竟然指使自己的儿子在大街上就随便杀害了一个无辜的过路人，将他的尸体做为替身，埋在自家房基底下，并以为，只要这样做，再造房屋就不会有妖邪加害，就会万事大吉了。人们查证了此人的种种罪行，整理起来上交给董宣，纷纷控诉公孙丹父子的无数罪行。董宣受理了此案，在查明犯罪事实之后，立刻将公孙丹父子斩首示众。公孙丹聚集了三十多位亲朋党羽，手里拿着利器，聚集到衙门口前，聚众闹事，说要替公孙丹父子报仇雪恨。董宣经过查证之后，发现公孙丹和这伙人曾经都投靠过王莽政权，害怕他们勾结土匪，危害治安，于是，就下令将这三十多人全部打进剧县（今山东省昌乐县西）监狱。北海郡的老百姓听闻了这件事情，纷纷认为董宣是为民除害，替民伸冤的好官员，就合力向董宣提供了公孙丹一伙犯下罪行的大量证据。董宣翻阅法令后，命令书佐（辅助官吏）水丘岑下令，将这三十多个犯人全部斩首示众，百姓无不拍手称快。

青州（今山东省临淄县）太守在得知董宣处死了公孙丹等三十多人

之后，恼羞成怒，就向光武帝刘秀上奏章，要弹劾他，同时将水丘岑革职查办。后来，董宣等9人被押解到京城，听候廷尉发落。

在监狱中，董宣全然没有怨声载道，而是每天埋首书卷之中，钻研学问，无比镇定。

之后，董宣等9人被判处死刑。行刑的当天，天空中乌云密布，京城的百姓们纷纷前来，民怨震天。董宣丝毫没有恐惧的神色，许多官员私下敬重董宣的为人，替他准备了美酒佳肴，打算送他最后一程。董宣看到这些，却非常生气，他说："我一生不曾接受别人的贿赂，这种规矩，就是死也不能打破！"说完，就登上刑车，前往刑场。

和他同时被押至刑场的，共有9人。当快要轮到董宣问斩的时候，只见从远处飞奔而来一匹快马。马背上的使者一边大声呼喊"刀下留人"！一边跳下马背，当众宣读了光武帝的旨意，命令停止行刑，将董宣等人暂押回监狱。

后来，汉光武帝又派来特使，询问董宣为何要处死这三十多人，董宣便细细述说了公孙丹等一伙恶霸的罪行，并像使者说："水丘岑是因为忠实地执行我的命令，才去斩犯人的，如果此事不当，他也没有任何罪过；如果要问斩就杀我一人吧，千万不要拖累无辜之人。"

特使把董宣所说的话一五一十地汇报给光武帝。光武帝听完，认为董宣是一个秉公执法的好官，被诛杀的那些恶霸属于罪有应得。所以，他对董宣的刚正不阿、不畏生死的行为心生钦佩。于是，光武帝颁布诏书，下令赦免董宣的罪过，并改派他出任宣怀县县令；同时，命令青州太守不能追究水丘岑的过失。后来，水丘岑的官职也步步高升，一直升迁到司隶校尉。

之后，江夏郡（今湖北省黄岗县西北）集结了一个以夏喜为首的大型武装不法力量，终日在江夏郡的周边地区违法乱纪，弄得百姓民不聊

生，不得安宁。光武帝为此事心里大为不快，一时想不到合适的人选去剿灭这伙强盗。再三思索之下，他还是决定派那位不畏强权、手段强硬的董宣前去剿匪。于是，就将他派去，出任江夏太守的职务。

事实证明，董宣并没有辜负刘秀对自己的信任。他赶到江夏郡的边界，就广发布告，说："皇上信任我，认为我能够剿灭那些为非作歹、刁钻狡猾的暴徒，所以命我这个才疏学浅之人来担任本郡的太守，此时，剿匪的大军已经整装待发，我奉劝各位看到这个文告之后，要仔细地为自己的未来筹划一下，是投案自首，金盆洗手，还是负隅顽抗，自取灭亡。何去何从就在各位的一念之间！"

由于夏喜等人对董宣严苛刚正的大名素有耳闻，因此，看到这份布告之后，不免阵脚大乱，军心动摇。因此，这个团伙中的匪徒们或是逃跑，或是投降，竟然没有消耗一兵一卒，就瓦解了这伙强盗。

当时，在江夏郡担任都尉的是外戚阴太后的族人，董宣不肯和其他人一样，讨好这位贵胄，而是将他和普通的官员一样对待。所以，没过多久，就被阴都尉所排挤，只得去别处为官了。

祸兮福所倚，光武帝后来也在别处重用了他。那时，全国的治理以京都洛阳最为困难。那里的城内，聚集了大量皇亲国戚、功臣显贵，他们往往居功自傲，纵容自己的家人和仆人横行霸道，鱼肉百姓。朝廷接连换了好几任洛阳令，都没办法控制住局势。后来，光武帝刘秀左右为难，只好任命年已69岁的董宣出任洛阳令。董宣到任后，遇到的第一件棘手难题，就是处理湖阳公主的家奴行凶杀人的案件。

湖阳公主，是光武帝刘秀的胞姐。这位公主平日仰仗着自己无比尊贵的地位，豢养了一群无恶不作的家仆，在京城里可以说是无恶不作，无所顾忌。

这一天，公主的一名家奴在光天化日之下杀了人，董宣听到这个消息之后，立即下令逮捕。但是，这个狡猾的恶奴竟然躲进了湖阳公主府中，不肯外出，朝廷禁令规定，公主居所属于禁地，官员不得入内搜捕，董宣夜不能寐。左思右想也没有办法，就立刻命人监视湖阳公主府的一举一动，放出命令，只要那个杀人犯一旦外出，就马上通知自己。

几天之后，湖阳公主一看并没有什么动静，就以为这名新来的洛阳令和往届的洛阳令一样，惧怕自己，以往的名声不过的浪得虚名而已，于是便放松了警惕。有一天，湖阳公主明目张胆地带着这个杀人恶奴出游，被董宣派出去的眼线察觉。这名官吏马上返回，向董宣禀明此事说，那个杀人犯正在公主的车马队伍中出游，自己无法下手。董宣听到此事，马上带人赶往城内的夏兰亭，挡住了公主的巡游队伍。湖阳公主此时正坐在车上，看到有个白胡子老头竟敢无礼地挡住自己的去路，便傲慢地出言相问："你是何人？胆敢带人拦住本公主的车驾？"

董宣上前深深鞠躬，说："我是洛阳令董宣，请公主速速交出杀人犯！"

那个恶奴此时正混在队伍里，一见形势不妙，就立即爬到公主的座驾里，躲在公主的身后。湖阳公主一听董宣开口向自己要人，便仰起脸，不屑地说："你有几个脑袋，胆敢拦住本公主的车马抓人？你也未免太胆大包天了吧？"

但是，她万万没有想到，眼前这位小小的洛阳令竟然怒目圆睁，一下子抽出自己腰中的宝剑，往地下一划，大声严厉责问，自己身为皇室贵族，为什么不以身作则，反而知法犯法？湖阳公主被这股凛然正气所深深镇住了，一时间竟然不知道说什么才好。

就在这个时候，董宣又严肃地劝说道："古语有云，天子犯法，与庶民同罪，何况这次犯法的不是天子，只是你的一个家奴呢？下官身为洛阳令，就秉公守法，替洛阳的百姓申冤，绝不会眼睁睁地看着罪犯逍

遥法外，无人管理！"董宣一声喝令，洛阳府的众吏卒们应声而出，就从公主的车上把那个横行霸道、残害无辜的杀人犯给拖了出来，当着公主的面处以极刑。

湖阳公主气得满脸通红，浑身发抖。她并不是痛心于死了一个奴仆，而是今天当着洛阳城大街上的众多百姓，自己竟然蒙受了这么大的耻辱，丢了这么大的面子，怎么能咽下这口气！她顾不上与董宣费口舌理论，当下就命人调转车头，直奔皇城而去。

湖阳公主一见到刘秀，就哭闹不止，说自己受到了天大的耻辱，一定要刘秀杀了董宣，替自己出这口恶气。光武帝听到姐姐的一番哭诉，不禁气上心头。他想董宣如此蔑视我的胞姐，也就蔑视我这个皇帝！想到这里，就气不打一处来，对仆人嚷道："速速把那个董宣给我抓来，我要当着公主的面，将这个贼人乱棍打死！"

董宣很快就被捉拿到了皇宫里，他从容不迫，对光武帝叩首，说："既然陛下要处死我，就请允许我在死前最后说一句话吧！"光武帝正在气头上，便大声说："你死到临头了，还要嘴硬！"

董宣这时已经是老泪纵横，但他还是平静了自己的情绪，严肃地说："陛下圣明，才让汉室江山再次出现中兴之势，这是百姓的福气。却没曾想，您今天却任由皇亲国戚豢养的恶奴滥杀无辜，鱼肉百姓！如今我不过想要维护汉室江山社稷，依法办事，打击豪强，却要落得身首异处的下场。陛下您口口声声说，要以文教来治国，以法律来治世，如今，陛下的胞姐纵容自己的奴仆在京城中滥杀无辜，陛下不严肃处理，反而要随意杀死按律执法的忠臣，我真不明白，这国家的法典究竟有无作用？陛下还凭什么来治理社稷？更用不着用棍棒逼迫我死，我自然会寻求死路的。"说完，便一头撞向殿堂上高大的柱子，撞得头破血流。

光武帝并不是昏君，董宣刚才那一番话刚直不阿，加上他平日的政绩有口皆碑，早已经被百官口耳相传，刚才听了董宣这么一席话，不仅气消了，还深深地被打动。刘秀悔恨不迭，急忙下令，让卫士搀扶住董宣，派御医来包扎好他的伤口，然后说："看在你确实为国家社稷着想，朕就不再治你的罪了。但是，你如此羞辱公主，也总得给她磕个头，赔个不是才好！"董宣满头是血，还是理直气壮地说："错并不在我，因此我无礼可赔。所以，我坚决不磕头！"

光武帝没办法，只好向两个小太监使了个眼色，示意他们把搀扶着董宣带到公主面前磕头谢罪。

两个小太监依刘秀的颜色行事。可是，年近70的董宣用两只胳膊撑着地面，挺着脖子，就是不肯磕头认罪。两个小太监使劲地往下按他的脖子，却丝毫也按不动。

湖阳公主这时虽也自知理亏，却仍然大感不快，便冷笑着出言讽刺光武帝，说："你在当老百姓的时候，敢在家里窝藏逃犯，完全不把官府放在眼中。如今当了皇帝，怎么反倒压制不住区区一个洛阳令了呢？姐姐真替你羞愧！"

光武帝这时只好给姐姐一个台阶，他巧妙地笑着回答道："正是因为我如今已经是一国之君，才应该严格要求自己，给百姓做出表率，而不能像以往是平民时，那样肆意妄为。"

光武帝又转过脸，对董宣说："你这个强项令，脾气可真够倔的，还不快点速速退下！"此后，光武帝打心底里欣赏董宣身上刚正不阿、不畏强权的品质。为了对他进行褒奖和鼓励，刘秀还专程派人给董宣送去了30万赏金。董宣把这一大笔赏金，全数分给了自己手下的官吏和衙役。自此之后，"强项令"、"卧虎令"的威名一传十、十传百，整个洛阳城的皇亲贵胄、大姓豪强，无不对他胆战心惊。经过他的悉心治理，洛阳一扫往日的风气。据史书记载，当时洛阳有一句民谣就是这样唱的："枹鼓不鸣董少平。"枹鼓就是官衙前的警鼓，少平是董宣的表字。这句民谣的意思是，只要董宣出任洛阳令一职，就没有人敢违法乱纪，官府门前自然是门可罗雀，无人前往击鼓鸣冤的了。

董宣担任了5年洛阳令，74岁那年在任期中去世。光武帝听到他去世的消息，悲痛不已，专程派人前往吊唁治丧，只见董宣的遗体只用一块破布被头作为掩盖，妻儿就跪在棺木之前，大哭不止。他的家中，除了停有一辆破车和几石大麦以外，竟然没有其他稍微华丽的家具。使者回来之后，向光武帝一五一十地作了禀告，光武帝大为感叹，说："像董宣这样勤政爱民的好官，我竟然一直到他去世之后才知道他如此清廉，作为一国之君，我真是惭愧！"后来，他特赐给董宣银印禄级，按照大夫礼安葬。另外，还将董宣的儿子董并任命为郎中。后来，董并接连得到提拔，最后在齐（诸侯国，在今山东省内）任相职。

世界上最复杂的事情莫过于"人事"，领导最头疼的莫过于管人。尤其是在一些时候事情会关乎到自己的个人感情。在董宣和湖阳公主的矛盾中，刘秀虽然开始也有一点私情，但是最终还是做到了不因私废公，起到了以身作则的榜样作用。如此一来，皇亲国戚，贵族大臣们看到皇帝尚且如此，那么自己就会约束自己，不冒犯国家的法律了。

李嘉诚说过："在我看来，一个好的管理者，首要任务就是管理好自己。"

管好自己也就是自我管理。因为一个领导的言行举止直接影响着下属。

在迪斯尼，每年都会有一个星期，高级经理们要离开自己的办公室，换上某些特殊的装束，去售票、售卖爆米花，或者驾驶游乐场中的小火车，或者从事一些各种各样的前台工作，迪斯尼就是用这种方法，打造高级管理者以身作则的精神。

汉光武帝刘秀御赐牌坊

国外的知名企业许多都会有这样的事情。美国一家著名的专业服务公司，要求每一个管理人员都要花时间去做一些自己管辖范围内的下层工作，比如到医院的走廊进行清洁，甚至会清洁医院的厕所和马桶。并且不论职位高低，所有管理人员都要有一天时间，走到一线，去为客户服务。这些措施的意义是让管理者了解自己的实际工作，能够以身作则，为下属树立榜样。

台湾第一大民营企业鸿海集团执行官郭台铭，从黑白电视机配件起家，短短五年内征战全球各大洲，营业额从318亿新台币直冲到2450亿新台币。被美国《商业周刊》评为"亚洲之星"中最佳企业。

郭台铭的一个秘诀就是身先士卒、以身作则，亲自带领下属去执行。他的性格雷厉风行，随身带一个小闹钟。他最看不上年轻人没有上进心，看不得事情没有效率。为了赶出货，他可以三天三夜不睡觉，可以直接冲到上产线，连续六个月守在机器旁。他曾经说道："管理哪有什么诀窍，主要是带头做，底下照着做，就是如此。"

第六章 刘秀对你说管理

刚柔人生

刘秀有话对你说

　　这就是当今时代最需要的领导艺术——领导以身作则，身体力行，就会成为下属的榜样，进而带动整体的发展。

　　我国传统思想的儒家文化就很重视领导以身作则。孔子曾经说过："君子之德风，小人之德草，草上之风，无不偃。"意思是说，领导者的所作所为就像风，臣下的行为举动就像草，风吹向哪里，草就向哪里摇摆，领导怎么树立榜样，下属就会怎么做。

　　这就是古语中常说道的：其身正，不令而行；其身不正，虽令不行。现代领导者也要从中学习，在施行管理的时候，严于律己，以身作则，只有这样，才能使自己的管理能够有效地实施，从而被下属接纳和推行。